教育部人文社会科学研究项目（09YJA820037）

国际贸易隐含碳问题的法律研究

申进忠　著

南开大学出版社
天　津

图书在版编目(CIP)数据

国际贸易隐含碳问题的法律研究 / 申进忠著. —天津：南开大学出版社，2014.12

ISBN 978-7-310-04639-3

Ⅰ. ①国… Ⅱ. ①申… Ⅲ. ①国际贸易－贸易法－研究②气候变化－国际法－研究 Ⅳ. ①D996

中国版本图书馆 CIP 数据核字(2014)第 211141 号

南开大学出版社出版发行

出版人：孙克强

地址：天津市南开区卫津路 94 号　　邮政编码：300071

营销部电话：(022)23508339　23500755

营销部传真：(022)23508542　　邮购部电话：(022)23502200

*

天津泰宇印务有限公司印刷

全国各地新华书店经销

*

2014 年 12 月第 1 版　　2014 年 12 月第 1 次印刷

230×160 毫米　16 开本　13.75 印张　2 插页　189 千字

定价：36.00 元

如遇图书印装质量问题，请与本社营销部联系调换，电话：(022)23507125

前 言

产品隐含排放指的是产品生产过程中所发生的环境排放。由于排放发生在生产过程中，而没有被内化到最终产品里，所以使用了“隐含”一词。产品隐含排放最初作为技术性用语，用以分析测算产品生产过程中所造成的环境污染、能源消耗等，在国际贸易条件下，产品的隐含排放会随着产品流动而进行跨国转移，因此国际贸易中的隐含排放实际上是隐含排放的跨国转移问题。由于现有市场条件下环境成本没有或至少没有全部内化到产品价格之中，因此，对产品隐含排放的分析有助于揭示贸易出口国在出口产品的背后所付出的环境成本代价，深化人们对贸易所造成的环境影响的认识。尽管隐含排放随着产品而进行跨国流动是一个客观事实，但是这个事实的形成与各国的产业和贸易政策导向有着千丝万缕的联系。各国可以通过有针对性的政策措施来对国际贸易中的产品隐含排放进行总量调控，以实现本国的既定目标。从这个意义上讲，国际贸易中产品隐含排放的跨国流动实际上是可以通过政府干预来施加影响的政策性问题。

在当前国际社会应对气候变化的背景下，作为产品隐含排放的一种类型，产品隐含碳排放的跨国转移受到了国际社会的广泛关注。第一，现有国际气候体制将国家的排放界定为国家领土范围内的生产排放，并没有将国际贸易中隐含碳的跨国转移考虑在内。既有研究表明，国际贸易中产品隐含碳的跨国转移数量之大不容忽视。从隐含碳的总体流向看，发展中国家是净流出国，发达国家是净流入国。这就意味着发展中国家的排放中有部分是为满足发达国家消费需求而排放的，相应地，发达国家从发展中国家进口相关产品，从而减少了其本国的生产排放。那么到底由谁来为这种隐含碳的排放承担责任更加合理呢？第二，以国家生产排放为基础，并强调国家减排责任的国际气候体制存在着一个“盲区”，即国际运输排放。从国际贸易的角度看，国际运输排放是产品隐含碳的重要组合部分，如何推进国际运输减排是国际社会面临的一项重要议题，特别是在欧盟单方面宣布将包括国际航线在内的航空运输纳入其排放交易机制之后，强化这方面的国际努力就愈发显得重要。第三，在现行国际气候体制下，按照《联合国气候变化框架公约》的共同但有区别责任原则，发达国家依据《京都议定书》承担具体的量化减排义务，发展中国家则不承担具体减排义务。发达国家担心在“有区别的责任”框架下，它们为了履行其国际义务而在国内所采取的具体减排措施会加大本国企业负担，这一方面可能会导致企业基于成本方面的考量外迁到发展中国家，出现所谓的“碳泄漏”，另一方面可能会造成本国竞争力损失。为了解决碳泄漏问题，保证本国企业的公平竞争，发达国家提出对于来自发展中国家的进口产品采取边境碳调整等单边贸易措施，这无疑会为发展中国家设置新的贸易壁垒。

国际贸易隐含碳问题折射出国际贸易与气候变化二者之间相互影响的关系。对此，需要以可持续发展理念为指导，就国际气候政策与国际贸易政策关系进行适当协调。2007 年在印尼巴厘岛召开《联合国气候变化框架公约》缔约方会议第十三届会议期间，各国贸易部长举行非正式会议，就贸易与气候变化的关系议题展开讨论。尽管之后国际社会曾经也召开过几次国际贸易和气候变化的研讨会，但是从国际气候谈判进程看，如何协调二者的关系并未取得实质性进展。

我国是国际贸易隐含碳的净出口国，国外研究机构对我国隐含碳的研究显示，2004 年中国国际贸易隐含碳排放占到中国碳排放总量的 23%。中国出口的隐含碳相当于日本 2004 年的排放总量，超过英国排放量的 2 倍。[①]这样看来，我国尽管名义上碳排放量为世界之最，但

① Tao Wang, Jim Watson, Trade, Climate Change, and Sustainability, State of the World 2009.

其中很大一部分是为其他国家生产产品所排放的。在当前国际气候谈判中，我国正在承受要求承担更多减排责任的国际压力。国际贸易隐含碳问题为公平合理配置减排责任，在国际气候谈判中维护我国的正当权益提供了一个新的视角。

实际上，我国政府已经注意到我国对外贸易中的隐含碳排放转移问题。2009 年 9 月 22 日，时任国家主席胡锦涛在联合国气候变化峰会开幕式上发表了题为《携手应对气候变化挑战》的重要讲话，提出发展中国家“在经济全球化进程中处于国际产业链低端，承担着大量转移排放”，呼吁“在应对气候变化过程中，必须充分考虑发展中国家的发展阶段和基本需求”。但遗憾的是，我国政府相关部门一直未对国际贸易隐含碳问题做出公开的、清晰的政策阐述。从学界的研究情况看，国内外的学者主要研究成果集中在对国际贸易中的隐含碳进行定量分析方面，而对政策层面的研究较少，特别是从我国的视角出发，对我国应当采取的政策、策略等缺乏全面、系统的分析与研究。有鉴于此，本书主要从法律层面对国际贸易的隐含碳问题展开研究。

本书以国际贸易与气候变化的关系为视角，以国际气候体制和国际贸易体制为基础，分析探讨将隐含碳问题引入国际气候体制的可能途径，并考察气候贸易措施在遵守国际贸易规则方面遇到的主要法律问题。在此基础上，本书从我国实际出发，对我国对外贸易中的隐含碳问题及其政策影响进行专门分析，并给出对策建议。本书共包括五章。第一章是导论，对产品隐含碳的内涵、国际贸易中的隐含碳问题，以及如何从贸易与气候变化两者的关系角度认识和分析国际贸易隐含碳问题展开讨论，并寻求妥善的应对之道。第二章主要就如何将隐含碳问题引入国际气候法律体制进行探讨。本书认为，隐含碳问题的引入有助于我们更深刻地理解共同但有区别责任原则；通过引入隐含碳来对现有国际排放计算方法做适当修正，有助于更加公平合理地配置国家责任，特别是发达国家的责任；隐含碳问题的引入对于发达国家履行其所承担的向发展中国家提供资金资助、技术转让等义务具有推动作用；而引入部门方法，在国际和国内两个层面开展部门减排则有利于消除隐含碳所带来的碳泄漏与竞争力问题。第三章就目前游离于国际气候体制之外的国际运输减排问题进行专门分析，探讨了以国际民用航空组织和国际海事组织为主体的国际运输减排的多边努力，并对食物里程及欧盟航空排放交易等具体减排措施进行分析。第四章分析发达国家所主张的气候贸易措施的合规性及其存在的主要法律问题，重点关注的是边境碳调整和碳标签制度对 WTO 规则的适用。第五章是对我国对外贸易隐含碳问题的具体分析，并从国际和国内两个层面提出我国应对隐含碳问题的法律对策。

本书是作者承担的教育部人文社会科学研究项目《国际贸易中的“隐含碳”法律问题研究》（09YJA820037）的最终研究成果，同时也是作者长期从事的国际贸易与环境问题系列研究的重要组成部分。本书作者自 2000 年开始关注国际贸易与环境问题，于 2003 年出版了《WTO 协调环境与贸易关系的理论与实践》一书，之后就以欧盟为代表的产品环境政策进行了专题研究，于 2013 年出版了《产品导向环境政策研究》一书。国际贸易隐含碳问题可以看作是国际贸易与环境关系问题在气候领域的体现，并与“国际产品环境政策”密切相关。因此，本书写作过程中参考借鉴了作者之前的研究成果，并延续了作者一贯的学术观点。

目　录

第一章
导　论

国际贸易隐含碳的跨国流动原本是在国际贸易过程中必然会发生的一种客观现象，然而在全球应对气候变化的背景下，它却给国际气候政策和国际贸易政策的制定者带来了新的挑战。如何认识和评估国际贸易隐含碳问题的政策影响，避免隐含碳问题所引发的诸多政策冲突，在国际多边体制框架内促进气候变化应对与国际贸易协调发展正成为当前国际社会必须面对的一个重要议题。

第一节　国际贸易隐含碳问题

一、"隐含碳"的概念

"隐含碳"（Embodied Carbon）概念源于对产品生产过程中所消耗的能源和资源的计算。20 世纪 70 年代爆发的石油危机引发了人们对能源问题的关注，并通过能源分析来确定一个系统生产特定产品或服务所需要的直接和间接能源。1974 年国际高级研究机构联合会能源分析工作组在一次会议上提出，可以使用"embodied"一词来衡量某种产品或生产服务过程中直接和间接消耗的某种资源的总量[①]。按照这样的解释，在“embodied”后面加上资源及污染排放物的名称就可用来指称和分析在生产过程中产生的污染以及对资源的消耗，如土地、水、二氧化碳、二氧化硫等。[②]对此，有学者借鉴“物质流”的概念，将这种对产品生产和服务过程中所消耗的资源和排放的污染物统称为隐含流（embodied flow）。[③]应该指出的是，产品所隐含的“资源、污染”等具有虚拟性，因为在产品生产过程中实物资源已经被消耗，污染物也已经排放，无论是资源消耗，还是所排放的污染物都没有被转化为产品的内在成分，而成为最终产品的有机组成部分。实际上，产品的隐含流被作为产品生命周期的一种“记忆”而存在，并随着产品的流动而流动。[④]作为一种研究方法，“隐含流”研究可以用于从生产和最终消费两个角度来衡量产品和服务对资源和环境的影响。在当今经济全球化和国际贸易自由化的背景下，“隐含流”的研究有助于帮助人们认识产品出口国在生产产品过程中所付出的资源和环境代价，而这种代价通常并没有被很好地反映在产品的成本之中。特别是在评估产品出口国环境问题以及配置国际环境责任时，出口产品的隐含流问题格外受到关注。

按照上述思路，所谓“隐含碳”即是指在产品和服务生产过程中所排放的二氧化碳。目前对于隐含碳排放的研究主要集中在因能源消费所导致的碳排放上，具体包括直接排放和间接排放两部分。其中，直接排放是指产品和服务生产过程中直接消耗能源导致的碳排放，而间接排放指的是产品生产和服务过程中通过中间投入品而间接消耗的

---

① 李丁、汪云林、牛文元：《出口贸易中的隐含碳计算——以水泥行业为例》，载《生态经济》2009 年第 2 期。

② 黄敏、伍世林：《贸易中隐含碳问题溯源及其研究进展》，载《上海商学院学报》2010 年第 2 期。

③ 陈红敏：《我国对外贸易的能源环境影响——基于隐含流的研究》，复旦大学博士学位论文，2009 年 4 月。

④ 陈红敏：《我国对外贸易的能源环境影响——基于隐含流的研究》，复旦大学博士学位论文，2009 年 4 月。

能源以及由此产生的碳排放。[①]

与"隐含碳"相关的另一个常用概念是"碳足迹"(carbon footprint)。一般意义上的"碳足迹"是指由于人类活动，或者在产品或服务的生产、提供和消耗过程中释放的二氧化碳和其他温室气体的总量。[②]就国际贸易而言,"碳足迹"主要是指国际贸易活动所产生的排放对气候变化的影响,具体包括国际贸易产品的生产排放和运输排放两部分。[③]可见，与通常意义上的"隐含碳"相比，国际贸易的"碳足迹"增加了对运输环节的关注。本书从研究目的出发，在"隐含碳"的使用上采取了与国际贸易"碳足迹"相同的语义，即本书除了研究国际贸易产品在生产过程中的隐含排放外，还研究产品国际运输过程中的隐含排放。

二、国际贸易隐含碳的定量分析

在传统国际贸易研究中，国际贸易中的隐含碳排放并未引起广泛关注。近年来，随着气候变化日益受到人们重视，特别是随着《气候变化框架公约》和《京都议定书》的签署与生效，应对气候变化成为世界各国共同的责任。其中，国际贸易隐含碳的跨国流动给各国如何承担国际气候减缓责任提出了新的课题。在这样的背景下，国际贸易中的隐含碳排放开始进入世界各国研究者的视野，并产生了一大批研究成果。学者运用生命周期法和投入产出法等不同分析方法，从特定国家以及双边贸易的角度对隐含碳的跨国流动进行了定量分析。大体而言，学界关于隐含碳的研究主要集中在以下几个方面：

第一，隐含碳的国别研究，即针对某一国家的进出口产品隐含碳所进行的研究。相关文献既有对欧盟及其成员国意大利、西班牙等发达国家的专门研究，也有对巴西、印度、中国等发展中国家的研究。

---

① 陈红敏：《包含工业生产过程碳排放的产业部门隐含碳研究》，载《中国人口·资源与环境》2009 年第 3 期。

② 曲如晓、马建平：《贸易与气候变化：国际贸易的新热点》，载《国际贸易》2009 年第 7 期。

③ 曲如晓、马建平：《贸易与气候变化：国际贸易的新热点》，载《国际贸易》2009 年第 7 期。

例如，有学者对欧盟的贸易模式进行了研究，指出 2001 年因欧盟进口引起其他国家 9.92 亿吨的排放，而欧盟出口只引起欧盟 4.46 亿吨的排放。然而，欧盟进出口商品和服务的价值大体相同，进口 1231 亿欧元，出口 1209 亿欧元。这反映了欧盟经济以服务产业为主导的事实，服务产业也正逐渐成为欧盟的出口产业。再如，金融业的排放仅仅包括为其建筑物提供热和照明以及为其计算机提供动力所产生的排放。即使是制造业，欧盟采取的也是低排放的模式，即进口石油和钢材等能源密集的原料将其转化为石化产品或机器等高价值的商品。尽管制造业比绝大多数金融业排放更多的二氧化碳，但相比于生产 1 欧元的钢，生产 1 欧元的机器所消耗的能源要少得多。[①]有学者对意大利 20 世纪 90 年代（1991～2001）的进出口进行了统计分析，结果发现：2000 年意大利进口商品的隐含碳占其当年温室气体排放总量的 18%。通过对从发展中国家进口的四种碳密集商品隐含碳的分析发现，进口的 700 万吨二氧化碳当量要比按照意大利已经采取的措施，即通过增加 2800 兆瓦可再生能源发电来实现减排的量还大。[②]有学者对西班牙经济和贸易情况从产业部门的角度进行了分析，结果显示：西班牙整个国家经济体二氧化碳排放的绝大多数是为满足服务、建筑、运输材料和食品这四个部门的需求所产生的，而且这四个部门还因需要从其他国家购买生产原料和最终产品而产生大量污染。如果在这些部门采取进口替代政策会大大增加西班牙经济的二氧化碳排放，同样，加大进口的方法会将大量污染转移到海外。另一方面，西班牙的出口主要集中在基础产业部门，包括采矿和能源、非金属产业、化学、金属和运输材料等，学者认为这表明其他国家也在采取通过国际贸易来避免本国生产高污染产品的战略。[③]此外，Wyckoff 和 Roop 对经合组织国家

---

① John Kornerup Bang, Eivind Hoff and Glen Peters, EU Consumption, Global Pollution, A Report Written by WWF' s Trade and Investment Programme and the Industrial Ecology Programme at the Norwegian University of Science and Technology, 2008.

② Mongelli, G. Tassielli, B. Notarnicola, Global Warming Agreements, International Trade and Energy/carbon Embodiments: An Input–output Approach to the Italian case, Energy Policy 34 , 2006.

③ Julio Sanchez-Choliz, Rosa Duarte, CO_2 Emissions Embodied in International Trade: Evidence for Spain, Energy Policy 32, 2004.

贸易中的隐含碳排放进行了计算，结果发现制成品中隐含碳占到其排放量的 13%左右。[①]在对发展中国家隐含碳的研究中，Giovani Machado 等学者对巴西的研究受到广泛关注。他们通过对巴西 1995 年经济和贸易情况的分析得出结论：1995 年巴西出口的非能源产品中所隐含的能源和碳分别为 831 拍焦[②]和 1350 万吨，而进口产品中所含的能源和碳分别为 679 拍焦和 990 万吨，换句话说，巴西净出口隐含在非能源商品中的能源和碳分别为 153 拍焦[③]（占国家总能源利用的 2.3%）和 360 万吨（占国家能源利用碳排放总量的 3.6%）。而且研究进一步指出，巴西 1 美元的出口产品相较于 1 美元的进口产品隐含能源要多出 40%，隐含碳要多出 56%。这就意味着在贸易平衡的情况下，巴西要在国际非能源商品贸易中净出口 40%的隐含能源和 56%的隐含碳。显然，在贸易顺差的情况下，这种不平衡会更高。[④]在对印度的研究中，学者通过分析印度贸易自由化进程中的商品贸易结构，计算进出口商品中的能源和碳含量，构建贸易污染指数，结果表明，在 1993 年至 1994 年间，印度出口的所有商品中的能源和碳含量小于相应的进口商品，是一个能源和碳的净进口国。[⑤]此外，也有学者运用模型对我国出口贸易、碳排放和经济发展之间的关系进行了分析。发现我国出口贸易、经济增长和碳排放之间存在长期的协整关系，其中出口贸易的弹性系数为 0.80。也就是说我国出口贸易每单位变化 1%，碳排放增加 0.80%。这表明长期内出口贸易是我国碳排放的主要因素。[⑥]

第二，对双边贸易中隐含碳的分析。例如，有学者对日美贸易中的隐含碳问题进行了专门研究，指出日美贸易降低了全球的碳排放，将美国消费的部分碳负荷转移到了日本。而在其他国家的贸易中，这

---

① 王海鹏：《对外贸易与我国碳排放关系的研究》，载《国际贸易问题》2010 年第 7 期。

② 热量计量单位，英文为 Petajoule，缩写为 PJ。1 拍焦约折合 3.41 万吨标准煤。

③ 应是原文作者的计算错误，按照文中给出的统计数字，该数值应为 152。

④ Giovani Machado, Roberto Schaeffer, Ernst Worrell, Energy and Carbon Embodied in the International Trade of Brazil: An Input–output Approach, Ecological Economics 39, 2001.

⑤ 王海鹏：《对外贸易与我国碳排放关系的研究》，载《国际贸易问题》2010 年第 7 期。

⑥ 许广月、宋德勇：《我国出口贸易、经济增长与碳排放关系的实证研究》，载《国际贸易问题》2010 年第 1 期。

两个国家都是隐含碳的净进口国，将他们的部分环境负荷转移到了其他国家。如果按照《京都议定书》标准测算日美在全球贸易中的净隐含碳则更具重要性。日本在全球贸易中净进口3200万吨隐含碳，将增加14%的减排义务。美国净进口1.81亿吨隐含碳，将增加减排义务的15%。[①]有学者分析了韩日之间的贸易问题，指出尽管韩日贸易中韩国是贸易逆差，但是韩国出口的二氧化碳排放却要超过日本出口的二氧化碳排放。[②]换句话说，韩国在韩日贸易中是隐含碳的净出口国。有学者对1997～2007年中美贸易对气候变化的影响进行了分析，结果表明中美贸易使得美国的二氧化碳排放量减少了2%～4%，我国增加了14%～20%，全球增加了2%～4%。[③]对中欧贸易研究的学者认为中国是欧盟在生产出口欧盟产品过程中排放二氧化碳最多的贸易伙伴。2001年，中国为欧盟生产出口产品排放了1.55亿吨二氧化碳，而欧盟出口到中国的产品隐含碳排放为1600万吨，相当于中国出口欧盟产品隐含碳的十分之一。中国为欧盟生产出口产品排放最多的部门是机械、电子和电气设备及化学品。而纺织和衣物隐含排放仅占中国向欧盟出口排放的7.6%。[④]此外学者还分别就中英、中日等双边贸易中的隐含碳进行了分析，得出了类似的结果。

三、对国际贸易隐含碳的几点认识

首先，国际贸易中存在大量的隐含碳跨国流动，据研究，国际贸易中的隐含碳排放总量超过53亿吨。[⑤]从国际排放的角度看，隐含碳

---

① Frank Ackerman, Masanobu Ishikawa, Mikio Suga, The Carbon Content of Japan–US Trade, Energy Policy 35, 2007.

② Hae-Chun Rhee , Hyun-Sik Chung, Change in CO_2 Emission and its Transmissions between Korea and Japan using international input–output analysis, Ecological Economics 58, 2006.

③ 王海鹏：《对外贸易与我国碳排放关系的研究》，载《国际贸易问题》2010年第7期。

④ John Kornerup Bang, Eivind Hoff and Glen Peters, EU Consumption, Global Pollution, A Report Written by WWF' s Trade and Investment Programme and the Industrial Ecology Programme at the Norwegian University of Science and Technology, 2008.

⑤ Glen P. Peters, Edgar G. Hertwich,CO_2 Embodied in International Trade with Implications for Global Climate Policy, Environmental Science & Technology,Vol. 42, NO. 5, 2008.

的跨国流动意味着碳的转移排放。[①]隐含碳问题实质上是国际贸易引发的碳排放的跨国转移问题。

其次，由于产业结构、技术水平以及国家特征和地理位置等方面的不同，各国国际贸易中隐含碳的流动状况千差万别，但我们也能从中发现一些规律性现象[②]：（1）除一些小的资源丰富的发达国家，发达国家总体上是碳排放的净进口国，而发展中国家作为一个整体是碳的净出口国。换句话说，国际贸易中的隐含碳总体上是由发展中国家流向发达国家。据国外报道，有研究显示全球碳排放的20%来自发展中国家为满足发达国家的消费需要而从事的生产活动。[③]（2）特别是对于采取出口导向型贸易政策的发展中国家而言，其国内排放的相当一部分是因生产出口产品所引起的。（3）就全球温室气体减排来说，隐含碳的全球性转移并没有真正减少世界的排放压力。[④]相反，发展中国家受到技术水平、产业结构等方面的制约，二氧化碳排放强度[⑤]普遍高于发达国家。由于中印等国处于相对较低的经济发展阶段，在国际产业分工中处于下游，因而出现了人均二氧化碳排放量低但二氧化碳排放强度高的现象。[⑥]从这个意义上讲，发展中国家作为国际贸易隐含碳的净流出国，相对于发达国家自己生产相关产品而言，会增加全球总的碳排放量。

最后，国际贸易中产品隐含碳的跨国流动是一个客观现象。在经济发展与环境保护的关系上，国际贸易的意义在于它可以使一国部分

---

① 李丁、汪云林、牛文元：《出口贸易中的隐含碳计算——以水泥行业为例》，载《生态经济》2009年第2期。

② 隐含碳流动既存在于发展中国家与发达国家之间的国际贸易中，也存在于发达国家和发展中国家的相互国际贸易之中。本书重点分析和考察的是发达国家和发展中国家之间的隐含碳流动情况。

③ Carbon embodied in international trade, http://www.earthportal.org/news/?p=1302.

④ 陈红敏：《我国对外贸易的能源环境影响——基于隐含流的研究》，复旦大学博士学位论文，2009年4月。

⑤ 二氧化碳排放强度是指生产单位国内生产总值所排放的二氧化碳。

⑥ 周伟、米红：《中国碳排放：国际比较与减排战略》，载《资源科学》2010年第8期。

地将其本国经济体系和生态系统脱钩成为可能。[①]因为其可以通过国际贸易将环境影响大的活动转移到国外来保护其自身的承载力。这里的承载力是指生态系统以一种可持续的方式来维持其功能及其与经济系统相互关系的能力。[②]这就意味着在国际贸易条件下，一国可能从国际贸易中除了获得经济利益之外，还在环境方面获益，而另一些国家则可能在获得经济利益的同时，使其环境利益受损。特别是在当前各国应对气候变化的背景之下，承担量化减排义务的发达国家可能会有意地通过增加对碳密集产品的进口来减少其本国的生产排放，从而减轻其减排压力。越来越多的文献提出了这样一个问题，即发达国家越来越倾向于服务导向和不断从发展中国家进口能源密集型的物品，从而将他们的碳排放转移到发展中国家。因此，关注贸易中隐含碳排放变得非常重要。[③]这样，国际贸易隐含碳跨国流动就从一个事实性问题转变为一个政策与法律问题，并进而对应对气候变化的政策与法律产生影响。

第二节　隐含碳问题对国际贸易与气候政策的影响

隐含碳问题折射出的是气候变化与国际贸易的关系问题。深刻认识隐含碳问题需要将其置于国际贸易与气候变化相互影响的关系框架之中加以分析，进而揭示其对国际贸易和应对气候变化所带来的影响。

一、国际贸易与气候变化关系的基本框架

国际贸易与气候变化二者之间存在着相互影响的关系，对此可以

① Giovani Machado, Roberto Schaeffer, Ernst Worrell, Energy and Carbon Embodied in the International Trade of Brazil: An Input–output Approach, Ecological Economics 39, 2001.

② Giovani Machado, Roberto Schaeffer, Ernst Worrell, Energy and Carbon Embodied in the International Trade of Brazil: An Input–output Approach, Ecological Economics 39, 2001.

③ 陈红敏：《我国对外贸易的能源环境影响——基于隐含流的研究》，复旦大学博士学位论文，2009 年 4 月。

从事实与政策法律两个层面进行分析。

首先，国际贸易与气候变化相互影响是客观事实。一方面，气候变化会改变国家的生产能力，特别是对一国的农业生产影响巨大，从而改变国家之间的贸易比较优势。同时与气候变化有关的极端天气事件的增加会威胁到国际贸易的基础设施。①此外，气候变化对贸易的模式和数量产生物理影响。②换言之，应对气候变化对国际贸易具有一定的保障和促进作用。另一方面，国际贸易对气候变化也具有直接或间接的影响。直接影响表现为贸易相关活动与气候变化有因果关系，具体取决于贸易的规模、结构和技术效应。③其中，所谓规模效应，是指贸易导致经济活动和能源使用的增加，相应地提高了温室气体排放的水平。具体表现为两点：一是经济规模的扩大表现为产品生产扩张及其对资源和能源消耗的增加，导致排放的增加；二是贸易规模的扩大意味着产品在世界范围内的流动性提高，相应地使国际运输的排放增加。结构效应产生于贸易活动所导致的全球范围内的专业化分工。④所谓结构效应是指贸易自由化引导国家生产具有比较优势的产品。对温室气体排放的影响取决于一国具有比较优势的产业部门是否是能源密集型产业。所谓技术效应是指贸易导致能源效率的提高。这主要通过两种途径来实现：一是自由贸易将增加对环境友好产品的可获得性，降低其成本；二是贸易增加的收入可提高人们对环境友好产品的需求。贸易对温室气体排放的影响取决于上述三种因素交互作用

① Samantha Derksen and Ingrid Jegou, The Trade and Climate Change Linkages, ICTSD Global Platform on Climate Change, Trade and Sustainable Energy, May 2011.

② Teehankee, Manuel, Ingrid Jegou and Rafael Jacques Rodrigues, Multilateral Negotiations at the Intersection of Trade and Climate change - An Overview of Developing Countries' Priorities in UNCSD, UNFCCC and WTO Processes; Climate Change Architecture Series; Issue Paper No. 2; International Centre for Trade and Sustainable Development, 2012.

③ Teehankee, Manuel, Ingrid Jegou and Rafael Jacques Rodrigues, Multilateral Negotiations at the Intersection of Trade and Climate change - An Overview of Developing Countries' Priorities in UNCSD, UNFCCC and WTO Processes; Climate Change Architecture Series; Issue Paper No. 2; International Centre for Trade and Sustainable Development, 2012.

④ 赵玉焕：《多边贸易体制在应对全球气候变化中的作用》，载《世界贸易组织动态与研究》2009 年第 9 期。

的结果。[①]其净效果可能是积极的，也可能是消极的。[②]贸易对气候变化的间接影响表现在，贸易诱导的增长会为政府创造更好实施可持续发展政策的条件，而这能够对政策的优先领域以及低碳增长趋势具有积极影响。[③]需要注意的是：气候是全球性的环境公共品，温室气体不论在哪个国家排放，其对气候的影响都是同质性的，这与其他区域性的环境问题，诸如大气污染等存在着差异。因此，在从国家角度分析贸易对气候变化影响的同时，还应将世界贸易作为一个整体，从整体上分析全球贸易对气候影响的规模、结构和技术效应。[④]

其次，就政策与法律层面而言，尽管从最终目标上看，国际贸易和气候政策都是为了人类福祉和经济社会的可持续发展，但因为二者的侧重点不同，致使它们之间既有相互促进的一面，也有相互冲突的一面。具体而言：

第一，一国应对气候变化的政策措施会影响贸易。主要表现在一国采取应对气候变化的政策措施，诸如征收碳税、实施排放交易以及国家对低碳技术和能源效率的促进、产品的碳标签项目等，对于本国的对外贸易具有双重效果。一方面可能因为强化碳排放的管制而增加企业的成本；另一方面，也因为能效要求等促进企业技术进步，有利于提高企业竞争力，创造新的绿色低碳贸易新机会。同时，采取严格气候政策的国家因为担心本国竞争力问题而主张对来自没有采取或者采取宽松气候政策的国家的产品通过贸易措施来“公平竞争”。这些政策如果设计不适当的话，会通过其贸易效应对贸易伙伴带来消极的社

---

① WTO，The Impact of Trade Opening on Climate Change, http://www.wto.org/english/tratop_e/envir_e/ climate_impact_e.htm. 2014 年 5 月登陆。

② Teehankee, Manuel, Ingrid Jegou and Rafael Jacques Rodrigues, Multilateral Negotiations at the Intersection of Trade and Climate change - An Overview of Developing Countries' Priorities in UNCSD, UNFCCC and WTO Processes; Climate Change Architecture Series; Issue Paper No. 2; International Centre for Trade and Sustainable Development, 2012.

③ Teehankee, Manuel, Ingrid Jegou and Rafael Jacques Rodrigues, Multilateral Negotiations at the Intersection of Trade and Climate change - An Overview of Developing Countries' Priorities in UNCSD, UNFCCC and WTO Processes; Climate Change Architecture Series; Issue Paper No. 2; International Centre for Trade and Sustainable Development, 2012.

④ 马建平：《贸易与气候变化的关联机理分析》，载《当代经济管理》2009 年第 12 期。

会和经济后果。[①]

第二，贸易政策能够被用来作为应对气候变化的重要举措。例如，消除气候友好商品和服务的贸易壁垒会使其以更低的价格获得，并刺激气候友好技术的扩散，从而增强国家减缓和适应气候变化的能力。[②]此外，减少扭曲贸易的化石燃料补贴、消除低碳产业投资障碍等都有助于应对气候变化。

总之，贸易和气候变化相互的联系提供了双赢解决方案的可能性，但是不适当地处理这些联系不仅会阻碍全球对气候变化的回应，也会阻碍有利于可持续发展的贸易机会。[③]

上述关于国际贸易与气候变化关系的框架性分析为我们认识国际贸易隐含碳问题提供了基本思路：

第一，国际贸易隐含碳的跨国流动是连接国际贸易与气候变化关系的重要纽带。在经济全球化的背景下，产品的跨国流动日益频繁。当消费者购买一台电视时，他会分担从组装国到商店期间的运输所用能源的责任。但不止于此，甚至那些标有“欧盟制造”的产品都会引起其他零部件生产国的重要排放，每个部件的生产都需要电力、化学品、塑料或金属。如果追溯其原产地，会涉及中国的煤炭开采、澳大利亚的铁矿石开采以及巴西的铝土矿开采、加拿大的石油开采等。也就是说在欧盟商店购买一台电视机会对远在千里之外的这些地方的活动产生影响。[④]如前述国际贸易中隐含碳随产品的跨国流动是一个基本事实，而这种隐含碳的跨国流动不仅是国际贸易活动的一部分，也给应对气候变化带来重要影响。

---

① Samantha Derksen and Ingrid Jegou, The Trade and Climate Change Linkages, ICTSD Global Platform on Climate Change, Trade and Sustainable Energy, May 2011.

② Samantha Derksen and Ingrid Jegou, The Trade and Climate Change Linkages, ICTSD Global Platform on Climate Change, Trade and Sustainable Energy, May 2011.

③ Samantha Derksen and Ingrid Jegou, The Trade and Climate Change Linkages, ICTSD Global Platform on Climate Change, Trade and Sustainable Energy, May 2011.

④ John Kornerup Bang, Eivind Hoff and Glen Peters, EU Consumption, Global Pollution, A Report Written by WWF' s Trade and Investment Programme and the Industrial Ecology Programme at the Norwegian University of Science and Technology, 2008.

第二，与传统的侧重于生产角度研究贸易与环境关系问题不同，隐含碳问题的分析为传统贸易与环境关系的研究提供了另一条途径，即从最终消费的角度，通过贸易进出口产品中隐含碳和隐含污染的分析揭示国际贸易对环境的影响，从而验证是否存在污染转移等问题。[①]这种隐含碳的跨国转移对于认识发达国家的排放责任具有重要意义。以欧盟为例，欧盟消费的商品和服务在 2001 年引起了 47 亿吨的二氧化碳排放，这比欧盟所报告的 42 亿吨多出了 5 亿吨，这 5 亿吨的差异是来自欧盟的进口产品，其排放量相当于意大利的国内排放，而《京都议定书》下的欧盟减排义务则是以较低的 42 亿吨为基础的。类似情况存在于经合组织国家。资料显示，所有经合组织国家（包括韩国和墨西哥，它们被划分为发展中国家）除了矿产资源丰富的澳大利亚和加拿大之外，它们所消费的二氧化碳都要比它们所生产的多。而马来西亚和南非的排放比其国内消费所产生的分别高出 67%和 63%。从绝对数量上看，中国排放超出其自身消费的部分最大。2001 年，中国自身消费比其所排放的二氧化碳少近 6 亿吨，大约相当于英国一年的排放量，比其自身消费多出了 22%。俄罗斯是第二大生产多于其自身消费的排放国，多出 3.31 亿吨，超出其国内消费的 28%。俄罗斯以及前苏联共和国其他国家排放的 10%与欧盟的消费有关。因此，在富裕国家开始指责中国和其他新兴经济体二氧化碳增长水平之前，明显需要考虑由消费引起的二氧化碳排放问题。[②]隐含碳的跨国流动改变了一国关于经济发展和包括气候变化在内的环境问题的基本关系。特别是对发达国家而言，按照环境库兹涅茨曲线，发达国家在富裕后随着收入的增长其所造成的环境影响将降低。但是在国际贸易条件下，考虑到隐含碳转移排放的存在，可能会出现不同的情况，即发达国家随着财富的增加，其所造成的环境影响也增加，只不过是将这种环境影响

---

① 陈红敏：《我国对外贸易的能源环境影响——基于隐含流的研究》，复旦大学博士学位论文，2009 年 4 月。

② John Kornerup Bang, Eivind Hoff and Glen Peters, EU Consumption, Global Pollution, A Report Written by WWF' s Trade and Investment Programme and the Industrial Ecology Programme at the Norwegian University of Science and Technology, 2008.

转移到了海外而已。而且，如果发达国家将生产转移到发展中国家的话，其排放的减少可能实际上会造成全球总排放的净增加。因此，需要对发达国家财富增长和环境的关系在贸易条件下进行重新审视。

第三，隐含碳的跨国流动是国际贸易与气候变化政策冲突的重要根源，具体体现在隐含碳所引起的碳泄漏与竞争力损失问题，而目前国际贸易和气候变化政策的冲突主要围绕着这两个问题而展开。

二、隐含碳引发的碳泄漏问题

从一般意义上讲，碳泄露是指在只有部分成员参与的国际联盟下，承担减排义务的国家采取的减排行动导致不采取减排义务的国家增加排放的现象。[①]实践中，对于碳泄漏问题的讨论主要是基于现有国际气候变化法律体制而进行的，即根据《联合国气候变化框架公约》（以下简称《公约》）和《京都议定书》的规定，《公约》附件一的发达国家承担具有法律拘束力的量化减排义务，而非附件一的发展中国家则没有具体量化的减排义务。这样的国际气候体制存在碳泄漏的可能。学界在碳泄漏概念的使用上存在两种指向：一是作为整体性概念的"碳泄漏"，指《公约》附件一发达国家从非附件一发展中国家进口产品所发生的碳泄漏。[②]二是不同国家之间的碳泄漏，即《京都议定书》参与国通过转移其国内生产和增加从非参与国家的进口来减少其国家报告的排放量。[③]实践中，关于碳泄漏的讨论主要指的是《公约》附件一发达国家因向非附件一发展中国家转移排放而出现的碳泄漏。

理论上讲，《公约》附件一发达国家的碳泄漏主要是经由产业重置和国际贸易进行传导的。《公约》附件一的国家为实现其减排目标而采取的减排政策会对企业的经济效益产生影响，这可能会促使相关产业

① 张淑静：《南北气候合作必须坚持"共同但有区别的责任"之基本原则》，载《探索》2010年第3期。

② Glen P. Peters, Edgar G. Hertwich, Post-Kyoto Greenhouse Gas Inventories: Production versus Consumption, Climatic Change 86, 2008.

③ Glen P. Peters, Edgar G. Hertwich, Post-Kyoto Greenhouse Gas Inventories: Production versus Consumption, Climatic Change 86, 2008.

特别是钢铁、水泥、化工等碳排放强度高的产业出于经济方面的考量，选择将产业迁移到发展中国家。相应地，发达国家会通过扩大进口高碳排放强度的产品，而不是自己生产来满足其国内发展的需要。这样一来，发达国家虽然可以减少它们自己的排放量，实现它们自己的减排目标，但发展中国家及全球的碳排放总量却增加了。[①]

另外，需要说明的是，作为碳泄漏的产业重置问题是否存在以及在多大程度上存在都没有充分的证据，有待于进一步的实证研究。如同贸易与环境关系的“污染避免所”理论[②]一样，是否因为严格的气候变化政策而导致产业重置，取决于各种条件的对比，至少目前并没有充分的研究对此加以佐证。相反，已有的研究则提出了一些质疑。例如，有学者对意大利20世纪90年代（1991～2001）的进出口进行了统计分析，结果表明：（1）对发展中国家的净出口和国内消费比率的降低仅发生在人工合成纤维以及钢铁和其他金属制造部门，其他能源和碳密集部门的趋势相当稳定。但意大利依然是人工合成纤维的净出口国，钢铁和其他金属制造部门在1992年至2001年间的变化也十分轻微。特别是对于这些部门进行的国别分析揭示，净出口的降低只是出现在与俄国的钢铁和其他金属制造部门以及与中国的人工合成纤维部门。[③]研究结果显然并不支持污染避难所理论。当然需要注意的是至今意大利并没有引入能够促使污染产业转移的严格限制措施来实现其减排目标。尽管1998年意大利引入了碳税措施，但因受到强烈批评而被搁置，因此一旦采取更强的措施可能会出现更大的影响。[④]然而，不论实践中是否出现，以及在多大程度上出现产业重置和碳泄漏，

①李丽平、任勇、田春秀：《国际贸易视角下的中国碳排放责任分析》，载《环境保护》2008年第38期。

②“污染避难所”是研究环境与贸易关系问题中使用的一个形象性说法，意指各国环境标准的宽严不一会诱使企业为保证其竞争地位而从严环境标准管理的地区向宽松环境标准管理的地区转移，即产生所谓“污染避难所”现象。尽管理论上存在出现“污染避难所”现象的可能，但对其缺乏充分的实证研究。

③ Mongelli, G. Tassielli, B. Notarnicola, Global Warming Agreements, International Trade and Energy/carbon Embodiments: An Input–output Approach to the Italian case, Energy Policy 34 , 2006.

④ Mongelli, G. Tassielli, B. Notarnicola, Global Warming Agreements, International Trade and Energy/carbon Embodiments: An Input–output Approach to the Italian case, Energy Policy 34 , 2006.

但不容否认的是，碳泄漏已经成为国际气候谈判中的关键话题之一。有学者指出，碳泄露已经对《京都议定书》的效率造成重大损害，影响到发达国家的实际减排效果。[①]围绕着现有国际气候体制如何防止碳泄漏问题展开了一系列的讨论，例如对于国家减排责任的配置是按照碳的消费量（计算中包含了隐含碳）还是按照现行的碳的生产量来计算，在未来的气候变化协议中为防止发展中国家的碳泄露问题是否应将国际贸易因素考虑进去，发达国家以防止碳泄漏为理由所采取的单边气候贸易措施是否与现有国际贸易规则相一致，等等。

三、隐含碳引发的竞争力问题

从绝对意义上讲，一国采取国内减排措施，包括能效标准、排放标准和碳税等，通常会增加工业产品的成本，这样就可能会出现不同国家因为采取气候措施的宽严程度不同，而施加于企业的负担不同，从而导致来自不同国家的产品在国际市场上的竞争力不同，这就是所谓的竞争力问题。实践中，这种对竞争力问题的担心主要来自发达国家。因为在现有国际气候体制下，《公约》附件一的发达国家依据《京都议定书》承担了具体的减排责任，而非附件一的发展中国家则没有承担具体的减排义务。对此，发达国家担心其履行国际减排义务所采取的减排措施会造成本国企业和产品的竞争力损失，发达国家的企业和产品将不得不在国际市场上与没有对生产者实施强制性减排的国家的产品展开不公平的竞争。

逻辑上讲，产生与气候变化政策有关的竞争力问题需满足两个条件，即面对国际市场竞争和能源消费在产品成本变量中占有重要比重。如果不具备这两个条件，相关产业不太可能会因为对温室气体排放的限制而导致竞争力的实质性减弱。当然，这两个条件也仅仅是必要条件，而非充分条件。一些产业即使满足上述两个条件也会因为许多其

---

① Glen P. Peters, Edgar G. Hertwich, CO_2 Embodied in International Trade with Implications for Global Climate Policy, Environmental Science & Technology, Vol. 42, No. 5, 2008.

他原因而不至于产生竞争力问题。[①]

从既有文献看，关于气候政策导致的竞争力问题存在不同的认识。例如，对欧盟的研究一致认为，未来由公司负担的任何可能的碳价格引起的只是少量的竞争力扭曲，即使能源密集的产业也是如此。[②]经验表明，碳税没有对能源密集产业施加竞争力的影响。这部分是因为采取了一系列的补充性政策，诸如隐性补贴以及免税等，最终取消了税收对有关产业竞争力的消极影响。[③]无论是排放交易，还是碳税，没有结论性的证据证明经合组织国家采取的气候措施导致了竞争力的损失。因为，在多数情况下，采取措施的国家对经济利益的考量要超过对全球气候的考虑。许多减少排放的激励尤其是对能源密集产业的激励因税收特许、减免以及其他类似措施而变得无效。[④]可见，现有研究缺乏对气候措施的经济学分析及其对竞争力和国际贸易实际影响的直接证据。竞争力问题主要是一些政治上的考量。尽管到目前为止，争论主要是根据采取气候措施的国家对竞争力消极影响的一种感受而开展的[⑤]，但竞争力损失问题已经成为协调国际贸易与气候政策的核心问题之一。对此，有学者指出，因为担心参加约束性减排最终会影

① ZhongXiang Zhang, Encouraging Developing Country Involvement in a Post-2012 Climate Change Regime: Carrots, Sticks or Both? UNEP, Climate and Trade Policies in a Post-2012 World, 2009.

② John Kornerup Bang, Eivind Hoff and Glen Peters, EU Consumption, Global Pollution, A Report Written by WWF' s Trade and Investment Programme and the Industrial Ecology Programme at the Norwegian University of Science and Technology, 2008.

③ Muthukumara Mani, The Effects of Climate Change Policies on International Trade and Competitiveness: the China Factor, see: Trade, Climate Change and Global Competitiveness: Competitiveness: Opportunities and Challenges for Sustainable Development in China and Beyond: Selected Issue Briefs No. 3, International Centre for Trade and Sustainable Development, 2008.

④ Muthukumara Mani, The Effects of Climate Change Policies on International Trade and Competitiveness: the China Factor, see: Trade, Climate Change and Global Competitiveness: Competitiveness: Opportunities and Challenges for Sustainable Development in China and Beyond: Selected Issue Briefs No. 3, International Centre for Trade and Sustainable Development, 2008.

⑤ Muthukumara Mani, The Effects of Climate Change Policies on International Trade and Competitiveness: the China Factor, see: Trade, Climate Change and Global Competitiveness: Competitiveness: Opportunities and Challenges for Sustainable Development in China and Beyond: Selected Issue Briefs No. 3, International Centre for Trade and Sustainable Development, 2008.

响到出口产业竞争力，由此产生的政策挑战是确保从事高污染强度产品出口的国家采取清洁技术而不是将生产转移到其他地方或者不参加全球气候体制。[①]实践中，发达国家为了应对这种竞争力的损失问题，主张通过边境碳调整等贸易措施来解决公平竞争问题，从而引起广泛的争论。

需要指出的是，就气候政策与竞争力的关系而言，气候政策导致竞争力的损失仅仅是问题的一个方面，而另一方面是气候政策对竞争力还具有积极的溢出效应。研究表明这种溢出效应主要是通过技术创新来实现的，即实施气候减缓措施的国家通过设置高能效标准和生产相关的碳排放限制来驱动创新，促使企业提高资源利用效率，并最终培育企业竞争力。这种溢出效应不仅发生在发达国家，也见之于采取减排措施的发展中国家。以中国为例，能源和资源效率的改善已经导致其能效产品竞争力的提高，从而使中国成为世界节能灯泡的主要出口国。总之，在碳约束的世界中，那些采取坚定步骤来改变二氧化碳排放强度的国家的生产者将在竞争中获得比较优势。[②]

第三节 隐含碳问题的国际法律因应机制

长期以来，在国际多边体制中，国际贸易与气候变化分别沿着各自的轨迹在运行。然而，因为国际贸易隐含碳的缘故，使得国际贸易与气候变化二者之间相互关联和影响的关系逐渐得到关注。首先是国际贸易使得消费者在地理上与在生产消费品过程中所排放的污染物分隔开，它为消费者将与其消费有关的环境污染转移到遥远的地方提供了一种机制。对于地方性的污染物来说这可以看作是消费者的一种理

① Glen P. Peters, Edgar G. Hertwich, CO_2 Embodied in International Trade with Implications for Global Climate Policy, Environmental Science & Technology, Vol. 42, No. 5, 2008.

② Muthukumara Mani, The Effects of Climate Change Policies on International Trade and Competitiveness: the China Factor, see: Trade, Climate Change and Global Competitiveness: Competitiveness: Opportunities and Challenges for Sustainable Development in China and Beyond: Selected Issue Briefs No. 3, International Centre for Trade and Sustainable Development, 2008.

性选择，但是对于全球性污染物，例如温室气体，则不管发生于何处，消费者都要付出代价。因此，对于全球污染物的合理政策应当考虑到国际贸易的影响。[①]其次，从国家层面看，在很多发达国家中，占主导地位的污染控制措施是针对排放设置的，但这种措施在应对气候变化方面却难以奏效，部分原因是制造商品的设施仅占生产过程中二氧化碳总排放量的 1/4，其余的排放来自供应链，而且大部分可能位于海外。[②]最后，在应对气候变化的国际进程中，隐含碳问题引起的有关碳泄漏和竞争力问题的担忧已经影响到气候变化和国际贸易法律体制的运行。在这样的背景之下，包括隐含碳问题在内的国际贸易与气候变化关系问题开始进入国际多边体制之中。[③]鉴于气候与国际贸易关系的复杂性，如何协调国际气候体制与 WTO 的关系，形成相互支持的法律体系就成为关键。一方面，气候政策制定者应该考虑贸易如何为气候变化的减缓和适应做出贡献，另一方面贸易政策制定者需要考虑如何确保气候受到保护而不制造扭曲和不公平的贸易实践。[④]总之，国际气候政策和国际贸易政策这种相互支撑关系的形成，有赖于在两方面同时做出必要的努力。

---

① Glen P. Peters, Edgar G. Hertwich,CO_2 Embodied in International Trade with Implications for Global Climate Policy, Environmental Science & Technology,Vol. 42, No. 5, 2008.

② Douglas A. Kysar, Michael P.Vandenbergh, Introduction: Climate Change and Consumption, Environmental Law Reporter News & Analysis, December, 2008.

③ 在现有国际多边进程中，除了《气候变化框架公约》体制和WTO体制外，联合国可持续发展大会也讨论涉及国际贸易和绿色经济等相关问题。特别是里约20（Rio+20）的重要贡献之一是建立了一个专用渠道来支持未来贸易和绿色经济的讨论，以生成更多的知识、经验分享和沟通等。因此有学者认为联合国的可持续发展大会也应该在促进贸易与气候变化协调方面发挥更大作用。参见：Teehankee, Manuel, Ingrid Jegou and Rafael Jacques Rodrigues, Multilateral Negotiations at the Intersection of Trade and Climate change - An Overview of Developing Countries' Priorities in UNCSD, UNFCCC and WTO Processes; Climate Change Architecture Series; Issue Paper No. 2; International Centre for Trade and Sustainable Development, 2012. 本书主要就国际气候体制和WTO体制相关问题进行探讨。

④ UNEP, Climate and Trade Policies in a Post-2012 World, 2009.

一、国际气候法律体制对贸易问题的关注

现行国际气候体制尽管没有具体考虑隐含碳跨国转移问题，但是在《气候变化框架公约》拟定之初就已经注意到气候变化与国际贸易的关系问题，并且《公约》连同随后的《京都议定书》就协调气候变化与国际贸易的关系做出了原则性规定，这些原则性规定对于解决国际贸易中的隐含碳问题具有指导作用。

首先，《公约》第 3 条第 5 款规定了“维持开放的国际经济体系”原则，即各缔约方应当合作促进有利的和开放的国际经济体系，这种体系将促成所有缔约方特别是发展中国家缔约方的可持续经济增长和发展，从而使它们有能力更好地应付气候变化的问题。为对付气候变化而采取的措施，包括单方面措施，不应当成为国际贸易上的任意或无理的歧视手段或者隐蔽的限制。

其次，《公约》第 4 条第 2 款列出了附件一发达国家所做的具体承诺。其中包括：发达国家应酌情相互“协调为了实现本公约的目标而开发的有关经济和行政手段”，“确定并定期审评其本身有哪些政策和做法鼓励了导致《蒙特利议定书》未予管制的温室气体的人为排放水平因而更高的活动”。尽管未予说明，但“有关经济和行政手段”似乎应包括贸易手段。

最后，《京都议定书》第 2 条第 1 款对发达国家为履行减排承诺而执行和制定的政策和措施做出规定，其中包括“逐步减少或消除所有的温室气体排放部门违背《公约》目标的市场缺陷、财政激励、税收和关税免除及补贴，并采用市场手段。”对此，有学者认为这表明《京都议定书》对成员国的单边贸易措施持鼓励态度。[①]《京都议定书》第 2 条第 3 款为发达国家执行相关政策措施设置了限制条件，[②]即要

---

① 彭光明：《GATT 第 20 条必要性检验标准与气候贸易措施的探讨》，载《法律适用》2011 年第 4 期。

② 彭光明：《GATT 第 20 条必要性检验标准与气候贸易措施的探讨》，载《法律适用》2011 年第 4 期。

求发达国家“最大限度地减少各种不利影响，包括对气候变化的不利影响、对国际贸易的影响”，以及对其他国家，特别是发展中国家社会、环境和经济的影响。同时《京都议定书》第2条第3款和第4款从体制上做出安排，一是规定《公约》缔约方会议可以“酌情采取措施来促进上述要求的实施。二是《公约》缔约方会议如断定有必要对附件一发达国家制定和执行相关减排政策和措施时，“应就阐明协调这些政策和措施的方式和方法进行审议”。

从实践层面看，国际贸易问题进入国际气候体制并引发广泛关注发生在后京都气候谈判过程之中。在2007年12月联合国气候变化大会期间，来自美国、巴西、日本、欧盟、中国和印度等各国的部长和高级贸易官员参加了在巴厘岛举行的非正式贸易部长会议。此次会议被认为是有史以来讨论国际贸易和气候变化体制关系的第一次高规格会议。①会议就国际贸易与气候变化关系进行了广泛讨论，主要观点包括：第一，尽管大家意识到贸易和气候变化可以在某些领域相互支撑，但是冲突也在所难免，特别是在有关《京都议定书》承诺的谈判过程中更是如此。第二，决策者必须考虑贸易应当如何为应对气候变化做出贡献，但大多数认为对于“无论是为了敦促其他国家一起参与应对气候变化的努力，还是为了平衡竞争力而采取的单边贸易措施”均应保持谨慎。第三，发展中国家代表强调任何应对气候变化的步骤必须给予发展中国家足够的空间来发展。发展中国家发展的权利必须得到维护。②本次会议之后，气候变化与国际贸易关系受到国际社会的重视。随后的2008年就举行了三个关于贸易与气候变化的国际研讨会。③

由于现行《公约》机制没有为隐含碳所引发的碳泄漏以及竞争力

① 成帅华：《贸易，气候变化和中国的选择——联合国气候变化大会贸易部长会议侧记》，载《WTO经济导刊》2008年第1-2期。

② 成帅华：《贸易，气候变化和中国的选择——联合国气候变化大会贸易部长会议侧记》，载《WTO经济导刊》2008年第1-2期。

③ UNEP, Climate and Trade Policies in a Post-2012 World, 2009.

问题提供开展概念性讨论以及对这些关切问题进行审查的空间[①]，如何将包括隐含碳问题在内的国际贸易问题引入国际气候体制就成为后京都国际气候谈判中需要解决的首要问题。对此，学者提出了不少建设性意见。例如有学者建议在《巴厘路线图》规定的长期工作组机制下讨论解决贸易问题的可能性，具体方式包括召开专门研讨会、由《气候变化框架公约》成员国就《气候变化框架公约》在贸易方面的作用等发起有组织的讨论等。[②]至于在气候和贸易问题的讨论中，《公约》机制到底应该承担一个什么样的角色，发挥什么样的作用，有学者提出建议，认为《公约》体制的作用在于提供一个获得各国气候减缓行动信息的论坛，用以讨论和分析各国气候减缓行动潜在的和实际的影响，而对于诸如贸易规则的制定、贸易措施的实施、违反贸易规则的处理与解决以及贸易自由化和贸易改革等话题则交由 WTO 及其他贸易协定进行处理。[③]具体而言，需要在《气候变化框架公约》之下设立一个论坛来处理贸易议题，主要包括保持各国减缓措施的透明度、对各国减缓措施进行研究与分析以及开展对话等三个方面。其中：（1）保持各国减缓措施的透明度可以通过两个途径实现：一是设立一个通知和评议的程序，要求各国及时通报气候变化减缓措施，其他国家可以就一国所通报的减缓措施要求其提供相关信息加以澄清，并可对措施发表评论。这种解决方案可以利用诸如国家通讯等国际气候体制的现有信息渠道来实施。另一途径是由一个特别指定的机构对相关措施定期进行评议，由实施国家在信息与评论方面予以补充，其他国家可以对评议进行讨论和做出反应，这种途径可以参照 WTO 的贸易评议机

---

① ICTSD, Views on Options and Ways for Further Increasing the Level of Ambition for COP 17 Decision Regarding the "Establishment of an Ad Hoc Working Group on the Durban Platform for Enhanced Action".

② ICTSD, Views on Options and Ways for Further Increasing the Level of Ambition for COP 17 Decision Regarding the "Establishment of an Ad Hoc Working Group on the Durban Platform for Enhanced Action".

③ International Centre for Trade and Sustainable Development, Submission about Information and Views Relating to Modalities for the Operationalization of a Work Programme and Possible Forum on Response Measures, April 2011.

制。建立多边透明机制的好处是各国无需利用自身资源对他国相关措施逐一进行监控。(2)就相关措施及其对社会经济发展的潜在影响进行研究和分析，具体措施包括进行信息汇编、建立数据库、设立专家小组来帮助提供相关建议、研究和分析等。(3)开展沟通对话，建立永久性的对话论坛。允许各方以及相关组织对一些国家和地区所实施的新的减缓措施进行考虑，拟定解决方案。①

后京都国际气候谈判的进程似乎印证了上述分析。2011年在德班举行的《公约》缔约方会议第十七届会议在发展中国家的支持下，通过了“关于执行应对措施影响问题的论坛和工作方案”的第8/CP.17号决定，设立执行应对措施影响问题论坛，由《公约》附属科学技术咨询机构和附属履行机构在一个联合议程项目下召集。论坛由两个附属机构主席主持，以落实相关工作方案，并向各缔约方提供一个平台，相互交流信息、经验、案例研究、最佳做法和意见。发展中国家提出将贸易作为论坛的一个重要项目，允许国家更好地讨论，阐明其关于贸易和气候变化关系的立场。②但总体来看，目前国际气候体制关于贸易问题的讨论并未获得长足进展。国际气候体制关于贸易问题的最新进展体现在2012年多哈会议通过的名为“根据《巴厘岛行动计划》达成的议定结果”的第1/CP.18号决定之中。《决定》关于国际贸易问题主要规定了三点：第一，重申合作促进有利于开放的国际经济体系的重要性，强调为对付气候变化而采取的措施，包括单方面措施，不应当构成任意或无理歧视或变相限制国际贸易的一种手段。第二，重申必须避免和最大限度减少应对措施对社会和经济部门的不利影响，各国按照其确定的优先发展事项和战略，促进经济增长和可持续发展。第三，执行应对措施影响问题论坛就包括关于单边措施等关切的政策

① International Centre for Trade and Sustainable Development, Submission about Information and Views Relating to Modalities for the Operationalization of a Work Programme and Possible Forum on Response Measures, April 2011.

② Teehankee, Manuel, Ingrid Jegou and Rafael Jacques Rodrigues, Multilateral Negotiations at the Intersection of Trade and Climate change - An Overview of Developing Countries' Priorities in UNCSD, UNFCCC and WTO Processes; Climate Change Architecture Series; Issue Paper No. 2; International Centre for Trade and Sustainable Development, 2012.

问题的看法进行交流，请各缔约国继续参与该论坛。此外，2011年的德班会议还通过第1/CP.17号决定，设立德班加强行动平台问题特设工作组，启动适用于所有缔约方的一项新的具有法律拘束力文件的谈判。学者对新的法律文件的谈判有着不少的期待，认为如果更多的国家实施限制碳排放的政策，碳泄漏的风险必然会减少。[①]

二、国际贸易法律体制对气候措施的讨论

国际贸易体制对应对气候变化措施的讨论建立在这样的背景之下：其一，国际气候规则正在向国际经济各领域延伸，并对现有国际经济规则构成挑战。在国际贸易领域，不仅所有的交易对象（商品和服务）都有碳含量，而且交易方式和交易规则都因碳含量的引入发生了变化。[②]需要国际贸易体制对此做出适当回应。其二，贸易规则对于气候变化政策的影响逐渐显现，将贸易作为减缓和适应气候变化的重要举措受到关注。WTO总干事拉米曾承认一些相关的贸易规则"确实可以用来应对气候变化，并且，如果WTO成员认为有必要的话，可以对这些贸易规则予以调整以更好地实现应对气候变化的目标"[③]。其三，鉴于国际气候体制像其他大多数多边环境公约一样，缺乏有效的履约保障机制，通过贸易措施的引用可以为国际气候条约的履约提供重要手段，有助于改善气候条约的履约情况。[④]这样，随着寻求气候变化、国际贸易和发展之间的相互支持成为共识，气候变化开始进入国际贸易体制，其标志性事件也是2007年在巴厘岛举行的贸易部长

① Teehankee, Manuel, Ingrid Jegou and Rafael Jacques Rodrigues, Multilateral Negotiations at the Intersection of Trade and Climate change - An Overview of Developing Countries' Priorities in UNCSD, UNFCCC and WTO Processes; Climate Change Architecture Series; Issue Paper No. 2; International Centre for Trade and Sustainable Development, 2012.

② 李向阳：《全球气候变化规则与世界经济的发展趋势》，载《国际经济评论》2010年第1期。

③ 成帅华：《贸易，气候变化和中国的选择——联合国气候变化大会贸易部长会议侧记》，载《WTO经济导刊》2008年第1-2期。

④ 彭光明：《GATT第20条必要性检验标准与气候贸易措施的探讨》，载《法律适用》2011年第4期。

非正式会议。如同评论指出的，尽管贸易部长们带着好奇，甚至有点敌意地对待气候问题的开端，但已经有些意向表明要将气候问题引入贸易议程。①

应当说，1994年成立的WTO已经注意到处理贸易与环境关系的重要性，并在组织宗旨、规则体系和运行机制等方面做出了一定的安排，而以隐含碳问题为代表的贸易和气候变化议题可以看作是WTO贸易和环境议题在气候变化领域的扩展。

第一，WTO以可持续发展为宗旨，从而使得WTO在寻求贸易自由化之外，促成贸易与环境关系的协调成为可能。《建立世界贸易组织的协议》明确提出，在“提高生活水平，保证充分就业，保证实际收入和有效需求大幅度稳定增长以及扩大货物和服务的生产和贸易”的同时，“应依照可持续发展的目标，考虑对世界资源的合理利用，寻求保护和维护环境，并以与各成员方各自不同的经济发展水平和需求相一致的方式采取措施”。这既是WTO的宗旨，同时又是WTO处理环境问题的指导思想，即以可持续发展为目标，一方面扩大贸易，另一方面注意对资源的合理利用，保护和维护环境，既不能不顾环境保护，也不能不发展贸易，贸易政策和环境政策应当相互支持，对自然资源的保护旨在促进经济增长，同时贸易自由化导致的经济增长也需要适当的环境保护。WTO的作用在于继续推进贸易自由化，同时确保环境政策不至于成为贸易发展障碍，贸易规则也不能妨碍适当的国内环境保护。

第二，WTO现有规则已经为协调贸易与环境关系提供了灵活的空间。尽管WTO并没有一个专门的协议来协调贸易与环境的关系，但其相关规则可以用来处理贸易与环境的关系。具体而言，这些规则包括两部分：一是可用于协调环境贸易关系，对与各国环境措施具有约束力的贸易规则，如GATT第3条关于国民待遇的规定等；二是在各项具体贸易协议中所包含的环境条款，如GATT1994第20条（b）项、

① Aaron Cosbey, Trade and Climate Change: Issues in Perspective, International Institute for Sustainable Development, 2008.

(g) 项的规定、《贸易技术壁垒协定》、《卫生与动植物检疫措施协定》、《补贴与反补贴措施协定》、《农产品协定》、《与贸易有关的知识产权协定》及《服务贸易总协议》等都有相关环境条款的规定。这些规定使得 WTO 在处理贸易与气候变化关系时具有很大的弹性。WTO 规则也为在特定条件下保护环境而使用贸易限制措施留下了很大的政策空间。①

第三，WTO 建立了处理贸易与气候变化关系的组织机制，使得贸易、环境和可持续发展的联系被很好地建立起来，并且是不可撤销的。② 除了部长级会议和总理事会外，处理气候变化与贸易关系的主要有两个机制，一是贸易与环境委员会。贸易与环境委员会（CTE）隶属于总理事会，并向全体成员方开放，它是专门负责对贸易与环境问题进行讨论和研究的机构。它的成立，使得环境与可持续发展问题成为 WTO 主流工作的一部分，为各国就环境与贸易问题展开讨论提供了重要讲坛。贸易与环境委员会拥有基础广泛的职责，覆盖了多边贸易体制的所有领域，包括货物贸易、服务贸易和知识产权。根据马拉喀什部长会议的授权，贸易与环境委员会的职责范围包括两个部分：一是以可持续发展为目标，明确贸易措施与环境措施之间的关系；二是在保证多边贸易体制开放、公平和非歧视的前提下，是否对该体制的规则进行修改提出建议。尤其是：（1）制定用以加强贸易和环境措施之间积极的相互作用的规则，促进可持续发展的必要性，特别考虑发展中国家，尤其是最不发达国家的需要；（2）检视多边贸易纪律，避免贸易保护主义措施，以保证多边贸易体制响应《21 世纪议程》和《里约宣言》，特别是《里约宣言》第 12 条原则所提出的环境目标；（3）监督用于环境目的的贸易措施，对贸易有重要影响的环境措施以及适用于这些措施的多边纪律的有效执行。通过贸易与环境委员会，WTO

① 赵玉焕：《多边贸易体制在应对全球气候变化中的作用》，载《世界贸易组织动态与研究》2009 年第 9 期。

② Teehankee, Manuel, Ingrid Jegou and Rafael Jacques Rodrigues, Multilateral Negotiations at the Intersection of Trade and Climate change - An Overview of Developing Countries' Priorities in UNCSD, UNFCCC and WTO Processes; Climate Change Architecture Series; Issue Paper No. 2; International Centre for Trade and Sustainable Development, 2012.

成员可以就他们认为重要的问题提出建议，贸易与环境委员会根据这些建议决定议程。贸易与环境委员会定期向部长会议提出报告，其提出的建议一经部长会议采纳即具有约束力，因而贸易与环境委员会为成员国讨论国际贸易和气候变化提供了机制保障。具体就气候变化与贸易关系而言，边境碳调整措施已经成为委员会的一个敏感话题。发展中国家还提出了有关产品碳足迹的要求以及标准设定等。而且，发展中国家还表达了技术帮助、技术扩散和转让的需求。学者认为，贸易与环境委员会尽管存在局限，但它还是为政府实施更加协调的贸易和气候变化政策提供了有用的工具。[①]二是 WTO 争端解决机制。被誉为“WTO 最突出的贡献”的 WTO 争端解决机制是保证 WTO 安全有效运作的中心环节，其在调整环境保护方面发挥着重要作用，不仅为处理环境贸易方面的争端提供了一条重要途径，而且其在具体实践中对 WTO 有关环境规则的解释成为分析和理解 WTO 调整环境保护规则的最重要的依据。从 WTO 实践看，有关环境贸易争端也多有涉及，WTO 上诉机构受理的第一个案件就与环境有关。在对案件的审理中，WTO 争端解决机构，尤其是上诉机构面对各方的猜疑和不信任，以灵活务实的态度和方法，对争端做出了令人信服的妥善处理，在 WTO 协调贸易与环境关系方面发挥了重要作用。

然而，WTO 毕竟是一个国际贸易组织，如同前 WTO 总干事拉米强调的：“WTO 不是一个达成气候变化协议的地方”。[②]因此，有必要进一步澄清 WTO 在处理贸易与包括气候变化在内的环境问题上的基本立场和定位，具体有以下三点：

第一，在处理方式上，WTO 采取的是将环境保护的要求融入多边贸易体制的做法。对于环境与贸易关系的协调，WTO 始终坚持多边贸易体制不应阻碍环境保护，同时环境保护也不能阻碍正常国际贸易，

---

① Teehankee, Manuel, Ingrid Jegou and Rafael Jacques Rodrigues, Multilateral Negotiations at the Intersection of Trade and Climate change - An Overview of Developing Countries' Priorities in UNCSD, UNFCCC and WTO Processes; Climate Change Architecture Series; Issue Paper No. 2; International Centre for Trade and Sustainable Development, 2012.

② 成帅华：《贸易，气候变化和中国的选择——联合国气候变化大会贸易部长会议侧记》，载《WTO 经济导刊》2008 年第 1-2 期。

而 WTO 认为现有的多边贸易体制已经为各国采取国家环境政策提供了重要的空间，这样，协调的重点自然放在了环境保护对多边贸易体制的适应上，即环境保护应纳入多边贸易体制之中，遵守相应的多边贸易规则，不能成为多边贸易发展的障碍。因此 WTO 对环境与贸易关系的协调并不是着重于对现有多边贸易体制进行变革和调整，而更多的是强调环境保护对贸易规则的适用，基本思路是对现行规则做出新的有利于环境的解释或者是将现行规则置于当今环境保护浪潮之中加以考虑，对各种环境措施对 WTO 规则的适用做出解释，尽量增强有关规则的张性，以适应协调环境与贸易关系的需要。这样 WTO 对环境与贸易关系的协调，实践中便主要表现为对各国环境保护措施课以多边贸易纪律，成员国任何影响贸易的法律法规，即使其目标针对的是环境保护，也需要受 WTO 规则的约束。

第二，在处理范围上，WTO 坚持从贸易出发，将协调范围限制在环境保护措施的贸易影响方面。WTO 是一个国际贸易组织，其目标在于消除贸易障碍，促进贸易自由化，建立一个统一的、更富有活力和持久性的多边贸易体制。WTO 调整环境措施是从多边贸易体制的角度出发的，它不是也无意成为一个环境保护机构，它自身并无解决环境问题的现成答案，也无意干涉国家或国际环境政策或为之设立环境标准，它只是对贸易领域相关的环境保护以及环境政策中那些与贸易相关或有重要贸易影响的方面进行考察，包括检查各种政策如何有利于环境，如消除有害环境的贸易限制和扭曲等。国内政策协调和国际合作在处理环境问题方面具有重要性，各国对采取环境保护措施拥有较大的自由度，但这种国内政策既不能是限制贸易的，也不能是歧视性的。

第三，在处理贸易环境关系的价值取向上，WTO 坚持贸易优先，主张对环境与贸易关系的协调不得与维护一个开放、公正、非歧视的多边贸易体制相违背。对于构成多边贸易体制基础的基本原则，WTO 在处理有关环境贸易问题时也应遵守。这就意味着在《气候变化框架公约》的实施过程中，各国采取的产生贸易影响气候的措施需要受到 WTO 规则约束，这些措施主要包括：关税、强制性能效标准、政府采购、补贴以及边境税调整等。[①]

总之，WTO对环境与贸易关系的协调是从贸易角度出发，在现有多边贸易体制的框架内对环境与贸易关系进行有限度的协调。可见，在处理国际贸易与气候变化关系问题上，WTO与国际气候体制各有侧重，有必要在这两种国际体制之间建立起协同关系。从目前情况看，WTO与国际气候体制已经初步建立起相互合作关系，具体表现为《气候变化框架公约》参加WTO贸易与环境委员会的会议，同时也是WTO框架下贸易与环境议题谈判的特别观察员，同时WTO秘书处也参加《气候变化框架公约》的会议。[②]

三、隐含碳问题的法律因应之道：以可持续发展为核心

尽管目前隐含碳问题无论是在国际气候体制还是在国际贸易体制中都处于一种动态的发展过程之中，在隐含碳问题上二者如何协调国际气候政策与国际贸易政策之间的关系仍然有待观察，但有一点是明确的，即协调国际气候政策与贸易政策，寻求对隐含碳问题的妥善处理需以可持续发展为指导，在可持续发展的框架下进行。正如学者所指出的：寻求贸易和气候变化协同和解决方案时，我们应思考如何确保其真正能够促进人类发展，特别是发展中国家的发展。[③]

（一）可持续发展对协调国际贸易与气候政策的指导意义

可持续发展是1987年由布伦特兰报告所提出，并于1992年联合国里约峰会上通过《21世纪议程》付诸实施的用以指导环境与发展的基本理念。按照布伦特兰报告的界定，可持续发展的基本思想是：既

① Aaron Cosbey , Trade and Climate Change Linkages, A Scoping Paper produced for the Trade Ministers' Dialogue on Climate Change Issues Held in conjunction with UNFCCC COP 13, Kyoto Protocol MOP 3 Bali, Indonesia, December 8-9, 2007, International Institute for Sustainable Development, January 2008.

② 赵玉焕：《多边贸易体制在应对全球气候变化中的作用》，载《世界贸易组织动态与研究》2009年第9期。

③ Aaron Cosbey, Trade and Climate Change: Issues in Perspective, International Institute for Sustainable Development, August 2008.

满足当代人的需要，又不对后代人满足其需要的能力构成危害。它包括两个重要的概念：一是“需要”的概念，尤其是世界贫困人口的基本需要，应将其放在特别优先的地位来考虑；二是“限制”的概念，即技术状况和社会组织对环境满足眼前和将来需要的能力施加的限制。[①]本质上，可持续发展是关于发展观的思想。它首先强调了发展的重要，发展是可持续发展的核心命题。其次，这种发展需要受到限制，即考虑发展的环境影响，寻求一种可持续的发展。可持续发展概念一经提出便受到国际社会的广泛关注，并进而成为国际社会制定环境政策和发展政策的共同理念。现行的国际气候体制和贸易体制也都以可持续发展为指导，确认了对可持续发展目标的追求。《气候变化框架公约》第 3 条所确立的基本原则之一即是可持续发展原则，提出“各缔约方有权并且应当促进可持续的发展。保护气候系统免遭人为变化的政策和措施应当适合每个缔约方的具体情况，并应当融入到国家的发展计划中去，同时考虑到经济发展对于采取措施应付气候变化是至关重要的。”而如前所述《建立世界贸易组织的协议》也确立了 WTO 对可持续发展目标的追求。国际气候体制和国际贸易体制对可持续发展理念的确认，为我们依据可持续发展理念来协调气候变化与国际贸易的关系提供了现实基础。具体而言，可持续发展对协调气候变化与国际贸易关系，处理隐含碳问题具以下几点指导意义：

首先，应对气候变化和发展国际贸易都是促进可持续发展所必需的。因此，应将气候政策和国家贸易政策联系起来，从是否有利于可持续发展的角度进行综合评估。在大多数发展中国家，二氧化碳排放权就是发展权。中国、印度等发展中国家排放总量里很大一部分是保证居民基本生活的“生存排放”。[②]因此，在探讨贸易对气候变化影响的同时，还需要注意贸易除对气候变化之外对社会经济发展的作用。一心一意地聚焦于应对气候变化固然诱人，但需要强调的是：气候变化仅仅是相互联系的一系列全球亟须解决的挑战之一。对发展中国家

① 世界环境与发展委员会：《我们共同的未来》，世界知识出版社 1989 年版，第 19 页。

② 周伟，米红：《中国碳排放：国际比较与减排战略》，载《资源科学》2010 年第 8 期。

而言，促进经济社会发展和消除贫困则是压倒一切的优先事项，而这些需要与应对气候变化联系起来制定政策。如前述，一般意义上讲，国际贸易会通过扩大生产和运输导致更多的二氧化碳，但同时它对于发展中国家消除贫困却具有重要意义。对此，学者通过具体事例予以说明：从撒哈拉非洲空运新鲜水果和蔬菜到英国产生了少于欧盟总量0.1%的排放，但是却向非洲农村注入了2亿英镑，提供了10万至12万个就业岗位。如果考虑到这些产品的依赖者和服务提供者，估计有100万至150万非洲人的生计要依赖这些出口。显然，英国尽管因为贸易增加了碳足迹，但这些空运排放可能有益于全球可持续发展。相反，从美国加州空运反季节的葡萄到欧洲则是不必要的温室气体排放的例子。总之，贸易本无所谓好坏，但其在国际气候变化的争论中却显得十分棘手[①]，关键是如何以可持续发展为目标对贸易、发展和应对气候变化等相关政策进行全面审视与平衡。

其次，可持续发展指明了协调国际贸易与气候变化关系的基本准则，即利益衡量。既然国际贸易和气候变化都是可持续发展所必需的，那么，在二者存在冲突可能时如何进行协调呢？基本的方法就是进行利益衡量。贸易的目的是保证就业、增加收入、提高生活水准，它强调的是经济利益，而应对气候变化首先关注的是环境利益。当二者发生冲突时要求我们必须对环境利益和贸易利益进行衡量。实际上，可持续发展概念本身就蕴含着“利益平衡”的思想，即“可持续”与“发展”存在冲突和矛盾之处，“可持续”是对“发展”的限制，而“发展”只有具备了“可持续性”，才能实现真正意义上的“发展”。就气候变化与贸易关系而言，应对气候变化属于“限制”的范畴，贸易属于“发展”的范畴，没有贸易利益，只单纯强调环境利益，气候变化应对就失去了发展的前提；而只强调贸易利益，没有对环境的保护，社会和经济结构得不到改善，也就很难称得上是真正的发展。因此，必须做到环境利益和贸易利益兼顾，不能因注重发展贸易和经济利益，而对

① John Kornerup Bang, Eivind Hoff and Glen Peters, EU Consumption, Global Pollution, A Report Written by WWF' s Trade and Investment Programme and the Industrial Ecology Programme at the Norwegian University of Science and Technology, 2008.

全球气候体系造成无可挽回的损失，也不能片面强调环境保护而对贸易造成不必要的阻碍。

最后，在国际层面上，国际贸易和气候变化关系的冲突与协调主要体现在发展中国家和发达国家在相关问题上的态度和立场不同，也就是其利益诉求点存在差异。发达国家更强调发展的持续性，主张环境优先，经济增长不能以破坏环境为代价，经济发展应以环境保护为前提，后代人与当代人应有同等的权利和机会享受环境和自然资源，即强调代际平等。而发展中国家则更强调发展性，由于技术水平、经济实力等方面的限制，在发展经济过程中可能会出现一定程度的污染，而只有通过发展，才能实现经济与环境的协调。同时认为代际平等的前提应是解决好代内平等，发达国家不应以环境问题阻碍发展中国家的发展，它们应对代内平等做出贡献。总之，发展中国家同时承受着经济发展和环境保护的双重压力，在环境保护上，发展中国家强调应以发展为前提，在发展的过程和基础上改善环境。对发展中国家而言，环境保护问题一定程度上就是发展问题，发展中国家并不是不保护环境，而是强调发达国家不能利用环境保护来限制发展中国家的发展。因此，协调发展中国家与发达国家在环境利益上的关键是对发展中国家发展权的保护。

从实践层面看，在后京都国际气候谈判中，发展中国家正是将寻求可持续发展作为其采取气候变化行动，与发达国家合作应对气候变化的最基本出发点，并在实践中提出要“平等获得可持续发展”的主张，以此协调气候政策与包括贸易在内的发展政策之间的关系。

“平等获得可持续发展”强调的是鉴于发展中国家与发达国家所处的发展阶段和各自能力不同的现实情况，它们在对气候责任的承担上应区别对待，以便为发展中国家赢得与发达国家平等追求可持续发展的条件。印度在坎昆召开的《公约》缔约方会议第十七届会议上就“平等获得可持续发展”提交了“解释性说明”，指出平等获得可持续发展的几个基本要素：（1）追求全球气候稳定的2度目标应以平等获得可持续发展为前提，全球目标的实现不得危及发展中国家可持续发展的需要，并且必须充分考虑社会经济发展和消除贫困是发展中国家压倒一切的优先事项。（2）应该根据平等获得可持续发展来确定全球减排合适的时间框架。发展中国家排放峰值的到来时间会更长；考虑到2050年全球实质性减排的目标，对于全球温室气体排放峰值的到来时间有必要参考有关的事项来确定。其中，需要考虑的事项应当包括资金和技术要求以及未来全球排放的动态。（3）必须对平等原则做出界定以便承认全球气候资源是全人类的共同资源，每个人都有平等使用该资源的权利。实际上在国际气候谈判的相关讨论中，对于“平等”存在着多种观点。例如，就气候变化而言，“平等”不是限制而是进一步强化气候行动的途径；“平等”是关于公平以及应对气候努力的公平分配；“平等”不仅与减缓气候变化相关，还是适应气候变化以及资金和技术转让的基础；“平等”不是污染的权利而是一个国家的活动不对其他国家造成损害的责任，等等。而在对“平等”内涵的理解上，则提出“平等”需要依据过去和未来的排放贡献、一国的国情以及减缓和适应气候变化的能力等各种因素进行判断。同时建议将“平等”作为处理大气空间利用的方法，包括大气资源分配以及责任分担，等等。①在国际气候谈判中关于“平等获得可持续发展”的讨论对于认识和理解隐含碳问题在现行国际多边体制的发展具有很好的借鉴意义。

（二）因应隐含碳问题的基本路径：化解冲突与促进双赢

既然气候变化与国际贸易在政策层面存在着相互支持又相互冲突的关系，那么对于隐含碳问题的处理也需要以协调国际气候政策与国际贸易政策为基础，从以下两个方面着手：一是避免或减少二者政策上的矛盾与冲突；二是扩大二者相互支持的力度，以求得双赢的效果。具体而言就是：

在避免或减少政策冲突方面，发达国家主张通过采取边境碳调整等贸易措施来解决隐含碳所引发的碳泄漏问题和竞争力问题。然而，从发展中国家的视角看，这种贸易限制措施并不能收到如发达国家所宣称的促进发展中国家减排的效果，因为对于发展中国家而言，其所

---

① AD HOC Working Group Long-term Cooperative Action under the Convention, Report on the Workshop on Equitable Access to Sustainable Development, CCC/AWGLCA/2012/INF.3/Rev.1, August 2012.

产生的排放以生存与发展所必需的排放为主，而边境碳调整会增加发展中国家的经济成本，不利于其发展，并进而会影响发展中国家减排能力的提高。实际上，相对于贸易措施而言，为发展中国家提供资金支持和技术转让，帮助发展中国家提高其减排能力，通过降低碳排放强度来达到减少碳泄漏的目的可能效果更佳，并更符合发展中国家可持续发展的要求。对此，有学者对发达国家的贸易做法进行了批评，指出相关贸易措施经常是被那些对气候变化负有最重要的历史和现实责任但也是世界上最差的气候执行者，如美国所使用，而且是被用来反对那些负有较少历史责任和当前单位排放责任，并且在正常层面比绝大多数经合组织国家做得都多的国家，如中国。这种做法将无助于说服发展中国家的政策制定者认同这些措施。解决竞争和碳泄露问题的途径是加强发展中国家的能力建设，并鼓励其采取气候变化行动，而不是使用贸易措施，无论是多边的，还是双边的。①对此，关于气候变化的斯特恩报告和最近政府间气候变化专门委员会报告也都确认向发展中国家转让能源效率技术和低碳技术是减少生产过程能源强度的关键。斯特恩报告还进一步提出，减少低碳商品和服务的关税和非关税壁垒能够为加快关键技术的传播提供更多的机会。此外，世界银行相关报告也强调了技术转让、促进低碳政策和投资对发展中国家走向低碳发展之路的重要性。②

另一方面，就国际贸易体制而言，它对国际社会应对气候变化的支持不在于进行边境碳调整，而在于通过推进贸易自由化，降低气候友好产品和技术的贸易壁垒来获得贸易与气候应对双赢的结果。目前来讲，WTO 对气候变化的直接贡献是开放环境货物、服务与技术的市场。据经合组织估算，目前全球环境货物和服务的年市场价值达 5500 亿美元，其中绿色服务占 65%，绿色货物占 35%。而在诸多绿色货物

---

① Aaron Cosbey, Achieving Consensus: Multilateral Trade Measures in Post-2012 Scenarios, UNEP, Climate and Trade Policies in a Post-2012 World, 2009.

② Muthukumara Mani, The Effects of Climate Change Policies on International Trade and Competitiveness: the China Factor, see: Trade, Climate Change and Global Competitiveness: Competitiveness: Opportunities and Challenges for Sustainable Development in China and Beyond: Selected Issue Briefs No. 3, International Centre for Trade and Sustainable Development, 2008.

与绿色服务之中，具有气候变化预防和减缓作用的产品和服务占相当重要的部分。有鉴于此，有学者指出：WTO多哈回合环境货物和服务的谈判将为成员带来双赢。[①]多哈回合环境货物与服务贸易谈判的核心是减少，直至适当时消除环境商品和服务的关税和非关税壁垒，这无疑为气候友好技术和产品的获取提供了更多的便利。具体而言，一是通过减少或消除进口关税和非关税壁垒以降低相关产品价格，便于其更多地使用；二是气候友好商品的贸易自由化刺激国内生产者扩大这些产品的生产和出口。[②]世界银行最近关于贸易与气候变化的一份研究报告称，消除清洁技术的关税和非关税壁垒能够使国际贸易额增加14%。为了更清楚地阐明这个问题，政府间气候变化专门委员会还专门定义了一系列能够帮助应对气候变化挑战的技术。其中很多技术与多哈回合谈判的环境产品有关，包括风力和水力发电设备、太阳能热水器、生物气体生产设备、收集沼气的垃圾填埋设施等。而且欧盟和美国在2007年12月提交的一份提案中建议在WTO谈判中给予气候友好产品和与应对气候变化有关的服务以优先权。这些气候友好产品占WTO所定义的环境货物种类的1/3。[③]

总之，从发展中国家的眼光看，协调气候变化与贸易的关系，解决隐含碳问题一方面需要发达国家提供资金和技术支持，通过强化发展中国家的能力建设来减少其对外贸易中的隐含碳排放；另一方面，需要推进气候友好产品和服务的自由化进程，为发展中国家获得更多的气候友好产品、技术和服务提供更多便利，同时要防止发达国家借口应对气候变化而采取保护性贸易措施。[④]

---

① 赵玉焕：《多边贸易体制在应对全球气候变化中的作用》，载《世界贸易组织动态与研究》2009年第9期。

② WTO, Trade and Climate Change: A report by the United Nations Environment Programme and the World Trade Organization, 2009.

③ 赵玉焕：《多边贸易体制在应对全球气候变化中的作用》，载《世界贸易组织动态与研究》2009年第9期。

④ WTO, Trade and Climate Change: A report by the United Nations Environment Programme and the World Trade Organization, 2009.

（三）因应隐含碳问题的主要法律手段

协调国际贸易与气候变化关系的法律手段包括基于条约的多边措施、根据区域协定或双边协定采取的复边或双边措施以及一国采取的单边措施等。

一般而言，通过拟定贸易和气候变化关系的多边协定，以便各国在多边基础上采取的措施是协调国际贸易与气候政策最为理想的方案。这方面学者提出了制定“贸易与气候变化守则”的具体建议。即，放宽对气候变化减缓措施的贸易规则限制，只要相关措施与 WTO 的核心原则保持一致即可，从而为国内和国际气候减缓措施留出一个大的“绿色”政策空间。一国可以通过签署“贸易和气候守则”来阻却其他签署国通过 WTO 争端解决机制对符合贸易与气候变化守则的措施发起挑战。①“贸易与气候守则”适用于下述与贸易有关的气候措施：（1）对进出口产品生产过程中的碳排放征税；（2）对进出口产品的生产设定碳排放标准；（3）排放交易，要求进口产品提供排放许可，或者分配这种许可给出口产品；（4）评估其他国家控制温室气体排放的可比机制，对达不到规定标准的成员国的进口产品提出管制要求；（5）任何其他直接管制或提高进口产品市场进入成本的控制温室气体措施；（6）对低排放替代性能源的研发和基础设施建设给予的补贴以及对碳封存和气候适应的补贴。“贸易与气候守则”需要就国家温室气体排放计算如何处理出口产品、边境碳调整、施加于进口产品的性能标准、排放交易体系、对外国气候管制的可比性评估、对不遵守气候义务国家采取措施、对最不发达国家给予特殊考虑以及对碳封存和替代性能源的补贴、对气候适应的补贴和削减气候不友好的补贴等做出具体规定。②

然而，在参与方众多，且各国在相关问题上的立场存在很大差别的情况下，达成多边条约存在相当大的难度。为此，作为一种替代方

① Hufbauer, Gary Clyde, Steve Charnovitz, and Jisun Kim, Global Warming and the World Trading System, Peterson Institute for International Economics 2009, P103-P110.

② Hufbauer, Gary Clyde, Steve Charnovitz, and Jisun Kim, Global Warming and the World Trading System, Peterson Institute for International Economics 2009, P103-P110.

案，可考虑采取基于区域协定和双边协定的复边措施和双边措施。鉴于《气候变化框架公约》及《京都议定书》当前的状况，与气候有关的地区贸易协定能够被用作推进促使主要发展中国家参与的多边气候变化议程的法律机制。这种地区贸易协定可以采取知识转让、能力建设、基础设施建设以及对农业的支持等措施。制定与气候相关的地区贸易协定的好处在于其不仅可以为减排、可再生能源投资或其他气候变化减缓目标提供贸易激励，而且还规避了当前艰难的多边贸易进程。①实际上，通过国家联合的方式采取气候措施有助于减少相关措施的贸易影响。以欧盟为例，相较于欧共体作为一个整体来共担贸易隐含碳问题，各成员国单独承担的贸易隐含排放会更大，而且更具可变性。除了欧盟外，诸如亚太清洁发展和气候伙伴关系、东南亚国家联盟、南美国家共同体等也可以通过形成联合来承担气候变化的约束性义务，以减少相关措施的贸易影响。采取复边协定的方法具有较好的现实基础，许多地区性的政治和经济组织已经相当健全，其中不少组织还实施了环境倡议。总之，在地区间进行谈判会面临较少的政治障碍，可能在设计合理的国际框架方面是更为有效的方法。②除了地区性协定之外，通过签署双边协定，采取双边措施来解决隐含碳问题也不失为一种有效的方法，这是因为在双边贸易中隐含碳问题显现得更为直观、具体，有关国家也更容易找到实现贸易碳平衡的合理方案。

最后，关于单边措施，尽管在缺乏多边规则的情况下，一国特别是发达国家会采取单边措施来寻求贸易与气候变化关系的协调，但单边措施由于作用范围有限，它对于减少碳泄漏的实际效果并不大。此外，从解决竞争力、公平贸易的角度看，单边措施会遇到复杂的国际法问题，其法律正当性受到很大质疑。因此，印度提出将“单边贸易措施”问题列入在坎昆召开的《公约》缔约方会议第十七届会议的临时议程进行讨论。在印度提交的“解释性说明”中指出：在坎昆，缔

① Rafael Leal-Arcas, Working Together: How To Make Trade Contribute to Climate Action, International Center for Trade and Sustainable development, Information Note, Nov. 2013.

② Glen P. Peters, Edgar G. Hertwich,CO_2 Embodied in International Trade with Implications for Global Climate Policy, Environmental Science & Technoloby,Vol. 42, NO. 5, 2008.

约方同意促进一个支持性的、开放的国际经济体系。缔约方决定采取的应对气候变化措施，包括单边措施不应该构成对国际贸易武断的或无理的、歧视或伪装的贸易限制。单边措施包括发达国家对来自发展中国家缔约方的货物和服务采取的关税、非关税以及其他财政和非财政边境贸易措施，根据任何与气候变化相关的理由诸如保护和稳定气候、排放泄露和/或环境合规成本等而诉诸单边措施都无异于将减缓的负担转嫁给发展中国家，这明显违背关于平等、共同但有区别责任以及各自能力原则。缔约方应该明确禁止这些单边措施的使用，因为单边贸易措施会给发展中国家带来消极的环境、社会和经济后果，并会减损《公约》的原则和规定。[①]

---

① the Secretariat of UNFCCC, Proposals by India for Inclusion of Additional Agenda items in the Provisional Agenda of the Seventeenth session of the Conference of the Parties, FCCC/CP/2011/INF.2, 21 September 2011.

第二章　隐含碳问题与国际气候法律体制

当前国际社会正在为后京都时代的气候变化应对进行着艰难的谈判。在谈判之中引入隐含碳问题的考量，对于根据《气候变化框架公约》的基本原则和规定，合理配置发达国家和发展中国家的气候责任，进一步加大合作应对气候变化的行动力度具有诸多启示。

第一节　隐含碳对共同但有区别责任原则的诠释

共同但有区别责任原则是国际气候法律体制的基石之一。《气候变化框架公约》在其序言中明确提出："气候变化的全球性要求所有国家根据其共同但有区别的责任和各自的能力及其社会和经济条件，尽可能开展最广泛的合作，并参与有效和适当的国际应对行动"，以便"为当代和后代保护气候系统"。《公约》第 3 条进一步将"共同但有区别责任"作为各缔约方在为实现本公约的目标和履行其各项规定而采取行动时的指导原则加以确立，而《公约》第 4 条则按照共同但有区别责任原则对发达国家和发展中国家的承诺做出了具体规定。但是在如何具体落实共同但有区别责任原则，特别是在后京都气候变化谈判中如何根据该原则合理确定发达国家和发展中国家的责任方面则面临着不小的压力。隐含碳问题为我们认识发达国家和发展中国家有区别的排放责任提供了一个新的视角，从一定意义上，可以将其看作是对国际气候谈判必须坚守共同但有区别责任原则的一个新的佐证。

一、共同但有区别责任原则的基本内涵

共同但有区别责任原则是指由于地球生态系统的整体性和导致全球环境退化的各种不同因素，各国对保护全球环境负有共同的但是又有区别的责任。[①]在国际法的宏观视野中，共同但有区别责任原则尽管可以追溯到更早的时期，[②]但一般认为该原则是在1992年联合国里约环境与发展峰会上得到国际社会正式认可的。峰会通过的《里约环境与发展宣言》原则七对该原则做出了明确的表述："各国应本着全球伙伴精神，为保存、保护和恢复地球生态系统的健康和完整进行合作。鉴于导致全球环境退化的各种不同因素，各国负有共同的但是又有差别的责任。发达国家承认，鉴于他们的社会给全球环境带来压力，以及他们所掌握的技术和财力资源，他们在追求可持续发展的国际努力中负有责任。"借此，我们可以就共同但有区别责任原则的内涵做简要分析：

首先，如同该原则名称所彰示的，一般认为共同但有区别责任由相互联系的两部分组成，即"共同责任"和"有区别的责任"。"共同责任"意味着各国，不论其大小、贫富等方面的差别，都对保护全球环境负有一份责任，都应当参加全球环境保护事业。原则七中的"全球伙伴关系"是"共同责任"的规范性表达。[③]"有区别的责任"是

① 王曦编著：《国际环境法》，法律出版社1998年版，第113页。

② 李春林著：《国际环境法中的差别待遇原则》，中国法制出版社2013年版，第110页至第119页。

③ 王小钢：《"共同但有区别的责任"原则的适用及其限制——〈哥本哈根协议〉和中国气候变化法律与政策》，载《社会科学》2010年第7期。

对共同责任的一个限定，它指的是各国虽然负有保护全球环境的共同责任，但在各国之间，主要是在发展中国家和发达国家之间，这个责任的分担不是平均的，发达国家应当承担比发展中国家更大的或者主要的保护全球环境的责任。之所以采取这种“有区别的责任”主要是基于国家对环境问题的历史和现状及各国各自能力的分析。即：第一，无论是历史还是当前看，地球环境所承受的来自人类社会压力的大部分都来自发达国家。第二，承认发达国家和发展中国家存在不同的情况，最突出的就是不同国家能力上的差异，发达国家相对于发展中国家而言，拥有应对全球环境问题更多的资金和技术能力，因此，发达国家应当在保护全球环境中率先行动，率先削减其污染物的排放量，率先在生产和消费方式上做出实质性的改革，并对发展中国家提供更多的、不附加商业性条件的资金和技术以帮助它们提高保护环境的能力。[①]就共同责任和有区别责任而言，共同责任是有区别责任的基础和前提，即应当承认所有国家对全球环境退化都负有责任，因而都应承担保护和改善环境的义务。有区别责任是对共同责任的补充和强化，它强调共同责任并不等于同等责任或平均责任。对于共同但有区别责任原则的两个维度“共同责任”和“有区别责任”必须结合在一起来考虑，而不是只提到其中一个要素，两者共同担负为国际环境机制注入效率又注入公平的双重使命。[②]

其次，共同但有区别责任原则在国家承担国际环境责任方面包含了三个基本要素：其一，责任配置标准。对于发展中国家与发达国家的责任配置提出了两个最基本标准：一是为发展中国家设置的标准更少；二是发展中国家标准的实施依赖于发达国家对发展中国家提供的友好援助。[③]其二，责任配置的公平性。无论是根据社会公平观念，还是污染者负担原则，发达国家都应当承担比发展中国家更大的保护全球环境的责任。这种差别，是由于不平等的前提所造成的（基于历

① 王曦编著：《国际环境法》，法律出版社 1998 年版，第 112 页至第 114 页。

② 李春林著：《国际环境法中的差别待遇原则》，中国法制出版社 2013 年版，第 121 页。

③ [英]帕特莎·波尼、埃伦·波伊尔著，那力、王彦志、王小刚译：《国际法与环境（第二版）》，高等教育出版社 2007 年版，第 95 页。

史和现实对环境造成的破坏和压力），只有承认这种前提的差别，才有可能追求实质意义上的公平，实现建立新的全球伙伴关系的目标。正是在这个意义上，认为共同但有差别的责任是一种真正的公平责任，它充分体现了国际社会新秩序的观念。[1]其三是合作。每个国家与其他国家合作解决与国际社会有关的问题是现代国际法所倡导的一项国家的一般义务。除了各国之间的善意合作这个一般义务外，在环境领域通过《斯德哥尔摩宣言》、《世界自然宪章》及《里约热内卢宣言》等一系列文件，对于为保护环境进行合作的特殊需要做出了规定。[2]《里约宣言》原则七所确定的共同但有区别责任原则通过确定工业化国家与发展中国家各自的作用促进这两类国家之间的合作。[3]共同但有区别责任原则一方面起到防洪堤的作用，使得不时涌动的国际政治洪流几乎不再有可能冲毁国际社会为保护环境而搭建的一切设施，另一方面为国家间特别是南北间的环境合作搭建了一个坚实平台，各国只能在该平台上进一步展开合作而不是倒退到各自为政的局面。[4]当然，这种合作是有条件的。共同但有区别责任原则要求发达国家有义务向发展中国家提供团结互助的援助，其形式是提供新的和额外的基金，以及转让环境有益技术或替代方法以便通过提供额外的费用和加强发展中国家的能力来帮助其履行承诺。但是不应夸大这种致力于团结互助承诺的效果。鉴于实践中出现发达国家对其有区别的责任往往采取模糊处理的现象，正如《里约宣言》原则七所表述的，发达国家仅承认其在追求可持续发展的国际努力中“负有责任”，而非“负有更大的责任”。[5]对此，发展中国家在实践中发现了一种应对之道，即从条约条文用语上明确发展中国家履行公约的义务“将取决于”发达国家对其提供资金援助和技术转让的有效执行。这可以被理解为发展中国家履行公约附带了得到发达国家援助这样的条件，这实际上是赋予了发

① 吕忠梅著：《环境法新视野》，中国政法大学出版社 2000 年版，第 175 页至第 176 页。
② [法]亚历山大·基斯著，张若思编译：《国际环境法》，法律出版社 2000 年版，第 85 页。
③ [法]亚历山大·基斯著，张若思编译：《国际环境法》，法律出版社 2000 年版，第 86 页。
④ 李春林著：《国际环境法中的差别待遇原则》，中国法制出版社 2013 年版第 136 页。
⑤ 王曦编著：《国际环境法》，法律出版社 1998 年版，第 114 页。

展中国家向发达国家施加压力的手段，发达国家如果想要发展中国家更积极地参与到对条约目标的维护当中去，他们就必须兑现发展中国家对于提供必要资源的期待。①

尽管国际社会对于共同但有区别责任原则的法律地位，即其是否已经成为国际环境法的一项基本原则存在争议②，但是不容否认的是：在涉及国际环境的诸如国际合作原则③、共同环境责任原则④、全球环境责任原则⑤等诸多论述中都肯定了共同但有区别责任的存在及其合理性。该原则的初步确立是发展中国家经过斗争取得的一项重要成果。它是对历史和现实的承认，是指导各国参与全球环境保护事业的一项重要原则。⑥从国际法的发展历程看，国际法在二战之后经历了深刻的代际演进，从共存法演变为合作法，而后合作法又大体经历了两个阶段，即从共益性合作法到公益性合作法。共同但有区别责任原则集中反映了作为公益性合作法的国际环境法的分配性，由此构成国际环境法律差别待遇甚至是整个国际环境法产生的支柱。⑦

共同但有区别责任原则提供了发达国家和发展中国家之间合作的公平基础，同时也是确保发展中国家最大可能参与全球环境治理的重要条件之一。因为，如果按照统一的标准来进行国际环境谈判，由于各国之间的情况千差万别，就会出现两种情况：采用高标准谈判，达成协议的可能性将会很渺茫；而按照较低的标准来达成共识，无疑会使国际环境条约的预期目标和结果大打折扣。相比之下，这种基于共同但有区别的“双轨制”责任原则，可以较好地破解采用统一标准来

---

① [英]帕特莎·波尼、埃伦·波伊尔著，那力、王彦志、王小刚译：《国际法与环境（第二版）》，高等教育出版社 2007 年版，第 97 页。

② 李春林著：《国际环境法中的差别待遇原则》，中国法制出版社 2013 年版，第 121 页至第 126 页。

③ [法]亚历山大·基斯著，张若思编译：《国际环境法》，法律出版社 2000 年版，第 85 页至第 88 页。

④ 林灿铃著：《国际环境法》，人民出版社 2004 年版，第 180 页至第 183 页。

⑤ [英]帕特莎·波尼、埃伦·波伊尔著，那力、王彦志、王小刚译：《国际法与环境（第二版）》，高等教育出版社 2007 年版，第 95 页至第 98 页。

⑥ 王曦编著：《国际环境法》，法律出版社 1998 年版，第 113 页。

⑦ 李春林著：《国际环境法中的差别待遇原则》，中国法制出版社 2013 年版，第 141 页。

进行国际环境谈判的两难困局，为各国合作应对全球环境问题提供重要的基础。但是需要说明的是，共同但有区别责任原则体现了利益平衡的理念，实践中如何界定发达国家与发展中国家之间的共同责任和有区别责任，又通过何种方式付诸实施都存在不少问题。因此，可以预见的是，在国际气候谈判中，如何适当理解共同但有区别责任原则是发达国家和发展中国家在谈判中的焦点问题之一。

二、共同但有区别责任原则在气候变化法律体制中的体现

《气候变化框架公约》第 3 条所确立的指导原则之一即是共同但有区别责任原则，即“各缔约方应当在公平的基础上，并根据他们共同但有区别的责任和各自的能力，为人类当代和后代的利益保护气候系统。因此，发达国家缔约方应当率先对付气候变化及其不利影响。”可见，《公约》的规定与《里约环境与发展宣言》原则七所确立的共同但有区别责任大体相同。其中需要注意的三点是：第一，明确以“公平”为基础；第二，以“各自能力”涵盖了较技术和财力资源更大的范围；第三，强调了发达国家应当率先采取行动。

除了共同但有区别责任之外，《气候变化框架公约》第 3 条还同时确立了给予发展中国家特殊考虑原则、预防原则、可持续发展原则以及合作促进有利的和开放的国际经济体系原则。这些原则共同发挥作用，不同原则之间具有相互影响的关系。其中，给予发展中国家特殊考虑原则和可持续发展原则与共同但有区别责任原则的联系尤为紧密。

按照共同但有区别责任原则，《气候变化框架公约》第 4 条对附件一的发达国家和非附件一的发展中国家的具体承诺做出了规定。

首先是共同责任，即《公约》所有缔约方应当承担的责任，具体包括提供所有温室气体各种排放源和吸收汇的国家清单；制定、执行、公布国家计划，包括减缓气候变化及适应气候变化的措施；促进减少或防止温室气体人为排放技术的开发应用；增强温室气体的吸收汇；制定适应气候变化影响的计划；促进有关气候变化和应对气候变化的

信息交流；促进与气候变化有关的教育、培训和提高公众意识等。

其次是有区别的责任，即除了前述包括发达国家和发展中国家在内的各缔约方应当承担的义务之外，对发达国家还增设了以下义务：带头依循《公约》的目标，改变温室气体人为排放的趋势；制定国家政策和采取相应措施，通过限制人为的温室气体排放以及保护和增强温室气体汇和库，减缓气候变化。到2000年，个别地或共同地使二氧化碳等温室气体的人为排放回复到1990年的水平，并定期就其采取的政策措施提供详细信息；提供新的和额外的资金，支付发展中国家为提供国家信息通报所需的全部费用，帮助特别易受气候变化不利影响的发展中国家缔约方支付适应这些不利影响的费用；促进和资助向发展中国家转让无害环境的技术，支持发展中国家增强自身的技术开发能力等。

《公约》同时强调：发展中国家能在多大程度上有效履行其在本公约下的义务，将取决于发达国家对其在本《公约》下所承担的有关资金和技术转让承诺的有效履行，并将充分考虑到经济和社会发展以及消除贫困是发展中国家的首要和压倒一切的优先任务。除了前面提到的发展中国家承担责任的条件性规定外，该规定还明确将发展和消除贫困作为发展中国家最为优先的任务，换言之，对于发展中国家而言，应对气候变化，承担责任应当服从其发展的需要。

为了进一步落实《公约》附件一发达国家的承诺，根据“柏林授权”，1997年制定的《京都议定书》规定了发达国家所承担的量化减排责任，具体体现在《京都议定书》第3条、第4条之中。据此，《公约》附件一的发达国家应该个别地或共同地确保其二氧化碳、甲烷等六种受控的温室气体排放总量（以二氧化碳当量计）在2008年至2012年的承诺期内比1990年的水平至少减少5.2%，到2005年，《公约》附件一国家应在履行这些承诺方面做出可予以证实的进展。

《京都议定书》为每个《公约》附件一的国家确定了“有差别的减排”指标，即欧盟减排8%（各成员国具体的指标由其协商确定，这被称为“欧盟气泡”，其中葡萄牙、希腊、西班牙等欧盟国家不仅不减还可增加排放），美国减排7%，日本、加拿大减排6%，俄罗斯、乌克兰、新西兰“零”减排，澳大利亚增排 8%，冰岛增排 10%等。

为了实现上述目标，《京都议定书》第 2 条要求《公约》附件一国家根据本国情况执行和/或进一步制定气候政策和措施，并分享它们关于这些政策和措施的经验并交流信息，包括设法改进这些政策和措施的可比性、透明度和有效性等。

可见，以《气候变化框架公约》和《京都议定书》构建起来的国际气候体制确定并将共同但有区别责任原则付诸实施。该原则无疑是各国合作共同应对全球气候变化的基石。对此，有评论指出：没有这个基石就谈不上国际气候合作了。把基石弄掉了，房子就塌了，框架也没有了。[①]

三、后京都气候谈判对共同但有区别责任的争议

除了共同但有区别原则本身需要进行利益平衡之外，《气候变化框架公约》对该原则规定的瑕疵也使其成为后京都气候谈判的主要争议点之一。正如有学者指出的，《公约》仅在序言中提到了发达国家的历史排放和当下排放，而《公约》第 3 条规定的共同但有区别责任原则过于笼统，这一方面体现了发达国家和发展中国家在公约谈判过程中的相互妥协，另一方面也使得后续谈判中对该项原则充满争议。[②]

气候谈判过程中，有关共同但有区别责任原则的争议主要体现在对“区别责任”的理解和具体适用上。基本情况是：发达国家学者主张“区别责任”是一种动态的、有条件的和变化的责任，而发展中国家则坚持维护《公约》现有的关于区别责任的具体规定，即发达国家承担具体的具有拘束力的减排义务，而发展中国家则根据自身情况开展减排活动，不承担具有拘束力的减排义务。

具体而言，发达国家关于“区别责任”的解读主要包括如下一些

① 袁宏明：《“共同但有区别的责任”是国际气候合作基石——专访国家发改委国家气候变化对策协调小组公室主任高广生》，载《中国投资》2007 年第 8 期。

② 王小钢：《“共同但有区别的责任”原则的适用及其限制——〈哥本哈根协议〉和中国气候变化法律与政策》，载《社会科学》2010 年第 7 期。

内容：

第一，关于“区别责任”的限制条件。有学者提出依据《气候变化框架公约》和《京都议定书》，发达国家所承担的区别责任是有限制的。首先，该责任仅限于一种有限的时间阶段，允许发展中国家经济增长达到发达国家水平，它不是一种永久性的安排，一旦国家间的区别不存在了，有差别的待遇也将不再使用。其次，该原则不能与条约的目标和目的相矛盾，如果该原则的实施致使条约的目的和目标不能实现，那么它就超越了条约的极限。例如，《气候变化框架公约》的目的和目标是将全球温室气体排放浓度稳定在防止人类对气候系统造成严重干扰的水平。如果发展中国家为满足其发展需要而持续增长排放，导致对气候系统的严重干扰，《公约》的目的和目标就会无法实现。因此，可持续发展要求所有国家的经济增长应该与气候变化目标相平衡。①

第二，关于“发达国家缔约方应当率先对付气候变化及其不利影响。”有学者对此的解读是：率先（to take the lead）的通常含义意味着发达国家在第一承诺期率先承担责任后，非附件一的国家也应该随之承担约束性减排义务。自1997年《京都议定书》签订以来，中国、印度等国家取得了快速发展，结果也产生了大量的排放。这种新的情况必须反映在《京都议定书》之中。所有主要排放者都应该承担约束性义务。应该效仿《蒙特利尔议定书》，对《京都议定书》进行修订，增列承担约束性义务的《公约》附件C国家，将非《公约》附件一的高排放国家如中国、印度等列入。当然，在具体承担约束性义务的时间段上可以是第二承诺期(2013～2017)，也可以是第三承诺期(2018～2022)。②

第三，关于区别责任适用主体的界定。首先，通常意义上讲区别

① Anita M. Halvorssen, Common, but Differentiated Commitments in the Future Climate Change Regime－Amending the KYOTO Protocol to Include Annex C and the Annex C Mitigation Fund, Colorado Journal of International Environmental Law and Policy, Spring 2007.

② Anita M. Halvorssen, Common, but Differentiated Commitments in the Future Climate Change Regime－Amending the KYOTO Protocol to Include Annex C and the Annex C Mitigation Fund, Colorado Journal of International Environmental Law and Policy, Spring 2007.

责任适用于发达国家和发展中国家之间。而在国际气候体制中主要指的是《公约》附件一的发达国家和非《公约》附件一的发展中国家。有学者提出现有气候变化体制对《公约》附件一和非《公约》附件一国家所做的区分对于诸如排放水平、人类发展、财政和技术能力、人口以及其他与公平分配气候变化责任或益处相关的因素的反映不够灵敏。[①]俄罗斯曾在德班会议上建议对《公约》附件一、附件二所列的国家名单进行定期审查和修正。俄罗斯认为，考虑到自1992年《公约》通过以来已经发生而且仍在发生的经济和技术发展方面的变化，极有必要根据最新科学信息定期审查《公约》的附件一和附件二，以客观反映《公约》缔约方当前社会经济发展的动态和现实。俄罗斯认为，定期审查并且酌情更新《公约》附件一和附件二中的国家名单，将是在《公约》缔约方之间分配义务负担的最为恰当和公平的途径，有利于《公约》目标得到尽可能迅速、高效率的实现。[②]其次，对于发展中国家需要再做进一步的细分。有学者指出在国家分类方面，现有气候变化体制似乎有意地过于简化了，其中两个问题尤其重要。一是包括在《公约》附件一中的发达国家所提供的财政帮助的接受方不仅是穷国，也包括新兴经济体。二是除了《公约》和《议定书》所确定的最不发达国家外，中国、巴西和印度等国家的义务与那些更为贫穷、更不发达，特别是更少污染的国家是相同的，这是不合理的。为此，发达国家主张对发展中国家群体进行再细分。例如，美国在其为2009年哥本哈根会议提出的议定书草案中就主张按照排放责任和能力大小对发展中国家在承担减排责任上进行区分，即根据国家实际情况，具有更大责任或能力的发展中国家应表明其国家量化减排行动的时间表，并采取长期低碳战略。其他发展中国家应实施适当的国家减排行

① Jorge E. Vinuales, Balancing Effectiveness and Fairness in the Redesign of the Climate Change Regime, Leiden Journal of International Law, 2011.

②《气候变化框架公约》缔约方大会第十七届会议文件：俄罗斯联邦关于对《公约》第4条第2款（f）项进行修正的提案，FCCC/CP/2011/5，2011年6月。

动和制定与其能力相一致的低碳战略。①有学者则直接提出：允许大型经济体持续其现在的排放水平等于事实上忽略了“历史排放论争”对最易受到气候变化影响的欠发达国家的暗示。容忍巨大新兴经济体的排放会致使其用尽其他发展中国家剩余的排放空间。②

另一方面，发展中国家对于“区别责任”的解读则主要包括以下几点：

第一，强调区别责任主要适用于发达国家和发展中国家之间，除了更脆弱的发展中国家类型，如小岛国和最不发达国家，发展中国家拒绝在发展中国家相互之间再实行区别对待。在哥本哈根会议谈判过程中，发展中国家强烈呼吁将这种区别列入二元体系之中，即《公约》附件一国家和非《公约》附件一国家之间。③

第二，发展中国家坚持基于历史责任与各自能力的不同，发达国家应当承担更大的责任。而对于发展中国家与发达国家之间责任的“区别”是定性而非定量。所谓“有区别的责任”，是指各自承担责任的性质和方式不同。首先，发展中国家主要承担“适应”的责任，而发达国家主要承担“减缓”的责任。其次，依据一定的人均排放量基准，在减缓责任的分配上，那些在人均基线之上继续或增加奢侈排放的发达国家应承担具有拘束力的量化责任以对全球减排做出“贡献”(contribution)，而那些在人均排放基准线之下维持或争取生存排放的发展中国家只要做出“努力”(effort)，尽可能减少温室气体排放即可。④

尽管在2007年之后历届会议相关的决议中，共同但有区别责任原则和各自能力原则得到坚持，但上述发达国家与发展中国家关于共同

---

① Jorge E. Vinualcs, Balancing Effectiveness and Fairness in the Redesign of the Climate Change Regime, Leiden Journal of International Law, 2011.

② Jorge E. Vinuales, Balancing Effectiveness and Fairness in the Redesign of the Climate Change Regime, Leiden Journal of International Law, 2011.

③ 桑德琳·马龙-杜波依斯、凡妮莎·理查德：《国际气候变化制度的未来蓝图———从〈哥本哈根协议〉到〈坎昆协议〉》，载《上海大学学报（社会科学版）》2012年第2期。

④ 龚向前：《解开气候制度之结——“共同但有区别的责任”探微》，载《江西社会科学》2009年第11期。

但有区别责任的分歧在后京都气候谈判过程中一直存在，并且在相关文件中有不同程度的体现。例如巴厘会议启动的双轨制谈判中，长期合作行动问题特设工作组寻求引入一种新的平等来重新平衡新兴经济体的义务水平。即在获得国际技术、财政或能力建设帮助的情况下，这种减排行动应该在国际水平上得到测量、报告和验证。同时发展中国家被期望准备一个低碳发展规划，尽管该规划不是国际支持的前提条件。[①]这实际上是增加了发展中国家在接受发达国家资助方面的要求。再例如《哥本哈根协定》第五段规定：非《公约》附件一国家在可持续发展的背景下执行减缓行动，该减缓行动于2010年1月31日前用《协定》附件二所载格式提交秘书处，以便将其汇编成一份INF文件。而最不发达国家和小岛屿发展中国家可在得到资助的基础上自愿采取行动。尽管该《哥本哈根协定》不具有约束力，但是很多发展中国家通过自愿量化的减排或效率目标来支持该《协定》。[②]诚然，现有国际气候体制中已经存在对一般发展中国家和最不发达国家的区分，但这种区分主要体现在信息提供以及发达国家提供资金和技术转让等方面，而《哥本哈根协定》实际上是将这种区分扩大到对气候减缓责任的承担上。另外，由于“德班增强行动平台”所启动的新的谈判议程，其目标是达成一项适用于所有缔约方的具有法律拘束力的文件，这就难免会出现如何贯彻共同但有区别责任的问题。因为“德班增强行动平台”没有再强调“共同但有区别的责任”原则，而是提倡单一的全球减排体系。对此，发展中国家有理由担心发达国家与发展中国家有区别的减排责任界限将变得更加模糊。一方面，发达国家认为这是对“共同但有区别的责任”原则的动态理解和调整，更有英国媒体认为德班气候大会打破了“共同但有区别责任”造成的工业化国家与发展中国家间16年之久的鸿沟。另一方面，处于发展中国家阵营的印度学者则认为，德班会议放弃了“共同但有区别责任”原则，牺

① Jorge E. Vinuales, Balancing Effectiveness and Fairness in the Redesign of the Climate Change Regime, Leiden Journal of International Law, 2011.

② Jorge E. Vinuales, Balancing Effectiveness and Fairness in the Redesign of the Climate Change Regime, Leiden Journal of International Law, 2011.

牲了发展中国家国民的福利。[①]综上，在后京都气候谈判中的减排责任承担上，发达国家正试图通过对共同但有区别责任的不同解释，对发展中国家，特别是中国、印度等新兴经济体施加更大的压力。

四、隐含碳问题对共同但有区别责任的诠释

隐含碳问题在诸如历史责任和能力差异之外，为发展中国家坚守共同但有区别责任原则提供了一个新的理由。如前述，发达国家总体上是隐含碳的净进口国，而发展中国家总体上则是隐含碳的净出口国。也就是说，发展中国家的碳排放增长相当部分是在为发达国家生产商品的过程中排放的。对此，发达国家应当承担更多的责任。

基于隐含碳转移排放要求发达国家承担更多的责任符合前述共同但有区别责任原则所蕴含的公平理念。正如学者指出的，隐含碳问题首先是一个公平问题。如同经合组织可持续发展圆桌会议所注意到的：当一国生产数额高于其消费量，该国实际上是产生二氧化碳来满足其他国家的消费需要；发展中国家应该为富有的工业化国家的消费负责吗？最终这是一个关于公平的问题。[②]PEW 全球气候变化中心的一篇论文也指出：我们生活在具有大量国际贸易的世界。一些国家，例如金属或大量制成品的生产国，产生排放来制造在世界其他地方使用的产品。那些从中获得与商品生产相关的排放利益的人应该承担成本，这是一个公平问题。否则，一个钢的出口国将为使用钢的那些国家承担碳负担。[③]我国学者也指出：发达国家国民享受发展中国家为其生

① 于宏源：《试析全球气候变化谈判格局的新变化》，载《现代国际关系》2012 年第 6 期。

② Anne Harrison, Vangelis Vitalis and the RH Simon Upton, Sustaining Whose Development? Analysing the International Effect of National Policies, OECD Roundtable on Sustainable Development. 转引自：Murray Ward , Implications for Climate Change Policy of Trends in Exports and Imports of Energy Commodities and Manufactured Goods, November 2005.

③ John Ashton and Xueman Wang, Equity and Climate: In Principle and Practice, In Beyond Kyoto – Advancing the International Effort against Climate Change, Pew Center on Global Climate Change, December 2003.转引自：Murray Ward , Implications for Climate Change Policy of Trends in Exports and Imports of Energy Commodities and Manufactured Goods, November 2005.

产的产品却要求发展中国家的国民承担减排责任，从福利经济学的角度讲违背了代内人与人之间的公平。[①]因此，对于国际贸易中的隐含碳，只要求产品的生产国付费是不合理的，进口产品的消费国作为受益者也应当承担责任。此外，要求发达国家就发展中国家的隐含碳排放承担责任是发达国家和发展中国家合作解决隐含碳问题，防止其产生不良政策影响的重要体现。隐含碳排放不仅会在发达国家和发展中国家之间产生所谓碳泄漏问题，同时在当前国际分工的情况下，发达国家技术水平较为先进，生产低能耗低排放产品，发展中国家技术水平较低，却生产高耗能高排放产品，致使全球碳排放增加。既然不能由发达国家来生产全部产品，那么，发达国家就应该对发展中国家的隐含碳排放承担责任。对此发达国家为发展中国家提供必要的技术转让或援助，就显得非常必要。[②]

为了解决隐含碳问题，有学者甚至提出应当将“共同但有区别的责任”原则扩展为“共同但有区别的碳消费权”原则，建议以 1850 年以来的人均累积消费排放作为国际公平分担减排责任与义务的重要指标。根据对 1850 至 2005 年的人均累积消费排放计算结果，大部分发展中国家的排放水平不仅远远低于主要发达国家水平，而且也低于《京都议定书》、《公约》附件一国家的最少水平。这就意味着发展中国家有权为其居民在将来一段时期内提供更多的含碳消费品，以满足其增进福利和发展的需求，而不必付出额外的成本。另一方面，发达国家在承认为消费他国产品导致的碳排放负责的前提下，不仅要在本国立即开展减排行动，还应通过国际间的资金和技术转移，提高落后国家产品生产的技术水平。这是其降低自身消费排放、实现减排目标的重要手段。[③]

---

① 纪玉山、赵洪亮：《发展权视角下的中国碳排放责任分析》，载《综合竞争力》2010 年第 4 期。

② 齐晔、李惠民、徐明：《中国进出口贸易中的隐含碳估算》，载《中国人口·资源与环境》2008 年第 3 期。

③ 樊纲、苏铭、曹静：《最终消费与碳减排责任的经济学分析》，载《经济研究》2010 年第 1 期。

第二节 隐含碳所引发的国家温室气体计量方法之争

国家温室气体的计算方法，也就是国家所要承担责任的排放量是依据何种原则测算出来的，将直接关系到国家排放责任的具体配置以及是否公平。正如学者指出的，不管后京都政策如何，都需要评估一国的温室气体排放。国家温室气体清单是《京都议定书》约束义务的基础，所有后京都政策选择也都要求以国家清单作为义务基础或者用来评价实施情况。①目前国际气候体制是按照国家主权范围来划分各国排放责任的，并以各国的生产排放为核算依据。这样的测算方法会带来两方面的问题：一是国家管辖范围之外的涉及国际运输中所产生的排放需要单独测算。二是基于生产的排放计算没有反映出经济全球化背景下隐含碳跨国转移的事实。本节重点围绕基于生产的计算方法与隐含碳问题的应对展开讨论。

一、基于生产的计算方法及其调整的必要性

基于生产的计算方法主张的是生产者对能源、商品和服务所排放的二氧化碳负责。该方法强调二氧化碳的排放过程，例如工业生产、能源生产和家庭使用燃料等，它没有区分为出口和为国内消费而进行的生产，将出口产品生产中所排放的二氧化碳等同于国内消费排放。②根据政府间气候变化专门委员会制定的指南，国家温室气体排放清单包括国家领土和国家拥有管辖权的近岸海域所发生的温室气体排放和

① Glen P. Peters, Edgar G. Hertwich, Post-Kyoto Greenhouse Gas Inventories:Production versus Consumption, Climatic Change 86, 2008.

② Jesper Munksgaard, Klaus Alsted Pedersen, CO_2 Accounts for Open Economies: Producer or Consumer Responsibility? Energy Policy 29, 2001.

移除。这种基于生产的计算方法之所以为现行国际气候体制所采纳，主要是因为其具有以下优越性：（1）生产过程中直接排放的温室气体便于估算和监测；（2）按照国家领土内发生的温室气体排放和清除进行核算符合《公约》中规定的关于国际合作中国家主权的原则；（3）体现了环境领域被普遍接受的“污染者付费”原则。①

然而，这种方法存在的一个关键问题是：基于一国的生产计算排放清单会导致国际贸易和资源禀赋方面的问题。②也就是说，这种基于生产的计算方法没有虑及国际贸易中隐含碳排放的跨国转移问题，进而使得隐含碳问题对现有国际减排政策产生负面影响。首先，基于生产的计算方法忽略了一国因为消费而对其他国家排放的影响，这就使得一国所造成的环境影响与该国所承担的环境责任之间出现错位，需要对国家责任准则重新进行评估，否则环境影响和环境责任关系的模棱两可会使未来国际环境条约的协商一致变得难以实现。③其次，从国家的角度来看，采用生产原则计算，即按照年度单位国内生产总值二氧化碳排放计算，对具有大量高碳密度商品出口的开放经济体而言存在着政策误导，有必要将所有进口非能源商品隐含的二氧化碳也纳入国家二氧化碳排放清单之中。否则，在现有的《京都议定书》体制下，发达的《公约》附件一国家可以继续通过简单地从没有排放限额约束的国家进口化学品、汽车和计算机来增加二氧化碳排放，而规避采取实际减排行动，同时在形式上遵守其国际气候义务。这是一个令人担忧的景象，因为发展中国家所占全球工业活动份额在增长，其贸易的增长步伐也高于经济增长。④这必然会影响到全球减排目标的

---

① 周新：《国际贸易中的隐含碳排放核算及贸易调整后的国家温室气体排放》，载《管理评论》2010年第6期。

② Glen P. Peters, Edgar G. Hertwich, Post-Kyoto Greenhouse Gas Inventories:Production versus Consumption, Climatic Change 86, 2008.

③ D. Asher Ghertner,Matthias Fripp, Trading away Damage: Quantifying Environmental Leakage through Consumption-based, Life-cycle Analysis, Ecological Economics 63, 2007.

④ John Kornerup Bang, Eivind Hoff and Glen Peters, EU Consumption, Global Pollution, A Report Written by WWF' s Trade and Investment Programme and the Industrial Ecology Programme at the Norwegian University of Science and Technology, 2008.

实现。正如学者指出的，如果《公约》附件一的国家只是简单地通过对国内生产的一定商品的替代性进口来减少其碳排放，那么全球性的减排可能为零。[①]

因此，有必要对基于生产的计算方法进行调整，将进口非能源商品所有隐含的二氧化碳纳入国家温室气体排放清单之中。这一方面可以在谈判分配二氧化碳减排责任时消除国际贸易不平衡对国内二氧化碳排放的影响，确定公平的基准年二氧化碳排放水平。另外，将这种外贸的不平衡予以考虑可以减少存在贸易不平衡问题的开放经济体参与相关协定的顾虑。[②]

二、基于消费的计算方法及其主要争议

为了解决基于生产的计算方法存在的上述问题，学界提出基于消费的计算方法作为替代方案。所谓基于消费的计算方法是指国家对因其消费所引起的二氧化碳排放承担责任。该方法将二氧化碳排放与商品和服务的最终使用相联系，考虑的是一国消费对全球二氧化碳排放的影响。包括消费从其他国家进口产品所造成的影响。[③]相对于基于生产的计算方法，这种以消费为基准的计算方法意味着会增加富裕国家在解决气候问题方面的责任份额。[④]

学界对采用基于消费的计算方法的正当性多有论述。如有学者认为在国际分工以及全球化的背景下，以消费排放作为分配原则更能体现公平分配原则，也才能被各国接受。[⑤]因为导致温室气体大量排放、

---

① Mauricio Tiomno Tolmasquim, Giovani Machado, Energy and Carbon Embodied in the International Trade of Brazil, Mitigation and Adaptation Strategies for Global Change, No. 2, 2003.

② Jesper Munksgaard, Klaus Alsted Pedersen, CO_2 Accounts for Open Economies: Producer or Consumer Responsibility? Energy Policy 29, 2001.

③ Jesper Munksgaard, Klaus Alsted Pedersen, CO_2 Accounts for Open Economies: Producer or Consumer Responsibility? Energy Policy 29, 2001.

④ Frank Ackermana, Masanobu Ishikawab, Mikio Suga, The carbon content of Japan–US trade, Energy Policy 35, 2007.

⑤ 樊纲、苏铭、曹静：《最终消费与碳减排责任的经济学分析》，载《经济研究》2010 年第 1 期。

气候变化加剧的根本原因最终是消费而不是生产，而发达国家为了维持高消费在全球配置资源、投入更多能源进行生产更进一步加剧了该现象，因此，强调根据消费排放而不是各国实际排放来界定各国的责任才更为公平。[①]同时采用基于消费的计算方法具有道德上的合理性。这是因为碳排放对全球气候变化的影响具有均质性特点，不管二氧化碳的排放发生在隔壁还是在地球的另一端，它对气候变化造成的影响是相同的。碳排放的这种特点导致的一个后果即是要求国家对满足其消费的排放负责，不管满足其消费的生产活动是在其国内，还是发生在国外。从这个意义上讲，一国考虑由其消费所引起的其他地方的二氧化碳排放既是该国的道义责任，也是该国自身利益之所在。[②]

为进一步理解基于消费的计算方法与基于生产的计算方法的区别及其政策含义，有必要区分"国家直接排放"（national direct CO_2 emission）和"国家负责任排放"（national responsible CO_2 emission）两个概念。"国家直接排放"指的是国家主权范围内的直接生产排放，现有国际气候法律体制即是以此为基础来配置各国的排放责任。这种配置方法与污染者负担原则相一致，即将排放责任配置给直接排放者。[③]而基于消费的计算方法则强调的是"国家负责任的排放"，它以利益原则为基础，主张谁从排放中获益谁就应该对排放负责。在当今经济全球化的背景下，一国所需的最终使用或作为生产投入的商品不必由其自己生产，这些需求可以通过国际贸易来满足。随着国际贸易的增长和生产的跨国移动，产品隐含碳的跨国流动问题愈发突出，而引发产品及其隐含碳跨国流动的驱动力与其说是出口国的生产毋宁说是进口国的消费。从这个意义上讲发达国家应当对其生产和消费所导致的排放负责，其中发达国家消费所引发的排放不仅局限于其国内，还包括为满足本国消费而在其他国家所产生的排放。就发达国家而言，以化

---

① 刘明明：《全球气候变化背景下碳排放空间的公平分配——以德班会议〈公平获取可持续发展〉的基本政治立场为分析进路》，载《法学评论》2012 年第 4 期。

② ICTSD, Climate Change and Trade on the Road to Copenhagen: Summary for Policymakers, Produced for the Danish Ministry of Foreign Affairs, May 2008.

③ Jiun-Jiun Ferng, Allocating the Responsibility of CO_2 Over-emissions from the Perspectives of Benefit Principle and Ecological Deficit, Ecological Economics 46, 2003.

石燃料为动力的生产为其带来了可观的收入，稳定的财富增加了它们的消费，而消费则反过来引发进一步的扩大生产。结果导致大量的二氧化碳被排入大气层，严重干扰了全球的碳循环。①作为受益者，发达国家不仅应当对其生产直接排放负责，还应当对为满足其消费的国外排放负责。因此，将从利益原则发展而来的“国家负责任的排放”作为分担减少人为二氧化碳排放责任的基础更为合理。②以利益原则为基础的消费计算方法强调的是排放污染物活动背后的驱动力。自从工业革命使得以消耗环境而降低成本的大量生产成为可能的情况下，一些国家长期通过大量和奢侈的消费而享有高生活水准。尽管消费早已被认为是除了人口、技术之外的重要环境污染驱动力，但在政策层面却几乎没有受到关注。③因此，根据利益原则，按照消费来计算排放，并据此分担减排责任有助于提高人们对消费所导致的排放的认识。并且从政策层面看，基于消费的计算方法有望取得两种政策效果：第一，有助于减少碳泄露，因为各国都对进口生产投入的其他国所排放的二氧化碳负责，尽管这会导致重复计算问题。第二，利益原则比领土责任原则似乎对发展中国家更为有利，因为它排除了发展中国家生产出口产品所排放的二氧化碳，而这通常是他们主要的收入来源。因而有助于发展中国家更多参与应对国际气候合作。④

从完善国际气候政策的角度看，用基于消费的计算方法来构建国家排放清单至少具有以下优势：（1）相对于现有的基于生产的计算方法，基于消费的计算方法能够在清单中传递更多的信息，它可以量化中国、印度等发展中国家究竟有多少温室气体排放随产品出口到了《公约》附件一的国家。尽管由谁来对贸易产品的排放承担责任仍然存有

① Jiun-Jiun Ferng, Allocating the Responsibility of CO_2 Over-emissions from the Perspectives of Benefit Principle and Ecological Deficit, Ecological Economics 46, 2003.

② Jiun-Jiun Ferng, Allocating the Responsibility of CO_2 Over-emissions from the Perspectives of Benefit Principle and Ecological Deficit, Ecological Economics 46, 2003.

③ Jiun-Jiun Ferng, Allocating the Responsibility of CO_2 Over-emissions from the Perspectives of Benefit Principle and Ecological Deficit, Ecological Economics 46, 2003.

④ Jiun-Jiun Ferng, Allocating the Responsibility of CO_2 Over-emissions from the Perspectives of Benefit Principle and Ecological Deficit, Ecological Economics 46, 2003.

争议，但基于消费的国家排放清单提供了有价值的额外信息，至少在后京都气候谈判中应对此予以考虑。（2）基于消费的国家排放清单有助于区分不同国家之间的义务。例如，一个有大量净温室气体排放进口的国家自然要比净排放出口的国家承担更多的减排义务。（3）基于消费的国家温室气体排放清单可以用于确认和优选清洁发展机制下的减排活动。通过基于消费的国家排放清单有助于确认哪些国家和哪些部门对排放贡献最大。发达国家可以据此在其贸易伙伴国中通过清洁发展机制开展针对性的减排，以减少自己的消费排放。①而且，需要进一步强调的是：基于消费的国家排放清单凸显了贸易对于国家排放总量的影响，但基于消费的国家排放清单的作用不是用以识别贸易和气候政策之间的冲突，而是用于优选能够增加环境目标的贸易措施。具体而言，除了边境碳调整外，其他一些贸易措施如欧盟对生物酒精征收关税，对电动和燃油汽车采用同等税率征税，以及对来自中国的节能灯施加反倾销税等，这些贸易措施不利于环境保护，通过对这些贸易措施的调整有助于减少贸易与气候政策之间的冲突。②总之，基于消费的排放清单可以保障一国的消费（发生在国内）与该消费所要求的生产系统（发生在全球）保持一致性③，从而解决诸如国际贸易、对不同地区的灵活性等问题，以提高后京都阶段国际气候合作的参与度，促进《气候变化框架公约》环境性能的持续改善。④此外，基于消费的国家排放清单对于污染密集的资源禀赋具有更大的灵活性，可以相对减轻发展中国家的排放义务，并鼓励采用不同的减排路径。因为基于消费的计算方法在国家的温室气体清单中包括进口产品的隐含碳排放。这样一来，发达国家自然会将减排集中在成本最低之处，并

① Glen P. Peters, From Production-based to Consumption-based National Emission Inventories, Ecological Economics 65, 2008.

② Glen P. Peters, From Production-based to Consumption-based National Emission Inventories, Ecological Economics 65, 2008.

③ Glen P. Peters, Edgar G. Hertwich, CO_2 Embodied in International Trade with Implications for Global Climate Policy, Environmental Science & Technology, Vol. 42, No. 5, 2008.

④ Glen P. Peters, Edgar G. Hertwich, Post-Kyoto Greenhouse Gas Inventories:Production versus Consumption, Climatic Change 86, 2008.

在考虑其他成本的情况下鼓励在环境影响最小的地方进行生产。[①]

当然，基于消费的计算方法也存在不足之处：首先，在技术层面上，相对于基于生产的方法需要进行更为复杂的计算，不确定性增加，而且一国的排放清单需要以为数众多的贸易伙伴的数据质量和可获得性为前提，难度可想而知。其次，从政策层面看，采用基于消费的清单，将责任归于引发排放的消费国，不利于调动生产国的积极性，在生产国内采取实质减排措施，例如不能对进口国所期待的对技术和国外燃料的使用等产生直接的影响。[②]最后，基于消费的排放清单在政策层面还遇到国际法上主权原则的限制。即一国仅能对其主权管辖范围内的排放采取措施，而对于由其消费引起，发生于国外的排放只能通过国家对话寻求更进一步的协同。[③]

三、国家温室气体计算方法改进的可能途径

尽管学者积极呼吁对于国际贸易中的碳泄露问题，需要在下一轮国际气候协定中予以考虑[④]，未来的全球气候制度构建应该基于公平客观的原则，采取基于消费的方法真实记录各国及其国民的实际能源消耗和碳排放。[⑤]而且在《气候变化框架公约》缔约方会议上，印度学者也曾提出在未来的碳排放权方案中，发达国家应当对发展中国家的部分排放负责，其中除了购买清洁发展机制排放权收益以外，还应该让发达国家对于外国直接投资给发展中国家带来的新增排放负责。[⑥]但总的看来，关于改变现行基于生产的计算方法，采取诸如基于消费

① Glen P. Peters, Edgar G. Hertwich, Post-Kyoto Greenhouse Gas Inventories:Production versus Consumption, Climatic Change 86, 2008.

② Jesper Munksgaard, Klaus Alsted Pedersen, CO_2 Accounts for Open Economies: Producer or Consumer Responsibility? Energy Policy 29, 2001.

③ Glen P. Peters, From Production-based to Consumption-based National Emission Inventories, Ecological Economics 65, 2008.

④ Tao Wang, Jim Watson, Trade, Climate Change, and Sustainability, State of the World 2009 Report, World Watch Organazation, 2009.

⑤ 潘家华、郑艳：《碳排放与发展权益》，载《世界环境》2008 年第 4 期。

⑥ 潘家华、郑艳：《碳排放与发展权益》，载《世界环境》2008 年第 4 期。

的计算方法，这方面的讨论在后京都的国际气候谈判中多半缺失。①根据学界既有研究，未来国际温室气体计算方法的完善大体上有以下几种途径：

第一，用基于消费的国家温室气体清单代替现行基于生产的国家温室气体清单。尽管这种做法具有更好的环境整体性②，但大多认为其过于激进，实践中的可能性不大。一是因为基于消费的国家清单设定的边界过于宽泛，且增加了诸多的不确定性，将其作为后京都气候政策的唯一指针难于实施。③二是因为现有体制所形成的路径依赖和既有惯性。由于现行计算体制已经投入了大量的时间和政治资本④，很难对其做出根本性改变。

第二，对现有基于生产的计算方法做适当调整。其中一种方案是在现有基于生产的计算方法基础上增加计入贸易排放部分，以便为发达国家承担有区别的气候责任提供更为系统的方法。⑤另一种方案是使用不同的计算方法来编制国家排放清单以满足不同目的之需要。即在国家排放清单上仍使用给予生产的方法计算排放，而在排放责任的划分上则采用对贸易进行调整之后的基于消费的国家排放清单。其中基于消费的国家排放清单应该根据进口而不是出口来进行编制。⑥

第三，维持现有基于生产的计算方法，同时将基于消费的碳排放在国际气候谈判中作为“影子指标”（shadow indicator），为未来国际气候政策提供参照。一是发达国家通过一系列经济措施鼓励贸易加快

① Glen P. Peters, Edgar G. Hertwich, Post-Kyoto Greenhouse Gas Inventories:Production versus Consumption, Climatic Change 86, 2008.

② Glen P. Peters, From Production-based to Consumption-based National Emission Inventories, Ecological Economics 65, 2008.

③ Glen P. Peters, From Production-based to Consumption-based National Emission Inventories, Ecological Economics 65, 2008.

④ Tao Wang, Jim Watson, Trade, Climate Change, and Sustainability, State of the World 2009 report, world watch organazation, 2009.

⑤ Glen P. Peters, Edgar G. Hertwich, CO_2 Embodied in International Trade with Implications for Global Climate Policy, Environmental Science & Technology, Vol. 42, No. 5, 2008.

⑥ Glen P. Peters, From Production-based to Consumption-based National Emission Inventories, Ecological Economics 65, 2008.

系统性转变，促进出口国特别是新兴经济体的技术进步以减少发达国家的海外碳足迹，并采取措施消除气候友好产品的贸易壁垒等。[①]二是引入部门方法，就暴露于高度国际竞争之下，且碳强度高的部门减排达成国际协议。部门方法有助于在减少排放的同时，帮助发展中国家的工业部门改善其技术能力。[②]

第三节 隐含碳问题在国际气候技术机制中的引入

气候友好技术是全球应对气候变化的关键，气候技术合作是全球气候合作的核心。按照《公约》的规定，发展中国家有效履行公约义务的前提条件之一即是发达国家对技术转让承诺的有效履行。特别是在后京都气候谈判中，发达国家正极力将发展中国家纳入国际气候新体制之中，要求发展中国家做出减排的具体承诺。发展中国家面临严峻挑战，其中，发展中国家技术能力与减排目标之间的矛盾决定了技术转移成为气候谈判的中心议题。[③]2007 年在印尼巴厘岛召开的《公约》缔约方会议通过的《巴厘岛行动计划》确认了技术转让的中心地位，将其作为全球气候谈判的优先领域。将隐含碳问题纳入技术转让体制，为发展中国家减少隐含碳排放提供了一种可行方案。

一、国际气候体制中的技术转让

通常，技术转让被定义为对产品制造系统知识、工艺应用以及提供服务的转让。它不仅仅包括硬件方面的转移，还包括促进对相关技

① John Kornerup Bang, Eivind Hoff and Glen Peters, EU Consumption, Global Pollution, A Report Written by WWF' s Trade and Investment Programme and the Industrial Ecology Programme at the Norwegian University of Science and Technology, 2008.

② Tao Wang, Jim Watson, Trade, Climate Change, and Sustainability, State of the World 2009 report, world watch organazation, 2009.

③ 曲如晓、马建平：《贸易与气候变化：国际贸易的新热点》，载《国际贸易》2009 年第 7 期。

术、商业信息以及适当理解和有效使用它所需的人力技能的获取。[①]政府间气候变化专门委员会应《气候变化框架公约》科学与技术咨询附属机构的请求，在其2000年发布的《技术转让方法和技术问题》报告中对技术转让也给出了定义，即技术转让是关于在政府、私人部门实体、金融机构、非政府组织以及研究/教育机构等不同的利益相关方之间所进行的知识、经验与设备流动的一系列过程。"转让"包括国内和国际技术扩散和技术合作，指的是学习理解、利用和复制技术的过程，其中包括选择技术并使之适合地方条件的能力。[②]可见，技术转让是一个外延广泛的概念，转让的主体包括政府、私人部门、科研机构等，转让的对象包括技术及相关的知识、经验以及人工技能等。技术转让是一个复杂的过程，不仅涉及技术本身，还受到接受方的接受能力等多种因素的影响。从技术转让的途径看，目前主要有三种方式：一是通过国际许可协定直接进行技术转让。二是外国直接投资。这是向东道国进行直接技术转让和间接知识溢出的最为重要，也是最为低廉的渠道之一。三是国际贸易。贸易流会通过研发的溢出效果来促进技术转让。[③]

在国际气候体制下，所谓的技术转让主要指的是发达国家向发展中国家进行的技术转让。对此，《公约》和《议定书》都有明确规定。根据《公约》第4条第5款、第7款以及第12条等规定，第一，向发展中国家转让技术是发达国家的一项义务，是共同但有区别责任原则的具体体现之一。对此，发达国家应采取一切实际可行的步骤，酌情促进、便利和资助向发展中国家缔约方转让或使它们有机会得到无害环境的技术和专有技术。第二，发达国家在技术转让过程中，应支持开发和增强发展中国家缔约方的自生能力和技术。第三，发达国家转

---

① ICTSD, Technologies for Climate Change and Intellectual Property: Issues for Small Developing Countries, Information Note Number 12, October 2009.

② Intergovernmental Panel on Climate Change, Methodological and Technological Issues in Technology Transfer, 2000.

③ IDEA Consult etc, The Development and Diffusion of Environmental Technologies: Technology Transfer, Knowledge Flows and International Cooperation, Final Report, Prepared for: European Commission Directorate-General Environment,Novermber,2012.

让技术是发展中国家履行公约义务的前提条件，即发展中国家在多大程度上有效履行其公约义务将取决于发达国家技术转让承诺的有效履行。第四，发达国家应将在技术转让方面所采取措施的相关信息通过公约秘书处向缔约方会议提供。

《京都议定书》第10条第3款对《公约》的规定进行了呼应。一是要求所有缔约方开展技术合作，"促进有效方式用以开发、应用和传播与气候变化有关的有益于环境的技术、专有技术、做法和过程"；二是要求缔约方采取一切实际步骤，包括制订章程和方案，促进、便利和酌情资助将相关技术、专有技术、做法和过程特别转让给发展中国家或使它们有机会获得；三是规定技术转让包括对公有技术和私人所有技术的转让，但转让方式不同，前者是直接转让，强调的是"有效"转让公有或公共支配的有益于环境的技术，后者重在为私有部门"创造有利环境以促进和增进转让和获得有益于环境的技术"。

同时，《议定书》还设立了清洁发展机制，该机制的重要目标之一即是通过技术转让等帮助发展中国家实现可持续发展。[①]

《公约》和《议定书》关于技术转让的上述规定过于原则化，存在缺乏明确定义、无强制约束力和义务模糊等诸多不足。例如规定中使用了诸如"适当"（appropriate）、"合作"（cooperate）、"鼓励"（encourage）、"便利"（facilitate）、"促进"（promote）、"尽力"（exert efforts）和"帮助"（assist）等弹性很大的词语，这种无明确约束力的承诺在技术转让方面给各缔约方留下了很大的自由裁量空间[②]，使得技术转让在具体操作机制和落实等方面依赖于各国之间的进一步协商和各国国内法的规定。加之《公约》和《议定书》没有强制履约机制，也就是说，即使发达国家不履行其技术转让义务，也不会承担任何强制性法律后果。这必然会使技术转让义务履行的约束力大打折扣。[③]因

① United Nations Framework Convention on Climate Change, The Contribution of the Clean Development Mechanism under the Kyoto Protocol to Technology Transfer, http://cdm.unfccc.int/Reference/Reports/TTreport/TTrep10.pdf.

② 马忠法：《论应对气候变化的国际技术转让法律制度完善》，载《法学家》2011年第4期。

③ 马忠法：《论应对气候变化的国际技术转让法律制度完善》，载《法学家》2011年第4期。

此，很难想象发达国家的技术转让义务能够得到很好的履行。实践中，发展中国家长期以来推动技术转让的努力不见成效，技术转移仍然面临诸多壁垒。①

另外，就清洁发展机制的实施情况看，它也并没有实现其促进技术转让的预期目标。实践中存在的明显弊端是：发达国家以获取减排量为主要目标，鼓励本国跨国公司利用后者技术落后等条件与发展中国家企业合作；而跨国公司在追逐利润最大化的驱动下，经常不转让较为先进的技术，而是将设备等销售给发展中国家企业。②数据分析表明，在清洁发展机制执行理事会注册和等待注册的项目中，声称涉及技术转让的比率不高，仅三成多一点，并且呈逐年下降趋势。以中国为例，中国的各个项目都具体注明了是否包含技术转让，调查结果显示2004年和2005年规划的项目中有超过90%的项目包含了技术转让，而在2009年和2010年的规划项目中这一比例只有14%。③

除了《公约》和《议定书》规定本身存在的瑕疵以及清洁发展机制实施中的问题以外，气候变化领域技术转让没有得到有效实施还有着诸多复杂的原因。就发达国家而言：首先，应对气候变化的相关技术，特别是清洁能源技术对其具有重大战略意义。非碳基能源技术关乎下一轮国际政治周期中国家的国际地位，谁占领了这个技术领域的先机，谁就能在下一轮的国际政治竞争中取得优势地位。出于国家利益考虑，发达国家倾向于通过技术垄断积累国家的竞争优势，不会轻易将相关技术转让给发展中国家。④其次，从实际情况看，目前发达国家的企业掌握了全球90%以上的先进技术。这些企业在进行技术转让时以企业利益为导向，常借发展中国家需要技术的迫切性来抬高技术许可使用费，或提出种种附加条件，或在认为无利可图时拒绝转让技术。⑤对此发达国家政府则强调相关技术的知识产权保护，主张通

① 曲如晓、马建平：《贸易与气候变化：国际贸易的新热点》，载《国际贸易》2009年第7期。

② 马忠法：《论应对气候变化的国际技术转让法律制度完善》，载《法学家》2011年第4期。

③ 马忠法：《论应对气候变化的国际技术转让法律制度完善》，载《法学家》2011年第4期。

④ 徐长春：《国际气候合作原则及合作前景》，载《国际经济合作》2010年第10期。

⑤ 马忠法：《论应对气候变化的国际技术转让法律制度完善》，载《法学家》2011年第4期。

过市场和商业模式转让技术。这就使发达国家在有关条约中承诺的技术转让义务变成了一种呼唤式的软性条款。[①]而就发展中国家来说，在技术转让方面的确存在着政策环境、对技术的消化吸收能力等方面的问题，同时高昂的商业转让成本也是其无法承受的。此外，就技术本身来看，经合组织的相关研究表明，一些符合发展中国家需要的专门技术根本就没有被开发出来，这是因为一方面发展中国家缺乏这样做的创新能力，无力开发；另一方面发达国家则缺少开发这种“被忽视”技术的激励。[②]对此需要发达国家和发展中国家制定相应政策，鼓励发达国家私人发明者与发展中国家的发明者合作开发这样的技术。其中，国家措施和国际合作协议在这方面会起到关键作用。目前，国际社会有很强的呼声要求通过市场机制来解决应对气候变化的技术挑战，并且已经有建议提出应在气候变化减缓和适应技术的生成与转化方面让私人部门发挥关键作用。然而，需要引起注意的是：对私人部门的高度依赖可能不仅仅意味着进入的高成本，也会受到种种限制，因为技术所有者担心出现更多的竞争可能并不愿意转让先进技术。[③]

总之，一方面，技术转让作为一个复杂的过程，涉及政府和企业等不同主体利益，并受到多种条件的制约。另一方面，现有国际气候法律体制关于技术转让的规定过于原则，并未将其法律制度化，从而致使技术转让未能在实践中得到有效实施。未来关于技术转让的国际气候谈判需要致力于解决两个层面的问题：一是妥善处理技术转让中存在的主要障碍问题；二是形成有效的国际运行机制。下面将分别就这两方面问题做进一步讨论。

---

① 马忠法：《论应对气候变化的国际技术转让法律制度完善》，载《法学家》2011 年第 4 期。

② Gehl Sampath, Padmashree and Roffe, Pedro, Unpacking the International Technology Transfer Debate: Fifty Years and Beyond; ICTSD Programme on Innovation, Technology and Intellectual Property, Working Paper, International Centre for Trade and Sustainable Development, June 2012.

③ Carlos M.Correa, Fostering the Development and Diffusion of Technologies for Climate Change: Lessons from the CGIAR Model, ICTSD Programme on IPRs and Sustainable Development, Policy Brief No.6, International Centre for Trade and Sustainable Development, December 2009.

二、国际技术转让中的知识产权与能力建设问题

推动现有国际气候法律体制中的技术转让要求从原则性规定转向具体实施，需要具体解决实施中存在的主要问题。目前，发达国家和发展中国家主要争议点集中在知识产权保护与发展中国家的能力建设方面。

（一）技术转让中的知识产权保护问题

一方面，发展中国家认为，知识产权制度已经成为气候变化相关技术转让和应用的潜在障碍，讨论气候变化的应对和适应问题需要打破知识产权制度对技术转移的禁锢。鉴于大量气候应对技术掌握在发达国家手中的事实，发展中国家获得相关技术需要支付高昂的费用。另外，在一些市场比较集中的领域可能会出现知识产权垄断的现象。① 在技术转让相关事项的讨论中，古巴、印度、坦桑尼亚、印尼、中国等强调需要重视并解决技术转移中的知识产权问题。例如印度呼吁考虑重新审查 WTO 知识产权制度，从而确保它们充分地回应成员方寻求技术转移的目标。②在坎昆召开的《公约》缔约方会议第十七届会议上，印度提出将“加快获取关键减缓和适应技术及相关知识产权”列入会议的临时议程。印度在其提交的“解释性说明”中指出：一个有效和高效地加速获得关键气候友好技术知识产权的全球体制对于此类技术的开发、部署和传播是必不可少的。缺乏这种安排，推进国家适当的减缓和适应气候变化的行动无论在规模上还是在速度上都不能充分、有效地实现。印度认为关于技术转让的全球体制应该将知识产权作为全球公共物品，在以符合国际法的方式向发明者提供报酬的同时，促进发展中国家对知识产权的获得以增强它们在国家层面采取有

① Barton, John H, Intellectual Property and Access to Clean Energy Technologies in Developing Countries: An Analysis of Solar Photovoltaic, Biofuels and Wind Technologies. ICTSD Trade and Sustainable Energy Series Issue Paper No. 2, International Centre for Trade and Sustainable Development, 2007.

② 成帅华：《贸易，气候变化和中国的选择——联合国气候变化大会贸易部长会议侧记》，载《WTO 经济导刊》2008 年第 1-2 期。

效减缓与适应行动的能力。为了全球气候早日稳定的目标和促进发展中国家社会、经济发展和消除贫困的努力，印度建议《公约》缔约方大会紧急做出决定，将气候技术及其知识产权视为公共产品，并向发展中国家提供。

而另一方面发达国家则认为，知识产权制度不可能阻碍技术进步，相反，如果降低对技术的知识产权保护水平，则会打击一些公司在技术创新方面投资的积极性，从而妨碍技术进步。如在相关问题的讨论中澳大利亚和美国等则坚称知识产权不是阻碍而是技术转移的催化剂。[①]一些代表警告，削弱知识产权制度将减缓创新，从而产生严重的负面影响。欧盟呼吁探索技术创新方案，从而一方面支持对气候友好技术更加迅捷地扩散，另一方面也不损害知识产权制度的完整性。[②]

综上，发展中国家和发达国家的争议不在于是否保护知识产权，而在于如何认识与协调保护知识产权与维护环境公共利益之间的关系。正如有研究指出的，保护知识产权和促进诸如技术转让等公共目标之间的适当平衡是后京都气候体制的一个重要因素。[③]发展中国家关心的是如何从自身的实际出发，在保护知识产权的同时促进气候友好技术向发展中国家转让。有学者从知识产权法的角度对发展中国家的主张进行了论证，指出：第一，尽管知识产权制度的基本价值目标是要保护相关权利人的利益，以促进技术创新，但同时还必须能够保证社会公共利益的实现。促进技术创新不能以损害社会公共利益为代价。第二，气候变化相关的技术具有全球公共产品属性，对其保护不能完全照搬一般的知识产权制度。第三，从知识产权国际制度来看，

① Aaron Cosbey, Trade and Climate Change: Issues in Perspective, Final Report and Synthesis of Discussions Trade and Climate Change Seminar, Copenhagen, International Institute for Sustainable Development, June 18-20, 2008.

② 成帅华：《贸易，气候变化和中国的选择——联合国气候变化大会贸易部长会议侧记》，载《WTO 经济导刊》2008 年第 1-2 期。

③ International Institute for Sustainable Development, Technologies for Climate Change and Intellectual Property: Issues for Small Developing Countries, Information Note No.12, October 2009.

发达国家也应当承担起相关的国际义务。[①]为此如何进行知识产权制度变革和创新以满足气候应对技术转让的需要是争议的核心。

对此，从发展中国家的视角看，需要澄清以下几个问题：

第一，关于知识产权的公共产品属性及其国际转让机制。为了有效应对气候变化，有必要由国际社会采取果断行动使全球都能获得减缓和适应技术。而如果只是将相关技术交在握有资本和拥有生产新清洁技术能力的人手中，气候变化这一最基本的全球问题将无法找到解决方案。[②]而且，重要的是，除了私人部门将其研发成果专利化外，公共研究机构，包括大学也都对其研究结果申请专利，结果导致大量对适应和减缓气候变化技术的公共投资没有产生公共共享的技术。因此，应当采用一种确定的方法将这种技术的开发作为公共物品对待。[③]同时，不仅需要大力开发合适的技术，使相关技术具有足够多的数量，并能够在特定的文化和其他条件下有效处理相关情况，还需要建立技术的可得机制，保证相关技术可以低成本或无偿获得。[④]对此，发达国家应当对其按照《公约》和《议定书》要求转让技术的承诺及履行承担责任，并将这种责任与对知识产权的私权保护加以区分。为了克服获得环境友好技术在知识产权方面的阻碍，政府可以采取适当的干预措施。例如，《21 世纪议程》就建议政府“按照商业条件购买专利和许可，并按照非商业条款转让给发展中国家，并将其作为可持续发

① 徐升权：《气候变化相关的知识产权问题探析》，载《武汉大学学报（哲学社会科学版）》2010 年第 6 期。

② Carlos M.Correa, Fostering the Development and Diffusion of Technologies for Climate Change: Lessons from the CGIAR Model, ICTSD Programme on IPRs and Sustainable Development, policy brief No.6, International Centre for Trade and Sustainable Development, December 2009.

③ Carlos M.Correa, Fostering the Development and Diffusion of Technologies for Climate Change: Lessons from the CGIAR Model, ICTSD Programme on IPRs and Sustainable Development, policy brief No.6, International Centre for Trade and Sustainable Development, December 2009.

④ Carlos M.Correa, Fostering the Development and Diffusion of Technologies for Climate Change: Lessons from the CGIAR Model, ICTSD Programme on IPRs and Sustainable Development, policy brief No.6, International Centre for Trade and Sustainable Development, December 2009.

展开发合作的一部分”[①]。此外有建议通过政府建立专利池的方式来帮助发展中国家获得气候变化技术。当然，专利池方案要求政府遵守诸如专利改善后的回授等条件，这可能会成为潜在接受者的重要负担。另外，使用入池的专利并不保证获得相关专有技术，而这却是将受保护的技术付诸实施所必不可少的。[②]

第二，《与贸易有关的知识产权协定》（以下简称“TRIPS 协定”）的解读及其规则完善。TRIPS 协定不仅建立了知识产权保护的最低标准，而且也植入了一定的灵活性，允许国家在知识产权保护方面考虑其公共政策目标，例如 TRIPS 协定允许一定的例外和豁免，并由国家决定适当的实施方法。这些所谓“TRIPS 灵活性”的规定为生物多样性、农业以及公共健康和教育等提供了重要的政策空间。[③]就气候变化技术转让而言，也可以利用 TRIPS 的这些灵活性规定来解决技术转让过程中所涉及的知识产权问题。

（1）关于专利授予。对哪些智力成果授予专利是知识产权保护中的基本问题。各国知识产权立法也都对什么样的智力成果不能获得专利或什么样的智力成果可以获得专利做出规定。TRIPS 协定第 27 条对专利授予做出了规定。其中需要注意两点：第一，该条第一款原则上要求成员国对所有技术领域的发明授予专利，只要这些发明符合授予专利的“三性”要求，即新颖性、创造性和实用性。但是 TRIPS 协定并没有对授予专利的准则，即“三性”要求做出定义，这无疑为各国在界定是否授予专利方面保留了关键的政策空间。[④]第二，该条第 2

① Carlos M.Correa, Fostering the Development and Diffusion of Technologies for Climate Change: Lessons from the CGIAR Model, ICTSD Programme on IPRs and Sustainable Development, policy brief No.6, International Centre for Trade and Sustainable Development, December 2009.

② Carlos M.Correa, Fostering the Development and Diffusion of Technologies for Climate Change: Lessons from the CGIAR Model, ICTSD Programme on IPRs and Sustainable Development, policy brief No.6, International Centre for Trade and Sustainable Development, December 2009.

③ Aaron Cosbey, Trade and Climate Change: Issues in Perspective, Final Report and Synthesis of Discussions Trade and Climate Change Seminar, Copenhagen, International Institute for Sustainable Development, June 2008.

④ International Institute for Sustainable Development, Technologies for Climate Change and Intellectual Property: Issues for Small Developing Countries, Information Note No.12, October 2009.

款和第3款规定了各国可以不授予专利的情况和不授予专利的种类。即各国可以出于维护公共秩序或道德，包括保护人类、动植物生命健康或避免对环境造成严重损害等目的拒绝对某些发明授予专利。同时规定对于人类或动物的诊断、治疗方法以及动植物和生产动植物的方法等各国可以拒绝授予专利。各国在TRIPS协定的具体实施过程中，可以利用这些规定来对授予专利的范围做出限定以促进技术转让。例如最不发达国家可以通过不授予专利来保护逆向工程等气候技术转让的非正式途径。[①]

（2）关于授予专利权利的例外。TRIPS协定第30条规定成员国可以对专利授予的专有权规定有限的例外，同时要求该有限例外不会对专利的正常利用发生无理抵触，也不会无理损害专利所有人的合法权益，并兼顾第三人的合法权益。该条规定对优先例外的条件要求比较宽泛，并没有提及与国家政策和目标的关联性。按照该条规定，成员国可以在符合规定的条件下自动允许第三方未经专利持有者同意即可使用发明专利。例如关于专利的试验使用，即允许各方为了研究和试验的目的而使用授予专利的发明。而这种试验使用对于测试应对气候变化技术是否适应地方需求和环境尤其重要。同时，该条规定允许发展中国家的公司通过对周边发明的专利主张来获得环境友好技术。[②]

（3）强制许可。TRIPS协定第31条规定了政府或经政府授权的第三方未经专利权利持有人授权而使用专利产品和工艺的强制许可制度。该条对于强制许可给出的条件是：第一，允许强制许可的前提条件是需有成员国法律对此做出规定。第二，授权强制许可需要遵守一系列限制条件，诸如一事一议、在全国处于紧急状况或在其他极端紧急的情况下，或在公共非商业性使用的情况下使用、使用范围和期限限于被授权的范围、使用是非专有性、使用不可转让、使用限于国内市场等。需要注意的是：该条尽管规定了强制许可需要遵守的条件，

① International Institute for Sustainable Development, Technologies for Climate Change and Intellectual Property: Issues for Small Developing Countries, Information Note No.12, October 2009.

② International Institute for Sustainable Development, Technologies for Climate Change and Intellectual Property: Issues for Small Developing Countries, Information Note No.12, October 2009.

但并没有说明授予强制许可的依据。[1]一般认为，气候减缓或适应能够为强制许可提供正当的根据。换句话说，这种强制许可可以作为确保发展中国家快速获得关键技术的一种有效的工具。事实上，在适应与应对气候变化相关知识产权问题的讨论中，将强制许可制度借用或延伸至气候友好型技术的推广与应用领域得到了较为广泛的支持。在《气候变化框架公约》缔约方大会中，中国、印度等国家就认为，可将强制许可的范围扩大至气候友好型技术领域；联合国亚太经济社会委员会（ESCAP）也认为，可把TRIPS中的灵活性条款解释为允许对气候变化相关的设备和商品的生产及工艺实行强制专利转让；世界知识产权组织（WIPO）也认为，强制许可制度在一定情况下可适用于应对气候变化对技术的需要。[2]巴西指出，巴西已经运用WTO知识产权协定中止药品的专利，允许生产便宜的非专利药品，从而扩大了艾滋病治疗方案的范围；建议采纳类似的“强制许可”之灵活性使清洁技术能够在更大的范围内得到推广应用。[3]此外，一些发展中国家和非政府组织还建议比照TRIPS协议与公共健康的多哈宣言通过知识产权与气候变化的宣言。认为尽管现有的多边知识产权规则已经植入了适当的灵活性和例外来处理技术转让可预见的障碍，但通过一个宣言对于促进国际法的发展以便适当平衡创新者的权利和公众获取新技术的权利是有用的。[4]

第三，关于技术转让的模式创新与资金支持。任何一种单独依赖市场或单独强调强制许可的方法都不能对发展中国家和最不发达国家

① International Institute for Sustainable Development, Technologies for Climate Change and Intellectual Property: Issues for Small Developing Countries, Information Note No.12, October 2009.

② 徐升权：《适应和应对气候变化相关的知识产权制度问题研究》，载《知识产权》2010年第5期。

③ 成帅华：《贸易，气候变化和中国的选择——联合国气候变化大会贸易部长会议侧记》，载《WTO经济导刊》2008年第1-2期。

④ Abbott, Frederick M, Innovation and Technology Transfer to Address Climate Change:Lessons from the Global Debate on Intellectual Property and Public Health, ICTSD's Programme on IPRs and Sustainable Development, Issue Paper No. 24, International Centre for Trade and Sustainable Development, 2009.

的技术需要做出适当的回应。[①]气候变化的挑战要求创新模式和新的资助方法。对此，有研究建议用抵消私人公司研发成本的公共资助模式来应对气候变化的显著挑战。具体而言，即是将这种资金安排与创新模式结合在一起，这种创新模式应当按照协同、公开以及使用最小交易成本获得特定形式的许可等原则来建构。为了鼓励环境友好技术的传播，需要混合使用通过市场交易的"硬"接入方式和替代性的"软"接入方式，包括用新的方法为研发提供资助、利用对知识产权的限制以及支持不受 TRIPS 协定管制领域的国家自由裁量权的实践等。[②]遵守气候变化政策应该被视为一种公共产品，因此减少获得清洁技术的成本对于诱导发展中国家和最不发达国家遵守温室气体排放目标特别重要。广义的知识产权改革在付出高政治成本的同时，对于环境友好技术创新所带来的好处影响不大。有意义的是将知识产权改革的目标定在帮助发展中国家和最不发达国家获取其气候变化的减缓和适应以及改善其国内创新环境所必需的新技术知识，同时也能促进全球知识产权体系更加平衡。[③]在具体制度设计方面，有学者建议将财政机制与技术转移和知识产权联系起来，如建立多边技术转移基金用于向发展中国家转让知识产权等。[④]

① Maskus, Keith and Okediji, Ruth, Intellectual Property Rights and International Technology Transfer to Address Climate Change: Risks, Opportunities and Policy Options. ICTSD's Programme on IPRs and Sustainable Development, Issue Paper No. 32, International Centre for Trade and Sustainable Development, December 2010.

② Maskus, Keith and Okediji, Ruth, Intellectual Property Rights and International Technology Transfer to Address Climate Change: Risks, Opportunities and Policy Options. ICTSD's Programme on IPRs and Sustainable Development, Issue Paper No. 32, International Centre for Trade and Sustainable Development, December 2010.

③ Maskus, Keith and Okediji, Ruth, Intellectual Property Rights and International Technology Transfer to Address Climate Change: Risks, Opportunities and Policy Options. ICTSD's Programme on IPRs and Sustainable Development, Issue Paper No. 32, International Centre for Trade and Sustainable Development, December 2010.

④ Aaron Cosbey, Trade and Climate Change: Issues in Perspective, Final Report and Synthesis of Discussions Trade and Climate Change Seminar, Copenhagen, International Institute for Sustainable Development, June 18–20, 2008.

（二）发展中国家的能力建设

技术转让能否在发展中国家得到落实还取决于发展中国家的政策以及相关的基础设施、创新能力和技术的吸收转化和扩散能力等。这是因为，如前所述，技术转让过程不仅包括购买、运输和安装合乎环境要求的工艺产品，同时还需增强技能、人力和机构的能力。技术转让还包括对消费者的教育、工作人员的培训、技术支持以及开展一些帮助发展中国家参与到这个过程中来的活动，使新的技术和操作满足当地的需求。从一定意义上讲，对于发展中国家而言，其相关能力是转让技术有效实施的重要因素。

根据《21世纪议程》的表述，能力建设意味着一个国家在人员、科学、技术、组织、机构和资源方面的能力。在应对气候变化的国际法律制度下，能力建设是指由发达国家提供资金和技术，以提高发展中国家适应气候变化和参与国际气候变化保护合作的能力。[①]具体而言，所谓发展中国家的能力建设，主要体现为如何帮助发展中国家缔约方强化其应对气候变化的能力建设。对此，《公约》第9条（d）款规定，公约附属科技咨询机构负责“就支持发展中国家自身能力建设的途径与方法提供咨询”。而《议定书》第10条第5款也规定，“在国际合作方面应酌情利用现有机构，促进拟定和实施教育及培训方案，包括加强本国能力建设，特别是加强人才和机构能力、交流或调派人员培训这一领域的专家，尤其是培训发展中国家的专家，并在国家一级促进公众意识和使公众获得有关气候变化的信息”。[②]

除了《公约》和《议定书》的规定外，《公约》缔约方会议第五届会议通过第10/CP.5号决定，认为能力建设应当考虑发展中国家的特殊需要，并强调发展中国家的能力建设将是一个不间断的过程，并对发展中国家能力建设的主要内容做了原则性规定。随后，《公约》缔约方会议第七届会议的第2/CP.7号决定则为发展中国家能力建设提供了

---

① 张婷、曾文革：《实现全球绿色气候的路线图——应对气候变化能力建设法律保障体系的构建与完善》，载《太平洋学报》2012年第1期。

② 张婷、曾文革：《实现全球绿色气候的路线图——应对气候变化能力建设法律保障体系的构建与完善》，载《太平洋学报》2012年第1期。

指南，给出了具体的建设框架，从而明确了能力建设在发展中国家履行《公约》及其《议定书》中的重要地位，使该议题在应对全球气候变化的进程中步入了正轨。[①]在后京都国际气候谈判中，继《巴厘岛行动计划》之后，发展中国家的能力建设持续受到关注。可以预见，随着发展中国家能力建设的推进，必将会为促进技术转让的有效实施创造更好的环境。

三、《公约》技术机制的确立

相对于资金机制而言，《公约》最初并没有就如何推进技术转让设定一个有效的运行机制。多年以来，由于有关气候变化领域技术转让与合作的国际机制始终未能建立起来，致使发达国家可以借口知识产权保护将《公约》下的技术转让与一般技术贸易混为一谈，从而在事实上架空了其在《公约》中所做出的技术承诺。[②]为此，发展中国家一直呼吁采取具体的步骤和措施来使技术转让的规定以有意义的方式运转。根据2001年在波恩召开的《公约》缔约方会议第六届会议所通过的《执行布宜诺斯艾利斯行动计划的伯恩协定》以及2002年在马来喀什召开的《公约》缔约方会议第七届会议通过的关于技术开发与转让的第4/CP.7号决定，设立一个由缔约方提名的专家组成的技术转让小组，目的是增进《公约》第4条第5款的执行，技术转让小组的任务包括分析和寻找便利及促进技术转让活动的途径以及向附属科学技术咨询机构提出建议。该小组通过召开会议和向附属科学技术咨询机构提交关于技术转让的年度报告等，对技术转让提出了许多建设性意见。为了进一步完善技术转让的组织机制，2008年8月，77国集团和中国提出了关于技术机制的一项全面建议，包括建立多边气候技术基金，并围绕该建议进行了密集的谈判。根据2010年在坎昆召开的《公

① 张婷、曾文革：《实现全球绿色气候的路线图——应对气候变化能力建设法律保障体系的构建与完善》，载《太平洋学报》2012年第1期。

② 朱晓勤、温浩鹏：《气候变化领域共同但有区别的责任原则——困境、挑战与发展》，载《山东科技大学学报（社会科学版）》2010年第2期。

约》缔约方会议第十六届会议通过的《坎昆协定》，决定设立一个接受缔约方会议指导并对其负责的技术机制，并相应地终止技术转让专家组的任务。技术机制由一个技术执行委员会（The Technology Executive Committee，TEC）和一个气候技术中心和网络（The Climate Technology Centre and Network，CTCN）组成。其中，技术执行委员会的职能是：提供关于技术需要的概览、开发和转让，对缓解与适应技术的政策和技术问题进行分析；考虑并建议有关行动，以促进技术开发和转让从而加速缓解和适应行动；就与技术开发和转让有关的政策和方案优先事项建议指导意见，特别考虑到最不发达国家缔约方；促进和便利政府、私营部门、非营利组织和学术界及研究界在缓解和适应技术开发和转让方面的合作；提出为解决技术开发和转让方面障碍的建议，以扶持加强缓解和适应行动；寻求与相关国际技术倡议、利害关系方和组织合作，并促进各种技术活动包括《公约》下和《公约》外活动之间的连贯一致和合作；在国际、区域和国家三级，通过相关利害关系方之间特别是政府和有关组织或机构之间的合作，推动拟定和利用技术路线图或行动计划，包括制定最佳做法指南，作为缓解和适应行动的促进工具。气候技术中心和网络的主要职能是：第一，应发展中国家请求，为其提供相关咨询与服务，包括就确定技术需要以及实施无害环境技术、做法和工序提供咨询意见和支持；促进为各种方案提供信息、培训和帮助，以建立或加强发展中国家的能力，从而找出技术备选办法、做出技术选择，以及运用、保持和改造技术；根据所确定的需要推动发展中国家缔约方迅速采取行动部署现有技术。第二，通过与私营部门、公共机构、学术和研究机构进行协作，激励开发和转让现有和新兴的无害环境技术以及北南、南南和三角技术合作机会。第三，推动一个由国家、区域、部门和国际技术中心、网络、组织和举措形成的网络平台，以便加强与国家、区域和国际技术中心及相关国家机构的合作；促进公共和私人利害关系方结成国际伙伴关系，加速开发无害环境的技术并向发展中国家缔约方传播；根据发展中国家缔约方的请求，为之提供国内技术援助和培训，支持发展中国家缔约方所确定的技术行动；激励建立结对中心安排，促进北南、南南和三角伙伴关系，鼓励合作研究和开发；确定、推广和帮助开发由国家驱动的规划和分析工具、政策和最佳做法，以支持传播无害环境技术等。有学者指出《坎昆协定》的这一调整在理论和实践方面具有积极意义，突出了技术机构的地位及职能，为 WTO 与《气候变化框架公约》合作解决气候友好技术转让问题创造了便利条件。[①]2011 年在德班召开的《公约》缔约方会议第十七届会议完成了技术机制的机构设立，决定由技术执行委员会与气候技术中心和网络联合向缔约方大会报告。它还通过了技术执行委员会的工作方式和程序规则以及气候技术中心和网络的指导条款。技术执行委员会类似于技术机制的政策机构，已经召开了两次会议，并通过了 2012～2013 年工作计划。气候技术中心和网络是技术机制的业务部门，仍在建设过程中。[②]坎昆会议建立的技术机制代表了各种积极的进步，特别是从发展中国家的观点看，通过技术机构强化技术转让符合发展中国家长期存在的需求。再扩大一步讲，技术机制是发达国家与发展中国家为加速气候变化减缓和适应技术的部署及转让以积极的态度共同工作的交汇点。[③]

需要注意的是，《坎昆协定》决定建立的是"技术机制"而不是"技术转让机制"。这是因为在技术机制的谈判过程中，在究竟是使用"技术转让"还是"技术扩散"（technology diffusion）的用语上存有分歧。工业化国家和私人部门在谈判中对于使用"技术转让"的概念心存疑虑，而更愿意使用"技术扩散"。他们认为后者更为准确地反映了真实的世界动态，即技术不是简单地从一个实体、公司或机构转让到另一方，而是通过多种渠道被扩散，其中市场和私人部门起着关键作用。[④]

---

① 马忠法：《论应对气候变化的国际技术转让法律制度完善》，载《法学家》2011 年第 4 期。

② Gehl Sampath, Padmashree, John Mugabe and John Barton, Realizing the Potential of the UNFCCC Technology Mechanism: Perspectives on the Way Forward; ICTSD Programme on Innovation, Technology and Intellectual Property, Issue Paper No. 35, International Centre for Trade and Sustainable Development, 2012.

③ International Centre for Trade and Sustainable Development, the Climate Technology Mechanism: Issues and Challenges, Information Note No.18. March 2011.

④ International Centre for Trade and Sustainable Development, the Climate Technology Mechanism: Issues and Challenges, Information Note No.18. March 2011.

而发展中国家更倾向于使用"技术转让"术语，最终《公约》缔约方会议采取了"技术机制"的名称。结合《坎昆协定》关于技术机制构成及其职能的规定可以看出，技术机制并非仅限于技术转让，还包括技术开发，即将技术开发与转让并提，技术机制采取的方法依赖技术作为工具来增强创新能力，这迎合了发展中国家技术能力建设的需要。对此有学者认为：技术机制所提议的走向技术开发的方法会成为一个重要的步骤。其不仅在气候变化，而且在更为宽阔的国际技术讨论中，超越了简单的技术转让概念，转向有效的技术扩散和技术吸收。①

四、通过技术转让缓解隐含碳问题

从发展中国家的角度看，隐含碳问题解决的途径之一是通过技术进步，降低产品碳排放强度。而要做到这一点，无疑不能仅仅依靠发展中国家自身，还需要发达国家的技术转让。从这个意义上讲，技术机制的运行为减少隐含碳问题对发展中国家的影响提供了可行路径。因为，《坎昆协定》强调技术开发和转让"必须由国家基于本国国情和优先事项确定技术需要"。也就是说技术机制采取了由国家驱动的方法，确保国家对机制的主导，并将国家需要置于首要位置。②发展中国家，特别是出口隐含碳较多的发展中国家，可以据此将减少本国出口产品隐含碳的相关技术作为国家需要技术的一部分，以寻求技术机制的支持。

然而，发展中国家对解决隐含碳技术，诸如清洁能源技术的需要可能会因为竞争力问题而受到发达国家的反对。实际上在气候谈判中，工业化国家已经开始将新兴经济体，如中国、印度、巴西等作为与其进行清洁能源竞赛的竞争对手，它们担心对发展中国家清洁能源技术

---

① Gehl Sampath, Padmashree, John Mugabe and John Barton, Realizing the Potential of the UNFCCC Technology Mechanism: Perspectives on the Way Forward; ICTSD Programme on Innovation, Technology and Intellectual Property, Issue Paper No. 35, International Centre for Trade and Sustainable Development, 2012.

② International Centre for Trade and Sustainable Development, the Climate Technology Mechanism: Issues and Challenges, Information Note No.18. March 2011.

的开发与转让会对其竞争力带来负面影响。此外，在技术转让过程中如何平衡知识产权保护与降低获取相关技术的成本，健全有利于发展中国家的国际知识产权法律体系等也是发展中国家需要跨越的障碍之一。

第四节　隐含碳问题在国际气候资金机制中的引入

资金机制是当今国际环境治理体系的重要组成部分[①]，特别是对于气候变化应对而言，发展中国家无论是技术转化还是能力建设都离不开发达国家的资金支持。《公约》明确指出，发展中国家履行其条约义务取决于发达国家对其资金义务的有效履行。然而与应对气候变化相比，发达国家提供的资金资助过少，这也是国际气候谈判的焦点问题之一。隐含碳问题或许可以为发达国家更好地履行其资金义务提供新的驱动力。

一、国际气候的资金机制

与技术转让不同，《公约》和《议定书》规定了比较明确的资金机制。按照《公约》规定，所谓资金机制，是指发达国家向发展中国家提供资金以保证后者能够履行公约义务的机制。《公约》第 4 条明确了发达国家的供资义务，主要包括以下几点：第一，发达国家提供的资金是新的、额外的资金。第二，资金的适用范围用于支付发展中国家因履行《公约》第 12 条第 1 款规定的信息提供义务所招致的全部费用以及《公约》第 4 条第 1 款规定的发展中国家采取的相关措施所增加的全部费用。其中对于“全部费用”的用语，突出了资金的充足性要求。第三，除了充足性外，发达国家还应该考虑资金流量的可预测性，

① 钮松、王九思：《全球气候变化治理组织与中国在气候治理中的角色》，载《中国软科学》2013 年第 5 期。

并在发达国家之间适当分摊负担。第四，发达国家还应帮助特别易受气候变化不利影响的发展中国家支付适应这些不利影响的费用。

《公约》第 11 条规定了资金的运行机制。根据《公约》第 11 条及相关缔约方决定，公约的资金机制主要包括以下几点：第一，资金机制受缔约方会议指导并向其负责，缔约方会议决定该机制的相关政策、计划优先顺序和资格标准等。第二，公约缔约方会议委托现有的国际实体负责运行。第三，资金机制应在一个透明的管理制度下公平和均衡地代表所有缔约方。第四，发达国家缔约方还可通过双边、区域性和其他多边渠道提供并由发展中国家缔约方获取与履行本公约有关的资金。

随后根据《公约》缔约方会议的相关决定，公约委托全球环境基金（GEF）负责资金机制的运行。1991 年 3 月，由 21 个国家捐款约 1.4 亿美元作为 GEF3 年（1991～1994）试运行期间的 GEF 信托基金。1994 年 GEF 改组后，34 个国家捐款约 20 亿美元组成了改组后正式运行的第一期 GEF 信托基金。其后每四年进行一次增资。在 1998 年的第二次增资中，36 个国家承诺为第二期 GEF 信托基金捐款 27.5 亿美元（含第一期结转资金）。在 2002 年第三次增资中，共有 32 个国家承诺为第三期捐款 29.2 亿美元（含第二期结转资金）。

全球环境信托基金主要致力于气候变化的减缓活动，兼顾适应活动。从 GEF 的业务范围看，GEF 设定了 15 项业务规划，其中第 5、6、7 和 11 项属于气候变化领域，具体是指消除提高能效和节能的障碍；通过消除障碍和降低实施成本促进使用可再生能源；降低减少温室气体排放的能源技术的长期成本；促进环境可持续发展。同时 GEF 的业务原则强调它所提供的是“新的额外的赠款以及优惠资金，以满足为实现全球环境效益而采取措施的一定的增量成本。”这一资助方面的原则性要求有两层含义：第一，GEF 资金只用于资助增量成本。它只支持各国在追求全球环境效益时所发生的、可能会给本国带来实现本国发展目标意外的附加成本——即增量成本。第二，GEF 需确保其资金作为新的、额外的资金而得到使用，决不能代替常规的发展资金。GEF

资金应是本国可持续发展所需资金以外的资金。[①]

全球环境信托基金的气候变化业务是支持气候变化国际合作的主要资金机制。从1991年到2005年3月期间，GEF在气候变化领域的赠款达17.47亿美元，占GEF总资金的33%，气候变化领域的资金使用百分比是第5、6、7和11项业务的28%、37%、13%和4%。获得资助最大的国家是中国、印度和墨西哥。[②]

鉴于全球环境信托基金通常只资助具有全球环境效益的大型减缓项目，受益方主要是发展中大国，而具有地方效益的小型项目以及许多发展中小国则很难获得资助。为改变这种状况，2001年《公约》缔约方会议通过的《马拉喀什协定》决定在《公约》框架下设立气候变化特别基金和最不发达国家基金，在《议定书》框架下设立适应基金，以弥补全球环境基金的不足。[③]《公约》缔约方会议第七届会议决定缔约方同时要求GEF作为这两个新的基金以及《京都议定书》下适应基金的运行实体，并请GEF安排建立这三个新基金，并向《公约》缔约方会议第八届会议报告。之后，《公约》缔约方会议第九届会议同意对最不发达国家基金和气候变化特别基金的运行进一步提供指导。为此，GEF提出了相关指南，并得到《公约》缔约方会议第十届会议的批准。新基金于GEF信托基金之外独立运行，包括独立的行政费用以及需要进行独立的会计核算和报告等。GEF将协调其信托基金与新基金之间的关系，避免活动之重复。

具体而言，气候变化特别基金主要为适应气候变化、技术转让、能源、运输工业、农业林业和废弃物管理以及促进经济高度依赖于矿物燃料和相关的能源密集产品的生产、加工和出口所带来的收入，和/或高度依赖于这种燃料和产品消费的国家的经济多样化提供资金，作为对拨给全球环境基金气候变化核心领域资金和由双边及多边供资所

① 朱光耀主编：《全球环境基金与中国可持续发展》，中国财政经济出版社2007年版，第6页至第7页。

② 朱光耀主编：《全球环境基金与中国可持续发展》，中国财政经济出版社2007年版，第17页.

③ 伍艳：《论联合国气候变化框架公约下的资金机制》，载《国际论坛》2011年第1期。

资助的活动计划和措施的补充。根据《公约》缔约方会议第九届会议第 5/CP.9 号决定，特别气候变化基金应作为催化剂用以撬动额外的双边或多边资源，受该基金资助的活动应该是由国家驱动，具有成本效益，并需要整合国家可持续发展和减少贫困的战略。特别气候变化基金最为优先资助的是适应气候变化活动，此外，技术转让及其相关的能力建设是该基金资助的基本领域。截至 2011 年 3 月 31 日，特别气候变化基金收到 14 个国家的捐助保证：加拿大、丹麦、芬兰、德国、爱尔兰、意大利、荷兰、挪威、葡萄牙、西班牙、瑞典、瑞士、英国和美国，总数为 18 亿美元。[①]此外，最不发达国家基金主要用于为最不发达国家的工作计划提供资金，特别是国家适应行动方案。而适应基金主要为发展中国家的具体适应项目和方案提供资金，重点资助《公约》第 4 条第 8 款所指脆弱国家的适应活动，适应资金来源于清洁发展机制项目活动的收益和其他资金。

2007 年在巴厘岛举行的《公约》缔约方会议第十三届会议通过了《巴厘岛行动计划》，决定“启动一个全面进程，以通过目前、2012 年之前和 2012 年之后的长期合作行动，充分、有效和持续地执行《公约》。”其中，涉及发展中国家的义务时也确认，“发展中国家缔约方在可持续发展方面可衡量和可报告的适当国家缓解行动，它们应得到以可衡量、可报告和可核实的方式提供的技术、资金和能力建设的支持和扶持。”在资金方面，提出“加强供资和投资方面的行动，支持缓解和适应行动及技术合作”，具体包括：改进获取充分、可预测和可持续资金及资助和技术支持的途径；采取积极激励办法促进发展中国家缔约方加强执行国家缓解战略和适应行动；创新的供资办法，协助特别易受气候变化不利影响的发展中国家缔约方解决适应方面的费用；在可持续发展政策基础上设法激励执行适应行动；调动公共和私营部门的资金和投资，包括便利采取无害于碳（减排）的投资选择；对发展中国家特别是最易受影响的发展中国家提供适应费用评估方面能力建

① LDCF/SCCF Council, Status Report on the Least Development Countries Fund and the Special Climate Change Fund, GEF/LDCF.SCCF.10/Inf. 2. March 2011.

设的资金和技术支持，以协助确定它们的资金需要；等等。

为了进一步加强资金机制的作用，2010 年《公约》缔约方会议第十六届会议通过的《坎昆协议》决定设立绿色气候基金支持在发展中国家缔约方开展的项目、方案、政策和其他活动。绿色气候基金资源将均衡用于气候变化的适应活动和缓解活动。

根据《公约》缔约方会议第十七届会议关于“启动绿色气候基金”的第 3/CP.17 号决定，绿色气候基金作为《公约》第 11 条之下资金机制的一个经营实体，对缔约方会议负责并在缔约方会议指导下运作。基金由一个董事会管理和监督，董事会对供资决定承担全部责任。董事会接受缔约方会议的指导，提交年度报告供缔约方会议审议。基金为发展中国家提供资金，用以支付有关活动，议定全额和增加的费用，以扶持和资助发展中国家加强适应行动、缓解行动（包括 REDD+）、技术开发和转让（包括碳的捕获和储存）及能力建设行动，以及编制国家报告。基金采用“专题供资窗口”的方式供资，最初设置适应供资窗口和缓解供资窗口。基金将采用缓解和适应供资的综合方针，以顾及跨领域的项目和方案。基金还应确保为能力建设及技术开发和转让提供充足的资源。基金还将为创新和仿效推广方针提供资金。可见，绿色气候基金被寄予厚望，承担着为发展中国家从减缓到适应，从能力建设到技术开发等多方面的供资使命。按照巴厘岛路线图授权以及 2009 年哥本哈根气候大会达成的协定，发达国家将启动绿色气候基金，以支持发展中国家应对气候变化的行动。按照规定，2010 年到 2012 年作为过渡期，发达国家先拿出 300 亿美元的快速启动资金，但从 2013 年到 2020 年，每年的出资将增加到 1000 亿美元。①

鉴于资金机制基金种类较多，为更好地对资金进行管理，《公约》缔约方会议第十六届会议决定建立一个常务委员会来帮助缔约方会议实施与公约资金机制有关的功能。《公约》缔约方会议第十七届会议对于资金机制的常设委员会做出了具体规定。第一，常设委员会应协助

① 刘冰：《气候变化下国际贸易法律问题研究——以碳关税合法性分析为视角》，载《海峡法学》2012 年第 3 期。

缔约方会议履行在《公约》资金机制方面的职能，包括改进气候变化融资的一致性和协调性，实现资金机制的合理化，调集资金以及向发展中国家缔约方提供支持的衡量、报告和核查，为此可开展各种活动。诸如：（1）组织一个从事气候变化融资的机构和实体之间通报情况和不断交换信息的论坛，以促进联系和一致性；（2）与附属履行机构和《公约》之下的专题机构保持联系；（3）参考经营实体的年度报告和缔约方提交的材料，向缔约方会议提供对《公约》资金机制经营实体的指导意见草案，以期提高这种指导意见的一致性和实用性；（4）就如何提高资金机制经营实体的一致性、效能和效率提出建议；（5）通过独立评审和评估等途径为缔约方会议筹备和进行资金机制的定期审查提供专家意见；（6）编制概述气候融资流量的两年期评估，包括这种流量的地理和专题分配的情况，为此要利用现有的信息来源，包括发达国家和发展中国家的国家信息通报和两年期报告、登记册中的信息、缔约方提供的关于需要评估情况的信息、资金机制经营实体编制的报告，以及提供气候变化融资的其他实体所具备的信息。第二，常设委员会应就其工作的所有方面向缔约方会议每届常委会提出报告和建议，以供其审议。第三，常设委员会的组成如下：（1）《公约》附件一所列缔约方（附件一缔约方）的成员 10 名；（2）非《公约》附件一所列缔约方（非附件一缔约方）的成员 10 名，其中，非洲、亚洲及太平洋、拉丁美洲和加勒比国家各 2 名、小岛屿发展中国家 1 名、最不发达国家缔约方 1 名。常设委员会应由缔约方提名并经缔约方会议核准的成员组成，他们应具有必要的经验和技能，特别是气候变化、发展和金融方面的经验和技能，并要考虑到按照第 36/CP.7 号决定实现性别平衡的需要。第四，常设委员会每年应至少举行两次会议，必要时可举行更多会议。

二、国际气候资金机制存在的主要问题与未来发展

尽管从《公约》制定之初，缔约方就意识到资金机制的重要性，但资金机制的实际运行状况并不理想，远未达到《公约》规定的预期

目标。资金机制存在的问题及气候谈判中的主要争议如下：

第一，资金性质。根据《公约》的规定，资金机制中发达国家向发展中国家提供的资金需要具备“三性”，即充足性、额外性和可预测性。充足性是指发达国家提供的资金能够满足发展中国家按照《公约》履行义务，采取措施应对气候变化所招致的全部费用。所谓额外性是指资金机制中的资金是发达国家新增加的、额外的资金。所谓预见性是指供资稳定、及时、持续。而就资金机制的实际情况看，这些要求都没有得到很好地执行。首先是充足性问题。关于应对气候变化的投资与资金流 2007 年的报告提出，到 2030 年在 2000 年的水平上减少排放 25%预计需要增加 2000 亿到 2100 亿美元的投资和资金流。国际能源机构和其他机构进行的评估与该报告基本相同，但预计的增加投资要高出 170%，主要是由于能源领域更高的工程投资成本。[①]可见应对气候变化需要大量的资金投入。就发展中国家的情况来看，其每年需要的资金在 1450 亿至 2330 亿美元，其中 280 亿至 860 亿美元用于适应领域，另外的 1170 亿至 1470 亿美元用于包括技术转让在内的减缓领域。[②]然而就资金机制所获得的资金情况看，据统计，截至 2009 年 9 月 30 日，全球环境信托基金拥有资金总额 40.08 亿美元，其中 3.04 亿美元尚未到位；气候变化特别基金获得捐款承诺约 1.2 亿美元，兑现约 9000 万美元；最不发达国家基金获得捐款承诺约 1.8 亿美元，兑现约 1.2 亿美元；适应基金仅获得资金 8000 万美元。[③]相对于发展中国家的需求而言，四大基金总合起来也远远不能满足发展中国家的需求。其次，就资金的额外性而言，发展中国家主张发达国家提供的资金是既有官方发展援助以外的额外资金。而发达国家则辩称，由于应对气候变化要求改变发展模式，发展援助也应考虑应对气候变化的需要——其言下之意是将官方发展援助的一部分用来支持发展中国家应

① UNFCCC, Investment and Financial Flows to Address Climate Change: An Update, FCCC/TP/2008/7, November 2008.

② 朱留财、吴恩涛等著：《2012 年后联合国气候变化框架公约履约资金机制初步研究》，经济科学出版社 2009 年版，第 10 页。

③ 伍艳：《论联合国气候变化框架公约下的资金机制》，载《国际论坛》2011 年第 1 期。

对气候变化。[①]而发达国家用已经存在的对发展中国家的官方援助资金来冲抵应向发展中国家提供的气候变化应对资金，其做法明显违反了《公约》对资金的新的、额外性的要求。对此，有学者结合绿色气候基金的发展指出，我们不得不担忧的是，以往发达国家在供资这一举措上存在偷梁换柱的现象，即将承诺用于发展中国家医疗、教育方面的资金，转移到气候资金上，这样的做法将从根本上动摇绿色气候基金作用的发挥。[②]最后，就资金的可预测性而言，除了适应基金的资金来自清洁发展机制项目收益的 2%提成外，其他基金都主要依赖发达国家的自愿捐款。由于资金主要是发达国家的自愿行为，并无相应法律义务，致使发达国家的承诺非常容易变为“空头支票”。而且即使是适应基金，由于其资金来源取决于清洁发展机制，但是在未来气候谈判中清洁发展机制存在着很大的不确定性，因此总体看来资金机制的资金不具有长期稳定性，很难做出预测。

第二，资金的来源。资金机制的核心是发达国家向发展中国家的供资机制。然而在气候谈判中发达国家则对此提出异议。首先，发达国家主张，除了最不发达国家外，特别是新兴发展中国家的大国也应该承担供资责任。英国、墨西哥、澳大利亚及挪威在哥本哈根会议上发布了一份名为“气候资金：关于管治的一些建议”的非文件性资料。这份资料提出了一种分摊机制：除最不发达国家之外的包括其他发展中国家在内的所有国家都要根据其国内生产总值、排放量、人口和碳强度等标准出资。[③]这种主张无疑受到发展中国家的强烈反对。其次，发达国家主张资金来源的多元性。例如在哥本哈根会议上，发达国家承诺在 2020 年以前实现每年联合融资 1000 亿美元的目标，以满足发展中国家的需要。这种融资将会利用非常广泛的资金渠道，包括公共资金和私人资金，双边资金和多边资金，以及其他可能的资金来源。

---

① 王小钢：《“共同但有区别的责任”原则的适用及其限制——〈哥本哈根协议〉和中国气候变化法律与政策》，载《社会科学》2010 年第 7 期。

② 刘冰：《气候变化下国际贸易法律问题研究——以碳关税合法性分析为视角》，载《海峡法学》2012 年第 3 期。

③ 王小钢：《“共同但有区别的责任”原则的适用及其限制——〈哥本哈根协议〉和中国气候变化法律与政策》，载《社会科学》2010 年第 7 期。

在坎昆会议上，发达国家逃避拿出公共财政预算资金，强调资金来源的多样化。在德班会议上，发达国家继续推卸责任，强调创新性资金的作用，力推以碳市场、私人部门及多边开发机构撬动市场资金。[①]的确，按照《公约》的现有规定，《公约》允许发达国家在资金机制外通过双边、区域性和其他多边渠道提供资金。这就意味着发达国家可通过体制外的供资作为履行公约供资义务的方式。对此，正如学者指出的，允许“体制外”的资金机制作为补充，虽能拓宽融资渠道，但却给发达国家规避《公约》义务留下空间。因为双边体制受制于政治因素，而许多体制外的多边资金机制，如世界银行批准设立的“气候投资基金”等，并不遵循共同但有区别责任原则，对发展中受援国的整体利益造成影响。[②]

第三，资金机制的运行。资金机制主要由发达国家控制，发展中国家获得资助受到诸多限制条件和相关程序的约束。除了绿色气候基金刚刚启动之外，资金机制其他四个基金在运行上采取的是两种模式。一是全球环境基金负责的信托基金、气候变化特别基金和最发达国家基金。二是适应基金。全球环境基金决策机构是全球环境基金理事会，在无法协商一致的情况下，以双重加权多数的方式投票表决，即需代表60%以上成员国的多数理事同意，以及代表捐款总额60%以上的多数理事同意，决议才可通过，而且在计算捐款总额和捐款比例上采用累计制。这种决策机制使得全球环境基金管理的三个基金受控于供资国。也就是说发达国家作为出资方掌控了资金的实际主导权。联合国环境规划署、联合国开发计划署和世界银行担任全球环境基金的执行机构，分别负责执行科研、能力建设和投资项目。在全球环境基金管理下，受援国不能直接从全球环境基金申请资金，只能通过全球环境基金的执行机构申请。资金的申请、审批程序复杂，往往需花上两三年时间才申请到资金。[③]适应基金的决策机构是适应基金董事会会议，

①潘寻、张雯、朱留财：《中国在气候变化谈判资金机制演变进程中的挑战及应对》，载《中国人口·资源与环境》2013 年第 10 期。

② 伍艳：《论联合国气候变化框架公约下的资金机制》，载《国际论坛》2011 年第 1 期。

③ 伍艳：《论联合国气候变化框架公约下的资金机制》，载《国际论坛》2011 年第 1 期。

在无法协商一致的情况下，以出席会议的 2/3 以上董事在一国一票基础上投票表决。发展中国家直接向适应基金董事会申请资助，不通过任何执行机构。相比之下，适应基金的运行模式更有利于发展中国家，但由于适应基金无论从资金规模，还是从资助范围上都有很大的局限，相比全球环境基金，适应基金发挥的供资作用不大。

第四，关于资金运行机制的变革。目前《公约》和《议定书》关于资金的规定过于分散，基金类型和管理模式繁多，不利于资金的管理和综合利用。在国际气候谈判中对于未来如何完善制度建设，形成更好的资金运行机制，学者提出了多种建议，具体包括集中式运行模式、平行实体模式以及非集中模式等。其中由 77 国集团和中国提出的集中式运行模式最为理想，因为将众多资金渠道整合成一个集中的机制有利于体现资金机制运行的透明、公平和均衡代表性原则，并有助于实现具有成本效益的决策和操作。①

三、考量资金机制引入隐含碳问题的可能性

根据资金机制的要求，发达国家面临巨大的资金压力。可以想象正在进行的气候谈判中如何减轻自身的资金压力将是发达国家关注的核心问题之一。就当前气候谈判中资金机制的发展趋势看，有学者指出共同但有区别的责任原则受到挑战，资金来源呈现出由公共到私营，由单一到多元，由发达国家出资到主要经济体共同承担的趋势。资金规模呈现出由多到少，由协议到计算，由义务、无条件出资到自愿、设立附加条件供资的态势，与此同时，发展中国家也被要求承担供资的义务。为此，如何按照共同但有区别责任原则，要求发达国家按照公约规定履行资金机制义务也成为发展中国家所坚持的立场之一。就未来资金机制的发展看，发达国家提供的资金不足是资金机制面临的最为重要的问题。对此，隐含碳问题可能为发展中国家要求发达国家

① 朱留财、吴恩涛等著:《2012 年后联合国气候变化框架公约履约资金机制初步研究》，经济科学出版社 2009 年版，第 13 页至第 15 页。

承担供资义务提供新的驱动力。

一方面，隐含碳转移排放进一步论证了发达国家应当为发展中国家提供资金资助的正当性。发展中国家可以基于隐含碳排放转移的理由，要求发达国家正视其应当承担的义务，即提供资金资助发展中国家，特别是隐含碳出口大国实施提高能效、降低产品碳排放强度的活动。

另一方面，隐含碳可以为发达国家履行供资义务的制度化助力。发达国家供资义务得不到有效履行的关键是现有气候体制对此没有法律拘束力。正如有学者指出的，如不能形成发达国家定期按比例分摊认捐的机制，对发达国家形成约束性资金义务，就无法对广大发展中国家应对气候变化提供充分、稳定、有效的资金支持。[①]为此，在气候谈判中发展中国家探讨将发达国家的供资予以制度化，如77国集团和中国提出应将其与发达国家的国内生产总值挂钩，以2007年附件一国家国民生产总值（因为信息不全，用国内生产总值代替）的0.5%～1%作为适应和减缓资金。[②]对此，可以考虑将隐含碳作为一个参照指标，一是依照发展中国家向发达国家出口的隐含碳总量确定发达国家总体对发展中国家的供资数额，二是在发达国家分摊供资责任时，将其从发展中国家的隐含碳净进口作为一个重要指标。

第五节　隐含碳问题与部门方法的引入

部门方法是目前气候谈判中的一种新思路。尽管发达国家和发展中国家对部门方法的适用范围和未来发展有着各自的期许，但部门方法至少为部分解决隐含碳所诱发的碳泄漏和竞争力等问题提供了一种可能路径。在后京都国际气候谈判中，发展中国家，特别是中国、印

---

① 潘寻、张雯、朱留财：《中国在气候变化谈判资金机制演变进程中的挑战及应对》，载《中国人口·资源与环境》2013年第10期。

② UNFCCC, Investment and Financial Flows to Address Climate Change: An Update, FCCC/TP/2008/7, November 2008.

度等新兴发展中大国正承受越来越多的减排压力。引入部门方法，强化发达国家和发展中国家的减排合作，不失为发展中国家的备选方案之一。

一、部门方法提出的背景

现有国际气候法律框架，包括《情况变化框架公约》和《京都议定书》是按照面向整个经济范围开展减排这样的理念来进行政策框架设计的。《公约》要求各缔约方采取措施，防控引起气候变化的原因，并缓解其不利影响。这些措施应当“具有全面性”，“涵盖所有经济部门”[①]。同样，《议定书》也为发达国家确定了一个总体的“国家目标”式的减排方案，要求其减少来自所有部门[②]所排放的六种温室气体目标。这样的制度设计从环境和经济的角度看是最佳选择。因为它赋予国家以政策灵活性，允许各国根据自身情况，选取最为经济、效果最好的部门和环节进行减排。另外，原则上将所有部门涵盖在内，还可以防止部门间碳泄漏现象的发生。尽管如此，随着国际气候谈判的开展，政策制定者正日益关注部门水平的减缓行动，并将其作为后2012气候体制的重要基石之一。[③]当然，《气候变化框架公约》要求各方积极促进和合作发展部门温室气体减排技术，《京都议定书》也要求发达国家利用部门方法提高本国行业的能源效率，也就是说，《公约》和《议定书》都提到部门减排，但这些规定是为了实现整个经济范围内的减排目标而采取的具体部门措施，与发达国家在国际气候谈判中提出的部门方法有着本质上的差异。发达国家所谓的部门方法特指包括发展中国家在内、在全球范围内针对某一特定部门所开展的减排。部门方法的提出有着特定的政策背景和政治意图。

---

① 参见《联合国气候变化框架公约》第3条第3项的规定。

② 这里所说的“所有部门”不是绝对的，存有例外。例如，按照《京都议定书》的规定，国际航空和航海运输以及土地利用和土地利用变化与森林的排放并未涵盖在内。

③ United Nations Environment Programme, Industry Sectoral Approaches and Climate Action: From Global to Local Level in a Post-2012 Climate Framework, a Review of Research, Debates and Positions,2009.

目前，国际社会关于气候变化所形成的一个基本认知即是现有的减缓行动无法满足《公约》所规定的“将大气中温室气体的浓度稳定在防止气候系统受到危险的人为干扰的水平上”的目标，具体就是将温室气体上升控制在 2 度范围之内。因此，加强应对气候变化的行动成为国际气候谈判的最基本内容。其中，除了发达国家继续在《京都议定书》框架下承担具有约束性的量化减排目标外，发展中国家减排行动也日益受到关注。联合国环境规划署的相关报告提出需要将发展中国家能源密集部门尽快纳入全球气候减缓行动中，主要理由是：(1) 这些部门目前占全球二氧化碳排放的 8%～15%，据估计到 2030 年，与能源有关的排放增长量的 80%将来自非经合组织国家。(2) 预测这些国家新建基础设施将维持在高水平，需要采取措施来防止长期的碳锁定。(3)《公约》附件一国家之外的其他国家所采取的减缓措施包含一些可获得的低成本、最具效果的减排方案。[①]国际能源署发布的《世界能源展望 2008》显示，发展中国家排放不断增长，成为未来温室气体排放增量的主要部分。据测算，到 2030 年，经合组织国家的排放量将仅比当前增长 4 亿吨，而中国过去两年间电力部门的排放增量就已经超过了这个水平。为此，经合组织国家在采取措施减排的同时，提出中国、印度等发展中国家也需要在电力、工业和建筑部门采取国家减排政策措施。[②]在这样的背景下，发达国家提出部门方法来吸引和强化发展中国家对气候减缓行动的参与。对此，有研究认为，部门方法的核心思想即是发展中国家在发达国家的帮助下做出努力，在关键经济部门减少温室气体排放强度或其增长。[③]

支持采取部门方法的理由如下：其一，在现有《公约》体制下，发展中国家不承担量化的、具有法律拘束力的减排责任。部门方法可以作为一种替代性方法，因为发展中国家缺乏可靠的全经济体范围的

① United Nations Environment Programme, Industry Sectoral Approaches and Climate Action: From Global to Local Level in a Post-2012 Climate Framework, a Review of Research, Debates and Positions,2009.

② 高翔：《IEA：气候变化政策与能源发展》，载《国际石油经济》2009 年第 2 期。

③ Center for Clean Air Policy, Global Sectoral Study: Final Report, May 2010.

排放监测，行业排放趋势相对易于确定和预测，同时机构能力建设相对简单，减排成本比较明确，让发展中国家在部门范围内承担责任更为务实。部门方法通过改进技术提高运行效率，创造双赢局面，可推动发展中国家参与减排。[①]对此，正如国际能源署所指出的，“让发展中国家在未来10～20年承担有法律约束力的排放目标可能做不到”，但是“在某些部门或许可能”。[②]其二，部门方法考虑到发展中国家的具体情况，允许对具体部门做出针对性回应而不是承担繁琐的整个经济范围内的义务，这为发展中国家在使其经济增长的同时减少能源和排放强度，并符合共同但有区别责任原则提供了可能。其三，集中于特定部门的减缓潜力，促使相关讨论从抽象转向有形诸如灵活的排放强度目标能够被设定，具体的技术得到识别，最佳实践的性能标准被共享，地区具体的资源约束被考虑。[③]其四，针对特定产业的合作方案，可以将温室气体减排与其他政策目标，如提高能效和改善空气质量等结合在一起，把国家气候变化政策与更广泛的产业发展战略更好地结合在一起，强化发展中国家减排的政治意愿。[④]此外，从气候谈判的角度看，这种部门方法谈判程序相对简便，更容易达成协议。

除了吸引发展中国家加大减排力度外，发达国家提出部门方法还有防止竞争力损失和碳泄漏方面的考虑，换句话说是为了解决产品隐含碳问题。这方面的考虑被认为是发达国家提倡部门方法的主要动因。[⑤]部门方法可以被设计用来解决国家之间、部门之间以及部门内部（即使

---

① 国家发展改革委外事司：《全球行业减排倡议的发展动向》，载《中国经贸导刊》2008年第16期。

② 张树伟：《部门减排方法的原理与现状》，载《能源技术经济》2011年第2期。

③ United Nations Environment Programme, Industry Sectoral Approaches and Climate Action: From Global to Local Level in a Post-2012 Climate Framework, a Review of Research, Debates and Positions,2009.

④ 国家发展改革委外事司：《全球行业减排倡议的发展动向》，载《中国经贸导刊》2008年第16期。

⑤ Mohamed T. El-Ashry, Framework for a Post-KYOTO Climate Change Agreement, Sustainable Development Law & Policy, Winter, 2008.

只是部分解决）与竞争力和温室气体泄露有关的问题。[①]因为将整个部门转向普遍相似的排放强度这一技术层面，有助于解决地区性的碳体制对公司管制所产生的不公平问题，以及因此导致的发达国家相关生产向发展中国家高排放设施转移问题。[②]以部门为基础的针对性协议应该受到鼓励。这种协议在为特定产业，诸如电力、运输、铝、钢、水泥、器具、建筑物和森林等设定排放目标的同时，能够防止竞争力问题的产生，因为这种协议也包括位于发展中国家的相关产业。[③]这样，对于国际竞争力问题的关注导致对涵盖能源密集、贸易影响大的产业如钢铁、造纸、铝、水泥以及农用化学品等的部门协定的兴趣重新被燃起。[④]部门方法可以保证特定产业的全球竞争者做出相同的减排努力，这一点对于产品具有全球化市场特征的能源密集型产业，例如钢铁业和铝业，尤为重要。[⑤]原则上来看，部门协定有助于国际社会在关键领域取得技术突破，也可以帮助国际社会集中解决减排激励不合理的问题，其中包括发电、运输、土地利用以及林业等。[⑥]

二、部门方法的基本原理

目前，相关文献关于部门减排方法的定义和方案五花八门，尚未

① United Nations Environment Programme, Industry Sectoral Approaches and Climate Action: From Global to Local Level in a Post-2012 Climate Framework, a Review of Research, Debates and Positions,2009.

② United Nations Environment Programme, Industry Sectoral Approaches and Climate Action: From Global to Local Level in a Post-2012 Climate Framework, a Review of Research, Debates and Positions,2009.

③ Mohamed T. El-Ashry, Framework for a Post-KYOTO Climate Change Agreement, Sustainable Development Law & Policy, Winter, 2008.

④ International Center for Trade and Sustainable Development, Sectoral Approaches to Climate Change Mitigation: Competitiveness,Trade and Development Issues in Small Developing Countries, Information Note No, 11, October 2009.

⑤ 国家发展改革委外事司：《全球行业减排倡议的发展动向》，载《中国经贸导刊》2008 年第 16 期。

⑥ 国家发展改革委外事司：《全球行业减排倡议的发展动向》，载《中国经贸导刊》2008 年第 16 期。

形成统一共识。[①]对于“部门方法”的使用涵盖了在一个特定经济部门寻求减缓气候变化机会的政策、协议和方法等不同方面。各种方案的共同点也仅仅是剩下了它们都承认是基于一个部门，而不是更宽的整个经济体范围，也不是具体的企业而展开的减排。[②]

就应对气候变化的政策层面而言，主要有三种部门方法的建议：一是达成涵盖总排放量的重要份额多边部门协议，也就是部门范围内的跨国方法。在给定的部门，有关产业者将构建协议的形式和内容，产业引导的行动会推动全球产业标准。二是作为自下而上的国家承诺的部门方法。即用最佳可得技术设定各个部门的排放目标，之后形成量化的国家目标。三是作为部门信用模式，为减排提供激励，如将部门清洁发展机制作为激励机制等。这种自愿的无损失承诺（voluntary “no lose”pledge）允许发展中国家在碳密集产业实现一定的温室气体强度目标，在自愿目标之外实现的减排将作为减排信用销售给发达国家。当然，没有达到自愿承诺的水平也不会受到惩罚。而且，为了鼓励发展中国家追求更高的减排目标，发达国家和国际资助机构承诺提供资金和技术帮助。[③]其中，关于部门信用的部门方法受到广泛重视，并成为气候谈判中的热门议题。

一般认为，部门信用机制是由 Bosi 和 Ellis 于 2005 年提出的，其基本原理是为部门设定取得排放信用的基准线，这种基准线通常比一切照旧情景下的排放水平要低。如果发展中国家的部门减排高于信用基准线的排放水平，它们不会因此受到任何惩罚。部门信用机制具体包括部门清洁发展机制和部门无损失目标两种。一般而言，在部门清洁发展机制下，信用基线通常是按照一切照旧的排放水平设定的，而部门无损伤目标则将信用基线设于一切照旧的排放之下。[④]如果部门

---

① 张树伟：《部门减排方法的原理与现状》，载《能源技术经济》2011 年第 2 期。

② 张树伟：《部门减排方法的原理与现状》，载《能源技术经济》2011 年第 2 期。

③ International Center for Trade and Sustainable Development, Sectoral Approaches to Climate Change Mitigation: Competitiveness,Trade and Development Issues in Small Developing Countries, Information Note No, 11, October 2009.

④ Lambert Schneider, Martin Cames, A framework for a Sectoral Crediting Mechanism in a Post-2012 Climate Regime, Report for the Global Wind Energy Council, May 2009.

排放水平低于信用排放基准线，发展中国家就可以获得相应的减排信用。部门信用机制作为一种“单向贸易”形式[①]，可以在发展中国家实施部门减排的同时，通过信用交易获得资金补偿。部门信用机制不同于按照单个项目获得信用的机制，它是以部门基线为基础的。在单个项目获得信用的机制下，部门内其他排放可能增加并损害单个项目的信用。但在部门机制下，如果一国同意以某一特定部门或子部门加入部门信用机制，它将保证最低比例的部门排放会纳入部门信用机制。而如果一国留在部门信用机制之外，在该部门或子部门的项目仍可以在清洁发展机制下产生信用。[②]部门信用机制的选择方案主要包括以下几种：一是基于政策的部门信用机制，即根据相关政策所产生的减排量来获得部门信用。二是基于减排速率或基于强度的部门信用机制。该方案以温室气体排放量除以一个反映部门活动水平的度量单位（如吨钢、吨铝）来定义基线。如果排放低于经同意的基线速率就会授予信用。信用的简单计算是基线与观察到的速率之差乘以一定阶段的产生水平。三是固定目标或总量控制与交易。如果部门排放低于固定的、事先同意的量就会获得减排信用。这三种方案都具有一些共同的特征，例如需要可靠的预测来设立基线、适当界定机制所涵盖的部门（例如设定阈值，其下的设施不被包括在内）以及适当的监控和核查机制等。[③]西方学者认为部门信用机制对于发展中国家在后2012的气候框架下是很有前景的政策选择。主要理由如下：（1）参与不具有拘束力。机制的自愿性性质以及财政激励使得大量发展中国家对该机制感兴趣。（2）其减排努力超越清洁发展机制等项目方法的水平。（3）该机制不要求处理单独项目的额外性问题。（4）该机制可以解决清洁发

---

① Stern N., Key Elements of a Global Deal on Climate Change, the London School of Economics and Political Science, April 2008.

② Richard Baron,Jane Ellis, Sectoral Crediting Mechanisms for Greenhouse Gas Mitigation: Institutional and Operational Issues, Organisation for Economic Co-operation and Development,May 2006.

③ Richard Baron,Jane Ellis, Sectoral Crediting Mechanisms for Greenhouse Gas Mitigation: Institutional and Operational Issues, Organisation for Economic Co-operation and Development,May 2006.

展机制的问题，使发展中国家通过实施相关政策和措施或建立增强减排行动框架来获得信用，这在清洁发展机制现有规则下是不可能的。（5）该机制有助于发展中国家实现部门转型，集中在对东道国具有发展优势的部门。部门信用机制是一个相对较新的概念，如果想使该机制成为新气候体制的一部分，需要解决的一个关键问题是在气候国际协定中究竟将机制细化到何水平以确保其能有效运转，促进发展中国家减排。现实的选择是国际社会可以就该机制的指南达成协定，规定关键目标、原则、规则和程序，这类似于2001年马拉喀什达成的关于清洁发展机制形式和程序的协定。①然而，需要注意的是，这种部门信用机制通过信用基线的设置可能会变相为发展中国家设定实质性的减排义务。同时这种机制的有效实施不仅在于发展中国家的努力，还有赖于一个基本的前提，即发达国家必须进一步加大减排规模，从而需要以新的技术和资金协助换取发展中国家的减排信用。②另外还有一个关键性因素，即部门信用机制的实施不仅需要有信用供给，还需要强大的信用需求，即需要考虑信用的总供给与需求问题。③如果缺乏发达国家对信用的足够需求，该机制将无法有效运行。

从具体操作层面看，部门减排方法是通过设定合理“目标”来体现不同行业或部门的发展轨迹，同时通过各种措施、政策、法规等“制度工具”（例如国际援助与合作机制）来实现减排目标。鉴于部门方法能够逐个部门地来确定排放，政策制定者可以借此确定具体产业的减排潜力，设定部门目标，而不是为国家设置一个总括性的目标。因此，一些人声称这种方法更公平、可行，能够在国家政府之间建立信任，

---

① Lambert Schneider, Martin Cames, A framework for a Sectoral Crediting Mechanism in a Post-2012 Climate Regime, Report for the Global Wind Energy Council, May 2009.

② 蔡闻佳、王灿、陈吉宁：《国际行业温室气体减排方法最新进展评述》，载《气候变化研究进展》2010年第1期。

③ World Resources Institute, Slicing the Pie: Sector-based Approaches to International Climate Agreements, December 2007.

导致政治上的接受性。[①]具体而言，部门方法包括部门目标的设定以及部门减排机制的设计两方面内容。第一，关于部门减排目标的设定。设定部门减排目标成为讨论的关键。部门减排目标设定方法可简要概括为：确认主要温室气体排放部门，在该部门进行“技术减排潜力”分析，确定部门的减排目标。这是一种“由下至上”的减排目标确定方法，与在国家层面确定减排目标相比更加具体，而且部门减排目标的确定也可以有多种方式，易于操作和考评。第二，部门减排机制。在部门减排目标确定的基础上，很多以市场为基础的机制或政策“工具”被提出来，其中两个最重要的机制是部门信用方式和部门交易方式。[②]

从部门方法的适用范围看，一般认为部门方法适用于那些生产国际贸易产品并且能源强度高的部门。其中钢铁和水泥部门受到的关注最多，因为钢有40%的产量用于国际贸易，水泥在大宗商品中单位价值含碳最高，这些产品最容易受到碳价格的影响。除了钢和水泥外，还有学者认为部门方法对于诸如森林与土地利用、电子等贸易量小的部门也提供了很好的机会。[③]此外，在分析部门方法的适用范围时还应考虑谈判的难度和参与度，对此需要参考一系列具体指标。例如行业的集中度和企业对减排的接受程度，行业集中度越高，企业对减排的接受度越高，就越容易达成部门减排协议。再如，关于产品的同质性，同质性越高越容易适用部门方法。水泥行业是典型的同质性行业，产品标准以及生产工艺高度类似，而电力行业则恰恰相反，不同国家之间燃料比例大不相同，在电力等异质性很强的部门达成减排协议的难度显然会增大。此外，还应考虑是否易于监测管理，是否具有单一

---

① International Center for Trade and Sustainable Development, Sectoral Approaches to Climate Change Mitigation: Competitiveness,Trade and Development Issues in Small Developing Countries, Information Note No, 11, October 2009.

② 张树伟：《部门减排方法的原理与现状》，载《能源技术经济》2011 年第 2 期。

③ Peter Wooders, Exploding the Myths of Sectoral Approaches, Climate Strategies, February 2011.

的行业特点等因素。[①]目前分析认为比较适合采用行业方案减排的行业包括：铝业，该行业2004年排放占全球份额的0.9%，10个最大的生产企业占全球市场份额的54%；水泥行业，2005年排放占全球份额的4.6%，10个最大的生产企业占全球市场份额的25%；钢铁行业，2005年直接排放部分占全球份额的5.22%，10个最大生产企业占全球市场份额的26%，20个最大生产企业占全球市场份额的35%。[②]

当然，部门方法也有局限性，即从理论走向实践面临一些关键性挑战。首先是技术层面的，包括收集可信数据、界定部门及其边界方面的问题、评估部门信用基线的不确定性、部门公司和政府在责任与回报之间的分离以及碳市场结构的整体性等。[③]其次是政策层面的难题。发达国家推动部门减排出于环境与经济的双重考虑。环境方面的目标是扩大参与度，将发展中国家，特别是新兴经济体纳入统一的减排体系，防止因发展中国家不参与而出现碳泄漏问题。经济方面的考虑即是减轻本国实施减排后企业所面临的相对成本上升的压力，防止出现竞争力损失问题。然而，在实施中，发达国家对于环境与经济目标的追求需要进行仔细权衡。因为如果将重点放在环境目标上，就必须加大对发展中国家的激励强度，以吸引它们参与其中。但这样一来，又会使发达国家在竞争中处于不利地位，影响发达国家经济目标的实现。[④]此外，由于部门方法采取的是通过提供激励吸引发展中国家自愿参与的模式，这种自愿性参与在解决因国际竞争所导致的碳泄漏问题的效果上会受到限制。[⑤]

---

① 国家发展改革委外事司：《全球行业减排倡议的发展动向》，载《中国经贸导刊》2008年第16期。

② 国家发展改革委外事司：《全球行业减排倡议的发展动向》，载《中国经贸导刊》2008年第16期。

③ 蔡闻佳、王灿、陈吉宁：《国际行业温室气体减排方法最新进展评述》，载《气候变化研究进展》2010年第1期。

④ 国家发展改革委外事司：《全球行业减排倡议的发展动向》，载《中国经贸导刊》2008年第16期。

⑤ 蔡闻佳、王灿、陈吉宁：《国际行业温室气体减排方法最新进展评述》，载《气候变化研究进展》2010年第1期。

三、发展中国家对部门方法的立场与方案选择

对于上述发达国家提出的部门方法，发展中国家原则上持反对立场。主要理由是认为发达国家所主张的部门方法在减排责任承担上违反了《公约》规定的共同但有区别责任原则。首先，发达国家在设计部门方法时，重点是引入各种机制吸引发展中国家，特别是其中的主要排放大国参与减排。发达国家力求通过部门方法、排放强度等基准的引入，强调发达国家与发展中国家减排行动的可比性。这样在部门方法下，发达国家所应承担的历史排放责任、人均排放责任等被有意或无意地回避或淡化了。发展中国家对部门减排方法持审慎乃至反对态度的原因即在于此。它们担心部门方法会给它们悄悄地设置减排目标，或者至少会生成一些数据用来谈判要求发展中国家承担更为严格的责任。[①]其次，发达国家提出通过建立部门强度标准来解决部门竞争力等问题，尽管这表面上看是一视同仁，但实际上有违公平原则。这是因为发达国家历史上经过没有限制的排放阶段掌握了部门先进技术，而发展中国家正好相反。另一方面，在当今世界产业链分工的格局下，发达国家大都处在产业链的上游，排放强度相对低；而发展中国家则处在产业链的中下游，排放强度相对高。在这样的背景下采取统一的排放标准对发展中国家也是不公平的。[②]最后，部门方法增加了发展中国家所担心的另一种风险，即发达国家基于竞争力的考虑采取诸如单边贸易措施减少相关部门发展中国家产品的进口。这种担忧并非空穴来风，美国参议院发布的《电力法案》草案即是将“部门减排”、“碳关税”与“碳信用交易”联系在一起，规定如果与美国的高能耗行业存在竞争的国家到2025年仍没有相关的能效或减排要求，则美国从那时候开始将对相关产品的进口征收“边境调节税”，并且只有

① Peter Wooders, Exploding the Myths of Sectoral Approaches, Climate Strategies, February 2011.

② 刘培林：《全球气候治理政策工具的比较分析——基于国别间关系的考察角度》，载《世界经济与政治》2011年第5期。

和美国同处于一个双边或多边国际框架协议的国家才有资格向美国出售“碳抵消”指标。[①]

需要注意的是：发展中国家所反对的是发达国家主张的上述这种部门方法。在关于部门方法的讨论中，发展中国家有着它们自己的解读。如前述，部门方法有多种方案，按照目的不同和内容差异，理论上可以将部门方法分为三种类型：一是基于排放的方法，该方法规定了排放的目标，这包括三种形式：制定部门长期排放目标、排放目标和交易模式（设定排放目标、分配排放配额，进行交易）以及性能标准形式（如要求企业每年减排一定比例等）。二是基于政策的方法，致力于在部门内制定国际统一的税收、技术规格标准，如要求新汽车使用混合动力、生物燃料以及其他低碳技术等。三是技术、研发合作的方法。致力于技术的研究、开发和传播上的国际合作以及建立资金机制促进发展中国家的技术部署、能力建设等。[②]上述发达国家在国际气候谈判中所推动的部门方法主要是第一类基于排放的方法。至于第二类基于政策的方法因为涉及国际层面的政策协调，实施难度较大。而第三种关于技术层面的部门方法则可以为发展中国家提供加速技术采用以及促进获取资助的机会。这种立足于技术转让与合作的部门方法有利于在最具迫切性的具体部门之内处理关键技术和资金问题[③]，为发达国家满足其在资金和技术转让方面的责任提供了机会[④]。如果设计得当，它能够为增强发展中国家开展环境政策能力，包括建立和改善温室气体排放的监测、报告和核查体系奠定基础。[⑤]秉持共同但有区别责任的理念，部门方法可以作为开发和配置有效技术的工具。

---

① 张树伟：《部门减排方法的原理与现状》，载《能源技术经济》2011 年第 2 期。

② United Nations Environment Programme, Industry Sectoral Approaches and Climate Action: From Global to Local Level in a Post-2012 Climate Framework, A Review of Research, Debates and Positions, 2009.

③ Daniel Bodansky, International Sectoral Agreements in a Post-2012 Climate Frame, Working Paper, the Pew Center on Global Climate Change, May 2007.

④ United Nations Environment Programme, Industry Sectoral Approaches and Climate Action: From Global to Local Level in a Post-2012 Climate Framework, A Review of Research, Debates and Positions, 2009.

⑤ Center for Clean Air Policy, Global Sectoral Study: Final Report, May 2010.

这方面由国际钢铁研究所（IISI）促进的技术共享可以作为部门方法潜力的一个例证。理论上讲，根据最佳实践制定，由最佳可获得技术定义的部门标准能够驱动现有技术向发展中国家的具体部门扩散。①

未来，发展中国家可以利用这种技术合作研发型部门方法来促进其依照《公约》规定所采取的应对气候变化行动。具体可以在以下两个方向上推进：

一是发展中国家的减缓行动。理论上讲，发展中国家的适当减缓行动既包括面向全部经济范围的适当减缓行动，也包括选择性地针对具体部门的适当减缓行动。如前所述，相比之下，发展中国家采取部门减缓行动更简便易行。这一点在长期合作行动问题特设工作组主持的谈判中已经基本达成一致，即“部门减缓计划和国家部门减缓行动与标准构成发展中国家的适当减缓行动”②。一般意义上讲，发展中国家可以灵活采取基于部门的适当减缓行动，包括依靠自主力量，自行开展的减缓行动以及在国际资助下采取的行动，无疑后者是在气候谈判中被关注和讨论的核心。如同《巴厘行动计划》所明确的：发展中国家适当开展国家缓解行动，“应得到以可衡量、可报告和可核实的方式提供的技术、资金和能力建设的支持和扶持”。这种受国际支持的国家适当减缓行动在参加国际谈判方面得到发展中国家的认可，因为国家适当减缓行动是由发展中国家根据其本国的实际情况而由发展中国家自行开发制定的。③在适当国家减缓行动的具体设计中除了根据部门强度等来设定部门减缓目标外，设定技术性目标不失为一种替代性方法。基于技术的国家适当减缓行动采用具体类型的技术和以技术渗透率作为指标来设定部门性能目标，并测量走向目标的进程。具体包括三种类型：（1）整个部门或全行业的技术升级。即促进在部门中

---

① International Center for Trade and Sustainable Development, Sectoral Approaches to Climate Change Mitigation: Competitiveness, Trade and Development Issues in Small Developing Countries, Information Note No, 11, October 2009.

② United Nations Environment Programme, Industry Sectoral Approaches and Climate Action: From Global to Local Level in a Post-2012 Climate Framework, A Review of Research, Debates and Positions,2009.

③ Center for Clean Air Policy, Global Sectoral Study: Final Report, May 2010.

采用适用的、成熟的技术；（2）加速报废，停止旧设施运行，代之以新设施；（3）先进跃进技术，例如碳捕获与储存技术等的全球合作。[①]相对于按照强度标准计算复杂的减排量而言，基于技术的方法特别是规定单项技术的情况下，可以通过技术类型、市场份额以及生产单位等来估算减排量，这样更为简便。[②]它有利于克服发展中国家数据方面的缺陷这样的问题，并使实行“测量、报告和验证”更为容易，因为它测量的是技术的实施情况，而不是排放量和成本。另一方面的优势是发展中国家可以借此实现两重目标，即在实现减排的同时，增强其技术能力和可持续发展。[③]基于技术的方法首次将《气候变化框架公约》的技术目标与减排目标联系起来，增加实现各目标的可能性。同时该方法也有局限性，主要体现在其不能传送碳价格信号到发展中国家的市场，因为技术的运行和维护对减排具有重要影响，因此该方法具有更多的不确定性，而且这种方法不能为切换到低碳燃料提供激励，也不能为改善排放数据收集和监控提供刺激。此外，它还不利于发展现有技术之外的先进技术。[④]

二是技术转让。《巴厘行动计划》在“加强技术开发和转让方面的行动，支持减缓和适应行动”方面，提出应考虑“具体部门技术合作机制和工具的有效性”。实际上在前述发展中国家基于技术的适当减缓行动方面已经涉及技术转让等问题。这里的部门技术合作则更侧重于一般性、机制性的合作。例如，就部门合作内容看，不仅包括技术转让，还包括建立发展中国家参与的部门技术合作研发等。

① Klein, D., N. Helme, H. Ma, and C. Wang, Technology-based Sectoral NAMAs: A Preliminary Case Study of China's Cement and Iron & Steel Sectors, Center for Clean Air Policy, July 2009.

② Klein, D., N. Helme, H. Ma, and C. Wang, Technology-based Sectoral NAMAs: A Preliminary Case Study of China's Cement and Iron & Steel Sectors, Center for Clean Air Policy, July 2009.

③ Klein, D., N. Helme, H. Ma, and C. Wang, Technology-based Sectoral NAMAs: A Preliminary Case Study of China's Cement and Iron & Steel Sectors, Center for Clean Air Policy, July 2009.

④ Klein, D., N. Helme, H. Ma, and C. Wang, Technology-based Sectoral NAMAs: A Preliminary Case Study of China's Cement and Iron & Steel Sectors, Center for Clean Air Policy, July 2009.

四、部门方法的谈判进程及其未来展望

如前述，尽管《公约》和《京都议定书》都提到了部门减排，但是将部门方法作为一个方案提到后京都国际气候谈判日程上则是以2007年在巴厘岛举行的《公约》缔约方会议第十三届会议为标志。会议通过的《巴厘岛行动计划》决定设立"《公约》之下的长期合作行动问题特设工作组"，"启动一个全面进程，以通过目前、2012年之前和2012年以后的长期合作行动，充分、有效和持续地执行《公约》，争取在第十五届会议上达成议定结果并通过一项决定。其中提出了关于部门方法的两项工作内容：第一，在加强缓解气候变化的国家/国际行动方面，通过部门合作方针和具体部门的行动来加强执行《公约》第4条第1款（c）项。第二，在加强技术开发和转让行动方面，再次提出通过强化具体部门技术合作机制和工具的有效性来支持缓解和适应行动。鉴于第一项工作内容所提《公约》第4条第1款（c）项也是关于各缔约方促进和合作发展、应用和传播气候减缓技术的条款，因此国家/国际适当减缓行动的部门行动也是主要在技术层面展开。这样看来，《巴厘岛行动计划》提到的部门方法其初衷在于技术合作开发与技术传播。对此，有学者从这一定位出发，认为在目前《公约》缔约方的国际气候谈判进程中，部门减排方法还不是气候谈判的正式议题，也与国家间的限排或减排体系无关。[①]但是也有研究认为《巴厘岛行动计划》是将部门协定作为更大的气候变化减缓国际框架的一部分进行讨论的，其目标不仅仅是缓解竞争力问题，还包括促进最佳可获得技术的扩散。[②]更有观点将《巴厘岛行动计划》的规定描述为"对现有国际协定模式的激进的背离"，代表了从经济最佳的"全面方法"转

① 张树伟：《部门减排方法的原理与现状》，载《能源技术经济》2011年第2期。

②International Center for Trade and Sustainable Development, Sectoral Approaches to Climate Change Mitigation: Competitiveness, Trade and Development Issues in Small Developing Countries, Information Note No, 11, October 2009.

向的意愿。[①]或许正是这些认识上的差异，致使在国际气候谈判中，发达国家开始将部门方法的适用范围延伸到技术合作与技术转让之外，并将吸引、促进发展中国家参与减排作为重心。[②]应该说明的是，2007年《公约》缔约方会议第十三届会议之前，在《京都议定书》下还设立了进一步承诺问题特设工作组来负责落实《公约》附件一发达国家的进一步减排承诺事宜，该特设工作组与《巴黎行动计划》所设立的特设工作组都按照各自的授权开展工作，这就是通常所说的国际气候谈判的“双轨制”。在双轨制的气候谈判中，两个特别工作组都提到了部门方法问题。在《公约》长期合作行动问题特设工作组层面，主要是围绕着三个问题来讨论与谈判部门方法，即发展中国家的国家适当减缓行动、部门合作方法和部门具体行动以及包括市场在内的增强减排行动成本效率的各种方法。而在《京都议定书》之下的进一步承诺问题特设工作组的谈判中主要是引入清洁发展机制部门方法和引入部门信用机制。[③]但两个特设工作组共同的争论焦点都在于部门方法是否需要吸引发展中国家参与以及如何吸引发展中国家参与。[④]

就国际气候谈判的进程看，在2008年的波兹南谈判后，部门方法谈判主要集中在部门信用、部门技术合作以及国家适当减缓行动，包括发达国家对发展中国家的资金和技术帮助等方面。[⑤]2009年3月，《公约》长期合作行动问题特设工作组将部门方法从研讨会模式转为谈判模式。对于部门方法的一般性质，特别工作组主席的通知表明成员

---

① United Nations Environment Programme, Industry Sectoral Approaches and Climate Action: From Global to Local Level in a Post-2012 Climate Framework, A Review of Research, Debates and Positions, 2009.

② 蔡闻佳、王灿、陈吉宁：《国际行业温室气体减排方法最新进展评述》，载《气候变化研究进展》2010年第1期。

③ United Nations Environment Programme, Industry Sectoral Approaches and Climate Action: From Global to Local Level in a Post-2012 Climate Framework, A Review of Research, Debates and Positions, 2009.

④ 蔡闻佳、王灿、陈吉宁：《国际行业温室气体减排方法最新进展评述》，载《气候变化研究进展》2010年第1期。

⑤ Christian Egenhofer and Noriko Fujiwara, Sectoral Approaches to Address Climate Change: More than Wishful Thinking? European Review of Energy Markets, Vol. 3, issue 2, June 2009.

方在下列问题上正形成广泛的共识：（1）部门方法不应代替发达国家的国家减排目标，不应导致贸易禁止和限制或国际标准的应用。（2）部门方法应该用于增强《公约》第4条第1款（c）的实施。（3）部门减缓计划和国家部门减缓行动与标准构成发展中国家的国家适当减缓行动，并登记在册，这些减缓行动的承诺需要与发达国家财政支持的承诺相匹配。（4）对发展中国家减缓的技术支持应该直接是排放最多和/或最具减排潜力的部门技术。（5）市场措施包括议定书工作组所建议的部门方法能够在有效地进行减缓努力方面发挥积极作用。（6）具体部门合作的优先领域应该在国家层面上界定，考虑国情和发展的优先性。①

之后在哥本哈根和坎昆举行的《公约》缔约方会议第十五届和第十六届会议都没有对部门方法进行实质性讨论。②2012年9月，在泰国曼谷举行的长期合作行动问题特设工作组会议总结了关于部门合作方法各缔约方观点，在建构部门合作方法的总体框架方面提出了一个比较细致的方案。要点如下：（1）确认部门合作方法和部门具体行动不构成武断的或不公正的歧视或伪装的国际贸易限制手段，特别是来自发展中国家的国家贸易。（2）确认部门合作方法不限制发展中国家追求经济和社会发展、消除贫困的能力，为此，部门方法有必要以支持开放国家经济体系的方式实施。（3）重申强化技术开发合作和向发展中国家进行技术转让对于实现公约目标的重要性。（4）部门合作方法将符合《公约》原则和规定，特别是公平、共同但有区别责任原则、第4条的第3、5、7段以及促进一个支持性的、开放的国际经济体系。（5）部门合作方法应充分考虑地理、经济和社会条件以及具体国家发展优先领域和国情的差异、公平和共同但有区别责任原则以及经济和社会发展及消除贫困是发展中国家缔约方首要的和一切的优先领域这

---

① United Nations Environment Programme, Industry Sectoral Approaches and Climate Action: From Global to Local Level in a Post-2012 Climate Framework, A Review of Research, Debates and Positions, 2009.

② Peter Wooders, Exploding the Myths of Sectoral Approaches, Climate Strategies, February 2011.

一事实。（6）部门合作方法不导致发展中国家承担新的义务，也不制造国际贸易壁垒和贸易扭曲，特别是对发展中国家的出口而言。①

就未来部门方法的发展看，从发展中国家的立场和观点出发，需要明确以下几点：

第一，部门方法不是要从根本上否定和替代现行的国际气候体制，而是对现有减排体制的一种有益补充。从一定意义上，也可以将部门方法看作是在全面经济范围减排框架下的一种实施措施。从气候谈判的角度看，有学者担心，部门方法的运用完全改变了气候变化谈判的既定模式，可能会导致谈判的复杂化。②但实际上部门方法并不是全部推翻既有的谈判模式，而是鉴于气候谈判中各国达成协议十分复杂和困难情况，需要在谈判中寻找一些新的突破点，用一些新的元素，包括部门方法来做补充，而不是代替。这似乎是一个基本的共识。因为即使是部门协定的支持者也注意到部门协定不是完美的解决方案，应该在平衡减缓和适应的框架下将部门方法作为其他减排机制的补充因素进行讨论。③

第二，发展中国家主张在国家减缓行动和技术转让层面上来实施部门方法。但不排除在未来气候谈判中会通过部门信用机制的方式参与减排。

第三，将部门方法适用于碳排放强度高、国际化程度高的部门，有利于解决发展中国家与发达国家之间国际贸易中隐含碳排放转移问题，特别是技术合作与技术转让，有助于发展中国家降低产品碳排放强度，并进而为全球减排做出贡献，至于是否有助于解决竞争力问题则需要进一步分析。

---

① AD HOC Working Group on Long-term Cooperative Action under the UNFCCC, Work of the AWG-LCA, Informal overview note by the Chair, September 2012.

② 王焱侠：《日本应对气候变化的行业减排倡议和行动——以日本钢铁行业为例》，载《中国工业经济》2010 年第 1 期。

③ International center for trade and sustainable development, Sectoral Approaches to Climate Change Mitigation: Competitiveness,Trade and Development Issues in Small Developing Countries, Information Note Number 11, October 2009.

第三章

国际运输减排进展及相关法律问题

国际运输中的碳排放并没有纳入现有国际气候体制之中，因而成为国际贸易中最大的“碳泄漏”。而国际运输中的排放是国际贸易隐含碳的重要组成部分。因此，本章就国际运输减排相关问题进行专门探讨。

第一节 游离于国际气候体制之外的国际运输减排

国际运输排放在全球温室气体总排放中占有主要地位，但囿于体制限制，以《气候变化框架公约》和《京都议定书》为基础的国际气候体制并没有将国际运输减排纳入其中，致使国际运输减排成为一个游离于国际气候体制之外“悬而未决”的问题。

一、不容忽视的国际运输排放

国际贸易离不开运输。随着国际社会越来越多的人希望贸易体制减少自身的“碳足迹”，即减少用以贸易的货物和服务在生产、国际运输和消费过程中产生的温室气体排放。[①]国际运输减排越来越受到关注。数据显示，国际运输是二氧化碳排放增长最快的排放源。国际运输包括空运和海运两种形式。其中，90%以上的国际贸易依靠海运。1994 年至 2007 年国际海运业排放翻了一倍。[②]国际海运的排放源主要是船舶的废气排放，排放的温室气体以二氧化碳为主。空运则支撑起全球经济活动的 8%，并占货值的 40%。按照政府间气候变化专门委员会的测算，全球排放的 2.5%来自空运。而且，在 1990 年至 2010 年之间，国际空运排放比例增长了一倍。政府间气候变化专门委员会预计在最坏的情景下，空运的排放会达到 5 倍，即从现在的每年 3 亿吨达到 2050 年的每年 15 亿吨。[③]航空排放来自喷气燃料（喷气煤油和喷气汽油）和航空汽油的燃烧。航空排放中，大约 70%是二氧化碳，略少于 30%的是水蒸气，另外不足 1%的是其他排放物质。据统计，国内和国际总航空排放占世界人为二氧化碳排放的大约 2%。其中，国际航班占排放的大约 62%，预计航空排放量每年会增长 3%～4%。[④]航空部门的中期减排来自燃料效率的改善，然而，这种改善预计只能部分抵销航空二氧化碳排放的增长。

在各种运输形式中，空运对气候变化的影响最大。空运对气候变化的影响包括两个方面：一是排放的二氧化碳，二是非二氧化碳效应，后者称为乘数效应（multiplier effect），指因为飞行以及其他因素诱发的云层形成等所增加的对气候变暖的影响。尽管目前对于空运的这种附加影响的准确值还不清楚，科学上还存在不确定性，但已经达成共识的是航空的气候影响是其所排放二氧化碳影响的两倍。这意味着航

---

① 赵玉焕：《多边贸易体制在应对全球气候变化中的作用》，载《世界贸易组织动态与研究》2009 年第 9 期。

② International Center for Trade and Sustainable Development, International Transport, Trade and Climate Change, Information Note No.17, October 2010.

③ International Center for Trade and Sustainable Development, International Transport, Trade and Climate Change, Information Note No.17, October 2010.

④ ICAO Secretariat, Climate Change Outlook, Environmental Report 2010: Aviation and Climate Change, the International Civil Aviation Organization, 2010.

空要对人类引发的气候变化影响的4.9%负责。[①]

二、现有国际气候体制对国际运输减排规划的缺失

然而，现行国际气候体制并没有将国际运输排放纳入其中。如前述，国际气候体制下的国家清单采取的是国家领土原则，即国家对其领土范围内的排放负责。政府间气候变化专门委员会关于国家排放清单的《2006 年指南》规定：“国家清单包括在国家领土和该国拥有司法管辖权的近海海区发生的温室气体排放和清除。”这样，包括国际空运和国际海运在内的国际运输排放就被排除在国家排放之外。按照《2006 年指南》的规定，国际海运所指的国际航行可能发生在海上、内陆湖泊、水道和沿海水域。包括从一国出发，抵达另一国的航行产生的排放。国际航空是指从一国出发到达另一国的飞行产生的排放，包括这些飞行阶段的起飞和着陆。而无论是国际水运，还是国际航空的排放都不纳入国家排放总量之中。

现有国际气候体制以国家为主体，重在强化国家应对气候变化的责任，因此对于没有归入国家排放的运输减排也就没有设定相应的减排举措。考虑到国际空运和国际海运的全球活动性，《京都议定书》对国内运输和国际运输做出了原则性规定，即将国内空运和海运纳入《气候变化框架公约》附件一国家的排放清单，由各国根据《京都议定书》的规定具体承担减排责任，而对于国际空运和国际海运的减排则分别借着由国际民用航空组织和国际海事组织推进。《京都议定书》第 2 条第 2 款规定：“《公约》附件一所列缔约方应分别通过国际民用航空组织和国际海事组织做出努力，谋求限制或减少航空和航海舱载燃料产生的《蒙特利尔议定书》未予管制的温室气体排放。”可见，《京都议定书》的规定是从《气候变化框架公约》附件一国家义务的角度，要求《公约》附件一国家通过国际民用航空组织和国际海事组织的努

---

① International Center for Trade and Sustainable Development, International Transport, Climate Change and Trade: What are the Options for Regulating Emissions from Aviation and Shipping and What will be Their Impact on Trade? Background Paper, October 2010.

力来谋求国际运输减排。

三、国际运输纳入国际气候体制的相关问题

鉴于国际运输减排问题的重要性，在后京都的多边气候谈判中，国际运输减排成为其中的一个问题。从法律体制的角度看，将国际运输减排纳入国际气候体制需要注意以下问题：

首先，究竟应该在哪个国际组织框架下来讨论国际运输减排问题？是《气候变化框架公约》和《京都议定书》构成的国际气候体制，还是国际民用航空组织和国际海事组织？一般意义上讲，一方面国际气候体制作为全球应对气候变化的主要机制，应当对国际运输减排做出制度安排，实际上国际运输减排也的确被其列为后京都时代谈判需要解决的问题之一。而另一方面，对国际民用航空组织和国际海事组织而言，减少排放，保护环境也是其重要职能，换句话说，这两个组织也可以在各自的授权范围内就国际运输减排采取措施。

国际民用航空组织是根据 1944 年在芝加哥签署的《国际民航公约》而设立的。按照《国际民航公约》规定，国际民用航空组织旨在通过发展国际航行的原则和技术，并促进国际航空运输的规划和发展，以达到下列目的：保证国际民航安全、有序发展；鼓励航空器的设计和操作技艺，鼓励国际民航的基础设施建设，包括航路、机场和航行设施；防止不正当竞争，避免缔约国之间的差别待遇，促进飞行安全以及普遍促进国际民用航空在各方面的发展。从其上述宗旨和目的看，国际民用航空组织的工作内容涵盖民用航空的各方事务，尽管其中没有明确提及碳排放和环境保护问题，但是这些事务无疑属于该组织的工作范围。特别是国际民用航空组织 1983 年成立了航空环境保护委员会作为其负责环境保护的主要机构，其重要工作之一就是减少航空排放。国际民用航空组织由大会、理事会等机构组成。理事会是常设执行机构，理事会的职责包括必须履行的职责和可以履行的职责两部分，其中，必须履行的职责包括向大会提出年度报告；执行大会的指示和履行本公约为其规定的职责和义务，征求、搜集、审查并出版关于空

中航行的发展和国际航班经营的资料以及报告公约的执行情况等。而可以履行职责所涉事务范围则十分宽泛，包括对具有国际意义的航空运输和空中航行的一切方面进行研究，将研究结果通知各缔约国，并促进缔约国之间交换有关航空运输和空中航行的资料；研究有关国际航空运输的组织和经营的任何问题，包括干线上国际航班的国际所有和国际经营问题，并将有关计划提交大会；根据任何一个缔约国的要求，调查对国际空中航行的发展可能出现本可避免的障碍的任何情况，并在调查后发布其认为适宜的报告等。可见，对于航空减排的研究与讨论属于董事会可以行使的职权。

国际海事组织根据1948年在日内瓦通过的国际公约而设立，是联合国体制内专门处理海事事务的国际组织，它的工作范围包括海上安全、环境保护以及海上保安三个方面，旨在对所有涉及影响国际贸易海运的技术事项方面为政府管制和实务提供政府间的合作机制，鼓励和促进在海上安全、航行效率以及预防和控制船舶污染方面采用最高可行标准。截至2013年6月，国际海事组织有170个会员国和3个联系会员。海事组织的管理机构大会，每两年召开一次。在大会闭会期间，由大会选举的理事会负责行使海事组织管理机构的职责。国际海事组织是一个技术性组织，多数工作在向全体会员开放的委员会和分委员会中展开。国际海事组织现有五个委员会，分别是海上安全委员会、海洋环境保护委员会、法律委员会、技术合作委员会和便利委员会。其中海洋环境保护委员会于1973年11月建立，1985年正式成为大会附属机构，它主要负责协调防止和控制船舶造成的海洋污染活动。海洋环境保护委员会下设七个分委员会，涉及培训、履约、航行、通讯、搜救、防止污染和应急反应、船舶设计与建造、船舶系统和设备以及货物运输等不同领域。海洋环境保护委员会的重要工作之一是推进海运减排。

综上所述，现有国际气候体制与两个专门国际组织都可以就国际运输减排进行讨论。但是究竟在哪个国际体制框架下进行国际运输减排谈判，各国的主张并不一样。有的主张应当在《气候变化框架公约》框架下讨论，有的则主张应当在两个国际组织内分别进行。这些不同主张背后存在的一个不容忽视的法律问题，即是不同的机制下国际运输减排所遵循的原则存在差异，这会对各国，特别是发展中国家的减排责任带来直接的影响。国际气候体制秉承共同但有区别责任原则来界分发达国家和发展中国家的责任，而国际民用航空组织和国际海事组织遵循的则是“无更优惠待遇”原则。因此，有关在何种国际机制下进行国际运输减排，实际上是按照何种原则来配置减排责任的问题。

发展中国家坚持应当在《气候变化框架公约》体制下讨论国际运输减排问题，即使在两个专门机构中讨论也需要遵循共同但有区别责任原则。以国际海事组织海洋环境保护委员会对减排问题的讨论为例，中国代表团认为：“《京都议定书》第 2 条第 2 款明确要求，附件一的成员方，即发达国家，应减少其国际航运的温室气体排放，而对发展中国家并未做出此种要求，这一原则在海事组织 963（23）号决议中被再次确认。”印度代表团则进一步指出：“由海事组织来处理一个本属于《气候变化框架公约》权责范围内的事宜很显然是不恰当的。”“各成员国在《气候变化框架公约》而非海事组织的框架下解决温室气体排放问题是十分自然的！如果海事组织一定要解决船舶燃油温室气体排放问题，我们认为唯一可行的办法就是由海事组织就如何使附件一中的国家必须减少其海运燃油温室气体排放问题进行深入讨论并给出技术建议。”阿根廷代表团认为“应该考虑到国际航运的特殊性质和发展中国家的关切，同时顾及到在联合国关于气候变化谈判框架下经过艰苦努力才得以确立的原则，有可能因创出先例而被侵蚀的危险性。”①

发达国家尽管不反对国际气候体制的共同但有区别责任，但是对于国际运输减排则主张应将发展中国家和发达国家同等对待。主要理由：其一，国际运输通常会涉及不同国家的多个运营主体，发展中国家在国际运输中占有较大比重，以国际海运为例，从事国际贸易的商船总吨位的四分之三是在发展中国家注册的。由于发展中国家占比较

①国际海事组织：《海上环境保护委员会第五十八届会议报告》（附件九），MEPC 58/23，2008 年 10 月。

大，如果仅适用于剩余的四分之一吨位的船舶，则任何管制体系都将是无效的。[①]其二，无论是国际海事组织，还是国际民用航空组织，其所遵循的原则都是公平待遇原则，对于减排也应当适用该原则。同样以国际海运减排为例，在就相关问题进行讨论时，荷兰代表团认为：海事组织温室气体措施与《京都议定书》不矛盾，海事组织的措施应该根据对所有从事国际贸易的船舶不歧视即“无更加优惠待遇”原则，“在通用规则的基础上制订”,“如果说减少船舶温室气体排放从整体上对环境有益，海事组织的此类减排措施就应该在全球范围内适用于所有船舶，不论其船旗如何”。荷兰代表团还就此专门举了两个例子进行论证：一是如果使用《京都议定书》的原则，有可能会遇到以下情况：两条完全一样的姊妹船，属于同一公司但一艘悬挂附件一国家的船旗，另一艘悬挂非附件一国家的船旗，在同一个港口装货，以同样的速度航行，排放等量的二氧化碳并驶往相同的目的地，但却要因为它们悬挂不同的船旗而受到不同的待遇。另一个例子：由于强制的二氧化碳设计指标对于悬挂附件一或非附件一国家的船旗的船舶有所区别，对于一艘正在建造的还不明确未来选择或悬挂何种船旗的船舶，要如何适用这一指标？也就是无法执行。瑞典代表团提出了相似的主张：根据《京都议定书》第 2 条第 2 款，海运减排应该在海事组织的范围内进行，海事组织是讨论和处理有关海运业问题的唯一合适的论坛，相应地，海运减排也应该按照海事组织的工作原则来进行。“到目前为止，海事组织的规章都是不论船旗没有例外地适用于所有船舶。‘没有优惠待遇’的基本原则应该始终在海事组织范围内适用。”挪威代表团还以对消耗臭氧层物质的控制问题为例说明国际海事组织在处理国际多边环境协定相关事务时使用的是其组织的基本规则，而没有采用相应国际多边环境协定的方法。具体而言，关于控制消耗臭氧层物质的《蒙特利尔议定书》第 2 条控制方法和第 5 条发展中成员国的特殊情况中都包含了区别处理的方式。但是，在海事组织处理同样问题时，即在《73/78 国际防止船舶污染条约》附则六中，则没

① International Maritime Organization, Second IMO GHG Study 2009, April 2009.

有采用区别处理的方式。同样，海运减排也应遵循国际海事组织的不歧视原则。①

总之，在哪种国际机制下，依据何种原则来推进国际运输减排，发展中国家和发达国家存在分歧。目前国际社会并未就此达成协议。尽管在后京都气候谈判中，如何处理国际航空排放已经在京都议定书工作组和长期合作工作组下被纳入了气候变化框架公约的谈判议程，但缺乏实质性安排。目前的情况是：一方面，国际民用航空组织和国际海事组织按照其各自的职权提出要就国际运输排放即减排情况向《气候变化框架公约》进行报告，并研究相关政策性选择，“向气候变化公约缔约方大会拟定具体方案和提出建议”。另一方面，《气候变化框架公约》附属科学技术咨询机构在“《公约》方法学”项下列入“国际空运和海运所使用的燃料引起的排放”议题进行审议。但是从法律的角度看，国际海事组织和国际民用航空组织作为独立的国际法主体，与国际气候机制并无隶属关系。《京都议定书》第2条第2款的规定也仅仅是对《气候变化框架公约》附件一的发达国家提出的一项指示性要求，该条并没有在国际气候体制与两个专门组织之间建立起有效的法律链接。因此，目前国际运输减排的谈判实际上是分别在国际气候体制和两个专门组织内进行的。由于国际气候体制与国际民用航空组织和国际海事组织在国际运输减排上并没有一个合作协议，未来如何建立国际运输减排的多边体制仍有待观察。

第二节 国际运输减排的多边努力

国际运输减排的多边努力分为国际空运减排和国际海运减排两个方面，主要在国际民用航空组织和国际海事组织内分别展开。

---

① 国际海事组织：《海上环境保护委员会第五十八届会议报告附件九》，MEPC 58/23，2008年10月。

一、国际海事组织关于海运减排的进展

尽管对船舶温室气体排放的讨论开始于20世纪80年代后期，但启动海事组织温室气体排放工作的是1997年《73/78国际防止船舶污染条约》会议关于船舶二氧化碳排放的决议八。[①]该决议请海洋环境保护委员会考虑按照二氧化碳与其他大气和海洋污染物的关系应该采取何种可行的二氧化碳减排战略，并请国际海事组织与《气候变化框架公约》合作，开展海运二氧化碳排放的研究以确立海运排放在全球二氧化碳排放清单中的数量和占比。2000年，国际海事组织发布了关于船舶温室气体排放的第一份研究报告。2003年12月，海事组织的大会通过关于船舶减排政策与实践的第A.963（23）号决议，要求海洋环境保护委员会确定和发展必需的机制来实现船舶减排。为此应优先建立温室气体排放基线，开发与船舶温室气体排放指数相关的方法学，开发将排放指数计划付诸实践的指南，对技术、操作以及基于市场的解决方案进行评估。决议还要求海洋环境保护委员会制定指导确定和开发所必需的减排机制的工作计划，同时请海事组织秘书处继续与《气候变化框架公约》秘书处和国际民用航空组织秘书处进行合作。[②]

2009年7月召开的海洋环境保护委员会第五十九届会议就控制温室气体排放给出了一个包括具体技术和操作减排在内的一揽子措施方案。委员会批准散发了关于能源效率设计指数技术方法临时指南、能源效率设计指数自愿核查临时指南以及开发船舶能源效率管理计划指南和自愿使用能源效率操作指数指南。这些指南旨在自愿的基础上对上述技术和操作措施进行试验。2010年3月，海洋环境保护委员会开始考虑将这些技术和操作措施强制性适用于所有船舶，而不管船旗国

① International Maritime Organization, Main Events in IMO's Work on Limitation and Reduction of Greenhouse Gas Emissions from International Shipping, October 2011.

② International Maritime Organization, IMO Policies and Practices Related to the Reduction of Greenhouse Gas Emission from Ships, A 23/Res.963, December 2003.

或船舶归谁所有。2011 年 7 月，通过对《73/78 国际防止船舶污染条约》附则六的修正，增加了题为“船舶能源效率管制”的第四章。该章对 400 吨以上的船舶提出了具体的能效管制要求：一是对新船规定强制使用的能源效率设计指数。二是要求所有船舶保有具体的船舶能源效率管理计划，该计划构成船舶安全管理体系的一部分。三是促进与改善船舶能源效率有关的技术合作与技术转让，对请求技术帮助的国家，特别是发展中国家提供适当的支持。①这些技术和操作的管制措施于 2013 年 1 月 1 日付诸实施。船舶能源效率设计指数根据船舶的类型和大小规定了最低能效水平要求，而船舶能源效率管理计划则利用能源效率操作指数作为监控根据和基准来帮助船舶企业用成本效益的方法实现其效率的改善。

随后的几年，海洋环境保护委员会积极致力于船舶减排措施工作。2012 年 2 至 3 月间召开的海洋环境保护委员会第六十三届会议通过了四个重要决议来支持强制措施的实施，即关于 2012 新船达到能源效率设计指数计算方法指南的 MEPC.212（63）号决议、关于 2012 开发船舶能源效率管理计划指南的 MEPC.213（63）号决议、关于 2012 能源效率设计指数调查和核证指南的 MEPC.214（63）号决议以及关于能源效率设计指数使用基准线的计算指南的 MEPC.215（63）号决议。2013 年 5 月，海洋环境保护委员会第六十五届会议继续推进促进能源效率技术和操作措施的开发，通过了促进关于改善船舶能源效率的技术合作与技术转让的决议。2014 年的 3 至 4 月间，海洋环境保护委员会召开第六十六届会议，同意建立促进提升能源效率的技术和操作措施的通信组，开发一个船舶燃油消耗的数据收集系统。此外，还通过了新船达到能源效率设计指数的计算方法指南，并同意建立能源效率设计指数数据库以支持对能源效率设计指数实施情况的评审。

此外，海事组织自 2008 年海洋环境保护委员会第五十七届会议开

① Marine Environment Protection Committee of International Maritime Organization, Amendments to the Annex of the Protocol of 1997 to Amend the International Convention of the Prevention of Pollution from Ships, 1973, as Modified by the Protocol of 1978 relating thereto, Resolution MEPC.203（62）, July 2011.

始就市场机制的引入及相关方案等持续进行讨论，大体包括燃油课税和排放交易两部分。其中课税讨论的关键问题是究竟对所有国际海运的排放征税还是对没有达到船舶能源效率设计指数要求的船舶征税。而排放交易也存在着是根据船舶的实际效率还是根据船舶的设计和运行效率来设计的争论。

总结国际海事组织在海运减排方面的工作成果与进展，具体包括以下几项：

第一，以2009年的研究报告为基础厘清了国际海运排放的基本情况，并预测未来国际海运排放的发展及其在全球温室气体排放清单中所占的地位。根据国际海事组织温室气体研究2009的结果，2007年国际海运排放温室气体约8.7亿吨，占全球人为二氧化碳排放的大约2.7%。中等排放情景显示，在缺乏相关政策的情况下，到2050年，船舶排放在2007年的水平上会增长150%到250%。①

第二，确立了海事减排的主要措施和减排潜力。海运减排具有多种路径，有研究将海运减排措施按照作用对象分为四类，即：（1）直接针对海运减排的政策，不管设计、操作抑或是能源来源；（2）针对改善船舶燃油效率的政策；（3）改善船舶能源设计的政策；（4）旨在减少燃油生命周期碳排放的政策，如支持使用天然气或生物燃料的政策。而按照法律拘束力可以将减排措施分为直接管制型措施、市场措施和自愿性措施等。其中，直接针对海事减排的政策可以采取市场措施，而针对操作或设计和生命周期的减排则可以通过市场措施、命令控制工具或自愿性工具来实施。在国际海事组织的讨论中，对海运减排措施分为三类即技术类措施、操作类措施以及市场措施。②研究确认通过技术和操作措施来实现减排具有重大潜力。如果相关措施得以

① Marine Environment Protection Committee of International Maritime Organization, Second IMO GHG Study 2009 Update of the 2000 IMO GHG Study, Executive Summary, Note by the Secretariat, MEPC 59/4/7, April 2009.

② International Maritime Organization, Second IMO GHG Study 2009, April 2009.

实施，预计会比现有水平降低排放率25%到75%。[①]

第三，在通过技术和操作措施促进减排方面取得较大进展，特别是2011年对《73/78国际防止船舶污染条约》附则六的修改，在条约中增加了关于船舶二氧化碳排放控制的规定，从而使得船舶减排成为一种具有国际法拘束力的义务。该修正案被视为是国际海运减排的“突破”，因为该修正案的通过，使得海运减排成为第一个针对整个产业部门的具有法律拘束力的全球性强制减排体制。

第四，对于市场机制的引入进行了广泛讨论，提出了诸多备选方案，为进一步谈判奠定了较好的基础。贸易与可持续发展国际中心对此进行了比较全面的分析，现根据该中心的研究成果，对国际海事组织所讨论的市场机制方案简要分析如下：

（1）关于排放交易。排放交易大体上包括两种，一是建立在总量控制之下的交易机制，即通常所说的总量控制交易（Cap-trade）；二是减排信用交易，即获得的减排量的交易。欧盟提出的总量控制交易机制包括：一是将海运排放纳入国家温室气体排放清单，但因为涉及的是国际运输，如何将排放分配到不同的国家存在困难。二是在国际海事组织主持下进行减排，而不是列入国家排放清单，即建立国际海运排放总量（Cap），船舶所有者必需根据其排放来购买排放信用。如果排放总量仅限于参加国的注册船舶，会刺激将船舶在非参加国注册。为此，必须要建立一种全球适用的政策方法而不管船舶的国籍。[②]与欧盟的方案不同，美国提出的是基于能源效率的减排信用方案，即建立限于海事部门的封闭的能源效率信用交易体系，信用通过采取认证的技术和/或运营措施，或者通过购买而获得，所有交易产生的收入自动循环返回到海运产业。美国建议的不同之处在于：其一，没有设定海运产业的排放总量；其二，意识到在海运部门减排是有效的；其三，

---

① Marine Environment Protection Committee of International Maritime Organization, Second IMO GHG Study 2009 Update of the 2000 IMO GHG Study, Executive Summary, Note by the Secretariat, MEPC 59/4/7, 9 April 2009.

② International Center for Trade and Sustainable Development, International Transport, Climate Change and Trade：What are the Options for Regulating Emissions from Aviation and Shipping and What will be Their Impact on Trade? Background Paper, October 2010.

是可预见的、稳定的；其四，在项目起初的几年可能有较低的净成本。然而，由于海运部门较高的减排成本，这种方法不太可能满足用成本效率的方法减排的宏大目标。而欧盟的排放交易允许在部门外进行交易，二氧化碳的排放价格因此更多由市场来决定。美国的建议不产生任何气候资金，期望发展中国家资助自己船舶的减排，因此美国的建议有失公平，其实质是《气候变化框架公约》附件一的发达国家投资获得信用，并将其卖给较穷的发展中国家。①

（2）关于征税。对所有从事国际航程的船舶征收燃料税是控制海运减排的又一重要举措。征收燃料税希望促进以下几种情况的改变来减少燃油需求及其二氧化碳排放：在船舶发动机和船舶设计中改善能源效率；改变操作实践，包括荷载率、航线和航速；改用不同的船舶类型；改用替代性燃料等。不过，征收燃油税的前提是应达成全球性协议，否则，燃料费会很容易被规避。在征税方面提出的一个建议是设立"轮船温室气体排放国际基金"，依据排放目标和实际排放的差别对船载燃料征税。"基金"将作为独立法律实体运行。②由于上述征税方案是建立在全球协议和所有国家参与基础上的，对于发展中国家存在不公平的情况。考虑到这一点，根据区别发达国家和发展中国家责任的原则，在征税方面提出了另一项建议，即国际海事减排项目（International Maritime Emissions Reduction Scheme, IMERS）。该项目仅对将货物运往《气候变化框架公约》附件一发达国家的船舶征收燃料税。具体而言，该方案按照船舶燃油使用情况以及载货，依据《公约》附件一国家的比例确定课税的燃料数量，按照碳市场平均价格水平计征。征税对象是船用燃料的购买方。税收收入100%用于气候变化行动，主要是发展中国家的适应与减排行动。预计本项目实施后每

---

① International Center for Trade and Sustainable Development, International Transport, Climate Change and Trade：What are the Options for Regulating Emissions from Aviation and Shipping and What will be Their Impact on Trade? Background Paper, October 2010.

② International Center for Trade and Sustainable Development, International Transport, Climate Change and Trade：What are the Options for Regulating Emissions from Aviation and Shipping and What will be Their Impact on Trade? Background Paper, October 2010.

年可以获得100亿美元的收入。①

（3）鉴于排放交易和征税两种措施都有各自的适用条件和局限，为此也有方案探索综合运用这两种措施来解决国际海运减排问题，即所谓总量—课税—交易项目（Cap-levy-and-trade scheme）。大体思路是根据《气候变化框架公约》的决定设立海运部门的二氧化碳排放总量。成员方确保其所有船舶按照记录的燃油消耗量向一个管理实体交税。设立国际海事温室气体基金用于发展中国家的适应性项目。船舶运营者必须支付燃油税，并且对超出控制总量部分的排放通过购买二氧化碳排放信用来抵消。②

二、国际民航组织的减排努力

国际民航组织十分重视航空减排问题，自2001年第33届大会起，历次大会均将航空减排作为重要议题进行磋商、讨论，但对航空排放进行专门系统分析与应对则是自国际航空和气候变化工作组成立而开始。2007年，在国际民航组织第三十六届会议上，缔约国通过了第A36-22号大会决议，决定建立国际航空和气候变化工作组（Group on International Aviation and Climate Change，GIACC）。国际航空和气候变化工作组由代表国际民航组织所有地区的政府高级官员组成，由发展中国家和发达国家平等参与，并由航空环境保护委员会提供技术支持，其目的是在协商一致的基础上拟定并向理事会建议一个积极进取的国际航空和气候变化行动方案。2009年，国际航空和气候变化工作组通过其报告提出了一项全球航空行动计划的三项关键因素：全球燃料效率目标；实现减排的措施以及测定航空进程的计量方法等。随后，在此报告的基础上，国际民用航空组织开始了一系列行动，主要是将

① International Center for Trade and Sustainable Development, International Transport, Climate Change and Trade：What are the Options for Regulating Emissions from Aviation and Shipping and What will be Their Impact on Trade? Background Paper, October 2010.

② International Center for Trade and Sustainable Development, International Transport, Climate Change and Trade：What are the Options for Regulating Emissions from Aviation and Shipping and What will be Their Impact on Trade? Background Paper, October 2010.

各项工作付诸实施。而且作为一种机制性保障，根据 2004 年 9 月 28 日至 10 月 8 日在蒙特利尔举行的第三十五届会议通过的题为“国际民航组织关于环境保护的持续政策和做法的综合声明”第 A35-5 号决议，自 2004 年开始，理事会要向大会每届常会提交一份国际民航组织关于环境保护的持续政策和做法的综合声明，以供审查，从而使得航空减排成为了历届大会审议的中心工作之一。总结国际民用航空组织在空运减排方面的工作，大体包括以下几个方面：

第一，关于国际航空减排的目标。国际航空减排以燃油效率为核心，提出了未来的减排目标。根据 2013 年第 38 届大会通过的第 A38-18 号决议，按每吨公里收费所使用的燃油体积计算，在 2020 年之前，实现全球年平均燃油效率改进 2%，以及从 2021 年至 2050 年，实现全球年平均燃油效率改进 2%的理想。①国际民航组织及其成员国将与有关组织携手努力，力求实现集体中期全球理想目标，即自 2020 年起，将国际航空产生的全球净二氧化碳排放保持在相同水平。②但国际民用航空组织同时指出，上述目标“并不对个别国家构成具体义务”，各国将自行决定如何能自愿帮助达成全球理想目标。

第二，关于国际航空减排的措施和减排潜力。国际航空和气候变化工作组在其 2009 年的报告中确定了以下几类航空减排措施：（1）与航空器有关的技术发展，这类措施包括购买新的航空器，对现有航空器进行改装和升级，航空器/发动机的新设计，燃油效率标准和替代燃油。（2）改善空中交通管理和基础设施的使用，包括更高效率的空中交通管理规划、地面作业、航站运行（离场和进场）、航路上运行、空域设计和使用以及空中航行能力等措施、更高效的规划和使用机场容量、建设额外跑道和加强航站设施以及使用清洁燃油的地勤设备等。（3）更高效的运行，这类措施包括重量的最小化、改善商载系数、降

① 国际民用航空组织：《国际民用航空组织关于环境保护的持续政策和做法的综合声明——气候变化》，第 A38-18 号决议，2013 年 11 月。

② 阿根廷、澳大利亚、巴林、巴西、中国、古巴、印度、立陶宛（代表欧盟 28 个成员国和欧洲民用航空会议 14 个其他成员国）、俄罗斯联邦、沙特阿拉伯和委内瑞拉（玻利瓦尔共和国）对此提出保留。

低速度、优化维修时间表以及根据具体航线或航班选用航空器。在这一领域，基本上是航空器运营人根据自己的情况和商业因素决定的事情。（4）经济/基于市场的措施，包括自愿性碳抵消、排放交易计划、排放收费和积极的经济激励措施。这类措施具有实现净减排效益的潜力，但在跨越国界运用市场措施方面仍然存在分歧。（5）监管和其他措施，包括航空器运动起降时刻的管理、加强天气预报、透明的碳报告，以及教育培训方案。[①]就各类措施的减排潜力看，航空器技术的不断改善导致燃油效率大幅度提高，对减排做出较大贡献。国际航空运输协会（IATA）的分析表明，新型喷气式客机的燃油效率比 40 年前提高了 70%，比 10 年前提高了 20%。[②]在航空公司公布的提高燃油效率的方案中，采用新型航空器技术是其战略的一部分。此外，管理和监管类措施也得到了加强。政府能够建立适当的法律和财政框架来促进和增加二氧化碳减排措施的投资，包括新航空器和发动机技术、更具效率的基础设施和低碳可持续的替代性喷气燃料等。[③]根据国际民航组织的数据，1990 年到 2006 年间，来自国际航空的二氧化碳排放量几乎翻了一番。机身和发动机设计上的技术进步，加上空中交通管理和运行程序的改善，使航空二氧化碳排放量的增长率每年减缓约 2%。然而，对 2050 年前全球航空油耗和产生二氧化碳排放的预测结果显示，到 2050 年，用油量预计将从一亿八千万吨增长到二亿八千万至八亿八千万吨。因此目前预计的技术和运行改善本身还不足以使航空部门实现二氧化碳排放的绝对减量。[④]在这样的情况下，除了继续强化技术和管理措施外，引入市场机制就成为热门话题。

第三，关于市场机制的引入。早在 1996 年，国际民用航空组织理事会就通过了《环境税费的理事会决议》，对环境税费的征收实施统一管制。从 1998 年开始，航空环境保护委员会进行应对国际航空温室气

① 国际民用航空组织：《国际航空和气候变化组报告》，2009 年 6 月。

② 国际民用航空组织：《国际航空和气候变化组报告》，2009 年 6 月。

③ International Center for Trade and Sustainable Development, International Transport, Climate Change and Trade：What are the Options for Regulating Emissions from Aviation and Shipping and What will be Their Impact on Trade? Background Paper, October 2010.

④ 国际民用航空组织：《国际航空和气候变化组报告》，2009 年 6 月。

体排放的各种市场措施的政策、指导性材料以及技术和经济方面的研究，包括排放交易、排放课征以及排放中和。在2007年2月的航空环境保护委员会第7次会议上成立了市场措施的特别工作组，由其来组织并提出三个报告，即国际航空排放交易体系相关问题的研究范围报告、航空部门排放中和报告以及航空自愿排放交易的更新报告。2010年2月，航空环境保护委员会第8次会议以及2010年6月的理事会批准了这些报告。[①]航空与气候变化组也对用于国际民用航空的市场措施进行了研究。根据航空与气候变化组第3次会议设立的关于基于市场措施的第四工作组提交的报告，航空与气候变化组成员审议了实施市场措施的三种可能的前景。这些前景是：（1）缔约国在自愿的基础上，从航空与气候变化组建议、被国际民航组织采纳的一揽子措施中采用自己的市场措施，但国际民航组织不另外提供指导；（2）缔约国商定共同实施一项独特的全球措施；（3）缔约国在自愿基础上运用自己的基于市场措施，但应与商定的国际民航组织框架相吻合。[②]然而在引入市场机制方面，会员国并没有达成一致意见。最新的进展是在2013年召开的国际民用航空组织第38届大会上提出了16项"设计和实施国际航空基于市场措施的指导原则"。

三、关于国际运输减排的几点评论

第一，国际运输，无论是空运，还是海运，都具有鲜明的全球性特征。为了在全球市场上进行公平竞争，并防止碳泄漏，有必要对国际运输排放在全球水平上进行管制。海事组织的愿景是通过制定统一适用于所有船舶的健全有效的管制来消除来自船舶的所有负面环境影

① Trond Kråkenes and Kalle Keldusild, Market Based Measures Task Force: Overview of Reports from CAEP/8, Environmental Report 2010: Aviation and Climate Change , the International Civil Aviation Organization, 2010.

② 国际民用航空组织：《国际航空和气候变化组报告》，2009年6月。

响。[①]同样，航空业也推荐通过全球性部门方法来采取多边协同行动。该方法将包括所有运输运营者，并且被认为是后京都框架有效处理航空二氧化碳排放最适当的机制。[②]对于国际运输排放进行全球性管制有其合理性的一面。这种国际运输减排性质上属于全球范围内的部门减排，从这个意义上讲，国际运输减排也可以为在其他产业部门采用部门减排方法提供有意思的实验案例。[③]

第二，无论是国际海运减排，还是国际空运减排，都存在多项减排措施，既包括技术性、操作性措施，也包括基础设施建设与监督、管理措施以及各种市场措施。尽管市场机制和市场措施受到发达国家的特别青睐，但实际上国际运输减排需要多项措施的综合运用。特别是在对市场措施分歧较大，无法达成协议，甚至出现对抗的情况下，审议所有可能的选项，寻求能够结束争论的创造性解决方案就十分重要。以国际空运减排而言，这种创造性解决方案包括使用第二代或第三代生物燃料的可能性，成本中性的环境措施、碳核算以及智能交通管理等。[④]

第三，目前国际运输减排主要进展体现在技术层面，以提高燃油效率为核心，特别是在国际海运领域，国际海事组织制定了强制性船舶能源效率设计指数，并要求所有船舶保有具体的船舶能源效率管理计划。而且这些规则是统一适用于所有船舶的，也就意味着在技术层面达成全球统一的减排规则相对更为容易。当然开展特别是与发展中国家的基于能源效率的技术合作和技术转让也是规则的有机组成部分，并且

① International Maritime Organization, Main Events in IMO's Work on Limitation and Reduction of Greenhouse Gas Emissions from International Shipping, October 2011.

② International Center for Trade and Sustainable Development, International Transport, Climate Change and Trade：What are the Options for Regulating Emissions from Aviation and Shipping and What will be Their Impact on Trade? Background Paper, October 2010.

③ International Center for Trade and Sustainable Development, International Transport, Trade and Climate Change, Information note No.17, October 2010.

④ Gehring, Markus W., Robb, Cairo A. R., Addressing the Aviation and Climate Change Challenge: A Review of Options, ICTSD Programme on Climate Change and Energy, Issue Paper No. 7, International Centre for Trade and Sustainable Development, 2013.

国际海事组织设有专门的技术委员会为发展中国家提供技术帮助。

第四，目前争议最大的是对市场减排措施，特别是排放交易机制的引入。争议的焦点还是如何体现并适用共同但有区别责任原则问题。发展中国家认为，国际运输历史排放主要来自发达国家，它们有责任率先减排。基于全球的国际运输减排方法忽视了发达国家的历史排放责任，而且还同时对非附件一的发展中国家施加了减排义务。从《气候变化框架公约》的共同但有区别责任原则出发，发展中国家认为，包括国际运输减排在内的任何领域的减排都不能为发展中国家施加具体的具有拘束力的减排义务。更深一层的考虑是：发展中国家不愿意开放诸如部门方法的先例，迫使其与发达国家在同一个水平和成本上来减少二氧化碳。[①]但发展中国家不得不面对的现实是：国际海事组织和国际民用航空组织作为国际海运和航空的专门组织长期遵循的是公平对待国际运营者的政策。特别值得注意的是国际海事组织的法律事务部已经确认《气候变化框架公约》共同但有区别责任原则和国际海事组织的平等待遇原则之间没有潜在的冲突。未来船舶排放谈判应该由平等对待原则指导。[②]在这样的情况下，发展中国家应该认真研究市场减排措施的各种方案，以便必要时更好地维护自身利益。从这个立场出发，在国际运输市场措施的讨论中，建立一种开放性的市场机制，以发展中国家的自愿参与为基础，并通过设立返回机制[③]或者补偿机制[④]为发展中国家的参与提供补偿，诸如此类的方案值得进一步探讨。

---

① International Center for Trade and Sustainable Development, International Transport, Trade and Climate Change, Information note No.17, October 2010.

② Monkelbaan, J. , Transport, Trade and Climate Change: Carbon Footprints, Fuel Subsidies and Market-based Measures, ICTSD Global Platform on Climate Change, Trade and Sustainable Energy, International Centre for Trade and Sustainable Development, 2011.

③ Monkelbaan, J. , Transport, Trade and Climate Change: Carbon Footprints, Fuel Subsidies and Market-based Measures, ICTSD Global Platform on Climate Change, Trade and Sustainable Energy, International Centre for Trade and Sustainable Development, 2011.

④ International Center for Trade and Sustainable Development, International Transport, Climate Change and Trade：What are the Options for Regulating Emissions from Aviation and Shipping and What will be Their Impact on Trade? Background Paper, October 2010.

第三节　国际运输减排的单边措施

在国际运输减排领域，多边努力特别是在市场机制的引入方面一直迟迟难以取得进展，鉴于此，发达国家开始通过单边措施来对国际运输排放做出回应。其中，最具代表性的两类措施是食品里程标签和排放交易机制的引入。

一、关于食物里程标签

在经济全球化背景下，由于国际分工的存在，通常存在的情况是食品从原材料获取到生产和销售需要在多国完成。例如苏格兰渔民捕获的“小龙虾”会先横跨地中海印度洋运到泰国人工剥壳，然后再原路运回欧洲销售。再比如在北极巴伦支海捕获的鳕鱼，会先在船上冷冻，运到天津分割包装，然后运回欧洲。[①]这种国际分工合作的生产模式无疑会增加食品的运输距离。据统计，当今食物在到达消费者之前的平均运输距离是2400～3200千米，自1980年以来增长了25%。[②]从一般意义上讲，更多的运输意味着更多的温室气体排放，食物里程的概念就是在这样的背景下提出的。简言之，食物里程是用来体现食品运输距离的术语，指的是食物从出产地到饭桌上所经过的距离，用以量化食物运输过程中的二氧化碳排放造成温室效应和对原油的依赖。[③]

食物里程所依据的基本理论假设是：食品里程越长，意味着食品消耗的能源越多，排放的二氧化碳也就越多。作为消费者，购买和消费运输里程最短的食品，即本地农产品，是降低其本人碳足迹，应对

---

① 曲如晓、马建平：《贸易与气候变化：国际贸易的新热点》，载《国际贸易》2009年第7期。

② Monkelbaan, J. , Transport, Trade and Climate Change: Carbon Footprints, Fuel Subsidies and Market-based Measures, ICTSD Global Platform on Climate Change, Trade and Sustainable Energy, International Centre for Trade and Sustainable Development, 2011.

③ 曲如晓、马建平：《贸易与气候变化：国际贸易的新热点》，载《国际贸易》2009年第7期。

气候变化的最为简单易行的方法。食物里程标签即是对消费者降低其个人碳足迹意愿的一种回应措施。实践中，英国、美国和澳大利亚等国开始在食品上标注运输距离，如英国的一些大型零售超市在通过空运而进口的产品上增加“空运”标签，表明食品是通过空运从生产国运到本国市场的，从而向消费者传递食物里程的信息，供消费者在购买时作为参考。

通常，这种食物里程标签是自愿项目，由发达国家的超市等大型企业及其供应链以私人行动的方式发起，因而被认为是通过消费需求来对食品贸易和食品生产施加影响，从而减少运输排放的一种基于市场的信息传递工具。

二、对食物里程标签的质疑及其未来发展

尽管食物里程标签已经在多个国家付诸实施，但是有不少学者和研究者质疑这种标签的合理性与科学性。归纳起来，对食物里程标签的质疑主要包括以下几点：

第一，食物里程标签传递的仅仅是产品的运输距离，强调的是运输排放，忽略了生产工艺其他方面所产生的排放，给消费者传递的信息过于片面，不利于消费者对产品排放做出全面、合理的了解与把握。实际上，碳足迹是基于生命周期分析，表述食品从农场到餐桌的各个阶段的能源成本。分析表明，特定食品碳足迹的重要贡献者来自产品生命周期的其他阶段而不是运输。[①]

第二，退一步讲，仅就运输距离而言，也并不能简单地认为购买本地产品就一定比购买进口产品排放少。主要理由是：（1）食物运输

---

① Monkelbaan, J., Transport, Trade and Climate Change: Carbon Footprints, Fuel Subsidies and Market-based Measures, ICTSD Global Platform on Climate Change, Trade and Sustainable Energy, International Centre for Trade and Sustainable Development, 2011.

的形式比运输距离对于总排放更为重要。[①]例如，大量的食物里程体现为海运，但是海运是最具效率的运输形式，而通过卡车或航空运输的食物，尽管运输距离短，排放却会更高。例如，有研究指出，英国所消费食品的国内运输能耗占食品运输总能耗的82%。一个典型的英国家庭去一趟食品超市采购20公斤食品，需开车6.4公里，消耗25.6兆焦耳的能源，而这一等量能源，足可以把20公斤的食品在海上运输8500公里。[②]（2）相对于从国外进口而言，在本地生产能源强度会更高。例如瑞典、荷兰种植生长在温室中的西红柿比种植生长在大田中的西红柿能源强度要高10倍。研究表明不少种类的食品从新西兰生产并通过海运运输到英国比在英国本地生产同类食品排放要低。而如果将英国生产的苹果储存10个月，所产生的排放是从南美经海运将苹果运到英国的排放的2倍。[③]

第三，食物里程标签最终伤害到一些最贫穷和最易受伤害的国家。因为这些国家需要通过空运来使其淡季新鲜产品，如水果、蔬菜、鲜花等进入发达国家市场。据统计，世界新鲜水果、水果产品、蔬菜和蔬菜产品的贸易在1982～1984到2002～2004的二十年间增长了一倍多。其中发展中国家的出口占到总量的1/3。[④]

综上，从食物里程的科学性和合理性看，与其将食物里程作为一种独立性标签进行单独标示，不如将其作为以产品生命周期评价为基础的碳标签的一部分更好。当然，无论是食物里程标签还是碳标签客

---

① Monkelbaan, J. , Transport, Trade and Climate Change: Carbon Footprints, Fuel Subsidies and Market-based Measures, ICTSD Global Platform on Climate Change, Trade and Sustainable Energy, International Centre for Trade and Sustainable Development, 2011.

② 帅传敏、吕婕、陈艳：《食物里程和碳标签对世界农产品贸易影响的初探》，载《对外贸易实务》2011年第2期。

③ Monkelbaan, J. , Transport, Trade and Climate Change: Carbon Footprints, Fuel Subsidies and Market-based Measures, ICTSD Global Platform on Climate Change, Trade and Sustainable Energy, International Centre for Trade and Sustainable Development, 2011.

④ Torney, D. and Kamal Gueye M. , Climate Change Mitigation Policies in Selected OECD Countries: Trade and Development Implications for Developing Countries, ICTSD Programme on Competitiveness and Sustainable Development, ICTSD Series on Climate Change and Competitiveness, Issue Paper No.8, International Centre for Trade and Sustainable Development, 2009.

观上都会对发展中国家的国际贸易带来不利影响，对此本书将在下一章进行分析。

三、欧盟国际空运减排的“排放交易”机制

根据《京都议定书》的要求，欧盟为了履行其减排义务，于 2003 年开始在欧盟层面建立统一的排放交易机制，目的是以一种成本效率和经济有效的方式来促进温室气体减排。在欧盟“关于在共同体内建立温室气体排放配额交易计划的”2003/87/EC 指令的序言部分明确指出，排放配额交易是在成员国和共同体层面所实施的全面、一致的一揽子政策措施的一部分。这些措施不仅在工业和能源部门内实施，还应该涵盖欧盟经济的所有部门，以便产生实质性减排。

欧盟 2003/87/EC 指令于 2003 年 10 月 25 日生效。根据该指令设立的欧盟排放交易机制从 2005 年 1 月 1 日开始正式运行。最初，纳入欧盟排放交易的部门主要集中在能源生产行业和能源密集型行业，包括能源供应（电力、供暖和蒸汽生产）、石油提炼、钢铁、建筑材料（水泥、石灰、玻璃等）、纸浆和造纸等。2008 年 11 月 19 日欧洲议会和欧盟理事会发布“修正 2003/87/EC 指令以便将航空活动纳入共同体内的温室气体排放配额交易”的 2008/101/EC 指令，明确提出 2012 年航空运输业将被正式纳入欧盟排放交易机制。

按照 2008/101/EC 指令的要求，欧盟航空运输排放交易的要点如下：（1）交易适用于所有飞抵或飞离成员国领土的飞行，但有例外。指令第 1 条第 18 款就“第三国减少航空气候变化影响的措施”专门做出规定：如果第三国采取措施减少飞离该国而在共同体着陆的飞行对气候变化的影响，委员会在与该第三国磋商后，应考虑可获得的方案以便在共同体项目和第三国的措施之间提供最佳互动。必要时，委员会可以通过修正案将从该第三国抵达的飞行排除在附件一所列航空活动之外或提供任何对一个协定所要求的附件一的航空活动的其他修正案。需要注意的是，指令对第三国措施规定的豁免条件是相当苛刻的，它要求第三国措施必须同时满足两个条件：第一，措施有与欧盟项目

相当的减排效果；第二，措施必须是减少飞往欧盟航班的气候影响。这就意味着通过水电站减少排放来达到与欧盟排放交易体制相当的气候影响不能得到欧盟的豁免。此外，欧盟排放交易适用于利用最大起飞重量 5700 公斤以上的固定翼飞机所从事的商业飞行。如果商业飞行的频次较低，即商业飞行运营商在连续三个四个月的期间内，每四个月的飞行少于 243 次，（意味着平均每天飞行少于两次），这样的商业飞行运营商排除在项目之外。另外，每年二氧化碳排放少于 1 万吨的运营者也被排除在排放交易之外。（2）排放份额的分配以各航空公司 2004～2006 年飞往和飞离欧盟的年均排放量作为基准，2012 年分配给航空公司的航空排放配额量是 2004～2006 年年平均量的 97%，从 2013 年开始，飞机运营商的配额为其历史排放配额的 95%。配额分配的方式包括免费分配与拍卖两种。2012 年免费分配给各航空公司的排放配额占全部排放配额的 85%，其中以拍卖方式分配的占 15%；2013～2020 年免费发放的配额占比将降低到 82%，拍卖方式发放的占比保持在 15%，其余 3%的配额留给航线快速增长的运营者和航空市场的新进入者。（3）航空运输与欧盟排放交易机制之间是一种“单向链接”，即欧盟分配给航空公司的配额仅对航空运营者有效，但允许超过排放配额的航空公司透过交易机制从其他部门以及通过联合履约和清洁发展机制来购买配额。设立这种单向交易链接的理由是国际航运没有为京都议定书所涵盖，委员会不希望以此损害《京都议定书》的目标。[①]（4）欧盟航空排放交易的实施机制由监测、报告和核证机制以及惩罚制度构成。指令附件对航空活动排放的监控和报告做出规定。排放通过对燃油消费的计算来对二氧化碳的排放进行监控。每个飞机运营商的排放报告应包括下列信息：飞机运营商的识别信息，包括名称、其管理成员国；被计算排放的每一种燃料，包括燃料消费、排放因子、报告阶段的累积排放总量等。各成员国的航空公司必须向主管当局提交监测计划，并按有关规定报告排放量，由主管当局核准该公司的排放数

---

① Faber, Jasper and Brinke, Linda, The Inclusion of Aviation in the EU Emissions Trading System: An Economic and Environmental Assessment,Trade and Sustainable Energy Series,Issue Paper No. 5, International Centre for Trade and Sustainable Development, 2011.

据。成员国应确保每年4月30日前，使没有提交其过去一年足够排放配额的任何运营商支付超额排放罚款，超额排放罚款为每吨二氧化碳100欧元。支付超额排放罚款不免除运营商在其接下来的年度提交与超额排放相当的排放配额的义务。而且，根据2008/101/EC指令第1条第14款（c）项的规定，“在飞机运营商不遵守指令规定以及其他执行措施也不能确保其遵守的情况下，成员国可以请求委员会决定禁止该运营商运营。”

欧盟将国际航空纳入排放交易机制是在国际航空运输排放迅速增长的背景下启动的。欧盟委员会分析发现，同2003年相比，2004年欧洲境内国际航空温室气体排放增长了7.5%，且自1990年以来共累计增长了87%。如果照此发展下去，截至2012年，《京都议定书》要求欧共体达到的减排目标中所获得的环境效益的1/4以上将被共同体内国际航空的排放增长所抵消。[①]而对于国际航空减排，无论是国际气候体制，还是国际民用航空组织都没有达成具体的减排协议。鉴于上述情况，欧盟决定采取单方面措施将国际空运减排纳入其排放交易机制，以推进国际空运减排。

对于欧盟而言，将国际航空纳入排放交易机制，不仅有利于保护欧盟航空业竞争力，还可以彰显欧盟在国际气候变化谈判中的影响力。同时通过将国际空运纳入排放交易机制还可以为欧盟未来在钢铁、电力、水泥等其他行业中推广实施全球性行业减排方案铺平道路。[②]但是，欧盟将国际空运纳入排放交易的做法引发了世界其他国家，包括发展中国家和美国等发达国家的普遍反对，最终欧盟航空碳排放交易并没有按照欧盟指令的规定如期进行。

四、欧盟航空排放交易机制的主要争议点

欧盟在航空碳排放交易机制的设计中采用了非歧视原则，即凡是

① 温彬、解兴权：《欧盟征收航空碳税的影响及对策》，载《国际金融》2012年第2期。
② 刘满平：《我国应对欧洲航空碳税的对策思路》，载《宏观经济管理》2012年第3期。

飞抵或飞离欧盟领土的国际飞行都应当按照要求进行排放量的申报，并承担削减义务。之所以采取非歧视原则主要是出于竞争力方面的考虑，保证欧盟航空公司与各航空公司之间的公平竞争。然而，欧盟的做法受到了世界其他国家反对的主要理由归纳起来有如下几点：

第一，欧盟的排放交易纳入的是国际航空运输全程的排放，不仅包括欧盟领空中的飞行，也包括在其他国家领空和国家管辖范围外的公海上空等的飞行。这种做法有违国际法，是对国家主权的侵犯。

第二，欧盟因国际运输排放交易所得收入归欧盟各成员国享有，存在不公平。

第三，欧盟的做法违反了国际气候体制共同但有区别责任原则，同时也有违反《京都议定书》和国际民用航空组织以多边方式应对空运减排和禁止征收额外环境税等规定。

上述反对意见的重点是质疑欧盟航空排放交易的合法性。对此，除了各国政府和相关学者对欧盟做法发表反对意见和进行批评之外，2009 年 12 月 16 日，美国航空运输协会与美国航空公司、大陆航空公司、美国联合航空公司还向英国高等法院提起诉讼，质疑英国根据欧盟 2008/101/EC 指令而制定的《英国航空温室气体排放交易体系条例》的合法性，从而透过司法程序向欧盟航空排放交易机制发起挑战。因为案件涉及的核心问题是欧盟的 2008/101/EC 指令，按照欧盟现有司法体制，英国高等法院将其提交欧洲法院裁决。2011 年 12 月 21 日，欧洲法院裁定欧盟 2008/101/EC 指令符合国际法规定。透过下述欧洲法院对相关问题的裁定分析，有助于我们从法律层面深入了解欧盟在航空排放交易机制方面的观点。

首先，欧洲法院就欧盟航空排放交易需要遵守哪些国际法规范进行了分析，主要涉及《京都议定书》、《国际民用航空公约》、欧盟与美国签署的《开放天空协定》以及习惯国际法。其中：一是对于《京都议定书》第 2 条第 2 款所提出的要求附件一国家通过国际民用航空组织来推进国际空运减排的规定，欧洲法院认为：从该条款内容上看，“无论如何都不能被认为是无条件的和足够精确的”，不能以此为依据来对抗指令的有效性。也就是说由于《京都议定书》第 2 条第 2 款规定得过于原则、模糊，不能以此作为反对欧盟单方面采取措施的依据。二是对于《国际民用航空公约》，由于欧盟不是《国际民用航空公约》的会员方，并不意味着《公约》的所有规定都当然适用于欧盟，但是实际上欧盟的一些做法，包括国际航空的环境标准等与《国际民用航空公约》是一致的。三是关于国际习惯法，欧洲法院认为：与案件相关的三项原则，即各国对其领空有完全的、排他的主权，国家不能合法地宣称公海的任何部分是其主权范围以及公海航行自由被视为包含在现有的习惯国际海洋法和航空法中，而且它们分别在《国际民用航空公约》第1条、1958年《公海公约》第2条以及1982年《联合国海洋法公约》第87条第3段中被法典化。欧洲法院对于这些原则作为国际习惯法的存在并无反对意见。而对于另一项原则，即在公海飞行的飞机受其登记国排他性管辖，欧洲法院认为，并无足够证据来证明已经建立了这样一项习惯国际法原则。此外，欧洲法院还分析了欧盟与美国签署的《开放天空协定》，认为其中的相关条款可以作为裁判的法律依据。

随后，欧洲法院依据上述国际法规范，就欧盟2008/101/EC指令的合规性进行了分析。第一，欧盟立法并没有侵犯主权原则或侵犯第三国领空主权。因为指令所指的那些飞行的飞行器实际上位于成员国的领土之中，因此需要受欧盟无限管辖权的约束。欧盟法的适用也不影响公海自由飞行原则，因为飞越公海的飞行器并不受排放配额交易项目的约束。而且，这样的飞行，在一定情况下，可以飞越一欧盟成员国的领空而不受配额交易项目的约束。只有当航空运营商选择运营商业航线从位于成员国领土的机场飞离或飞抵时，因为其飞行器在成员国领土之内，该运营商才受排放配额交易项目的约束。对于这样的事实，即航空运营商被要求按照其飞机的全部国际飞行来计算需要提交的配额，欧洲法院依据欧盟法做出了解释，认为欧盟环境政策根据《欧盟运转条约》第191条第2款寻求确保高环境保护水平，欧盟立法原则上可以选择只有在运营者遵守欧盟建立的准则的情况下（这些准则用以实现欧盟为其自己设定的环境保护目标，特别是那些从诸如《气候变化框架公约》和《京都议定书》而来的目标）才许可在欧盟领土从事一项商业活动。而且，事实上，欧盟环境立法也对部分发生在领土外的事件所造成的成员国大气、海洋或土地的污染问题做出了规定。按照习惯国际法原则在欧盟管辖领土范围内应全部适用欧盟法。因此，欧盟有资格按照习惯国际法原则采纳 2008/101/EC 指令，将排放配额交易项目扩展到从位于成员国领土机场飞离或飞抵的所有飞行。第二，欧洲法院就欧盟航空排放交易的法律性质进行了分析，强调欧盟排放配额交易不属于环境税费。排放配额交易项目的最终目标是通过减少温室气体排放的措施来保护环境，项目本身并不减少排放而是鼓励和促进以最低成本实现减排量。环境利益依赖于对排放配额总量的严格控制。配额交易项目背景的经济逻辑是确保以最低成本实现预定环境效果所要求的温室气体减排。项目意在鼓励每一个参与者排放少于其分配配额的温室气体，以便将剩余卖给排放超过配额的另一个参与者。按照 2008/101/EC 指令，航空运营者必须提交与其上一年度总排放相当的配额数量，总排放量是根据指令涵盖的所有飞行的燃料消费以及一个排放因子而计算得出的。然而，与定义燃料的消费和占有课税不同，在排放配额交易项目中，持有或消费的燃料数量与飞机运营者的金钱负担并没有直接的、密不可分的联系。运营者的实际成本来自其所提交的配额数量。作为一项市场措施，排放配额交易项目的经济激励不是直接依赖于运营者所必须提交的配额数量，而是依赖于最初分配给运营者的配额数量以及购买额外配额时的市场价格，它并没有排除这样一种可能，即航空运营者即使持有或消费燃料也不会因参与排放配额交易项目而承担额外的金钱负担。甚至在一定情况下，航空运营者可以凭借出售其剩余排放配额而获利。法庭据此认为，不像燃料消费税费，2008/101/EC 指令引入的项目不仅无意为公共当局创造收入，也无论如何不是向所有航行所消费的燃料来收费。它不同于根据燃料而征收的环境税。欧洲法院认为，不能断言 2008/101/EC 指令是以强制性课税的形式来支持公共当局而可能被视为构成对航空运营者持有或消费的燃料而征收的关税或税费。事实上航空运营者不仅从其他运营者，还能通过从公共当局对配额的拍卖中获得冲抵其实际排放的配额。

上述欧洲法院的裁定主要是立足于欧盟立法，特别是环境立法，结合相关国际法规范，强调了其有权对飞抵和飞离欧盟的国际飞行具有管辖权。然而，限于案件本身诉求的限制，欧洲法院的裁决并没有对航空排放交易所涉及的所有国际法问题做出全面回应。其中，最为突出的是国际气候体制所一直秉承的共同但有区别责任原则。

在现行国际气候体制下，《气候变化框架公约》附件一的国家根据《京都议定书》履行其具体减排义务，可以结合自身的情况采取各种有效措施，包括利用排放交易等方式。然而，欧盟将排放交易适用于国际航空减排并没有遵循国际气候体制的规定，一方面是因为国际航空减排如同欧盟自己认同的那样并没有纳入《京都议定书》的规制范围，正因为如此欧盟才采取了前述国际空运排放与欧盟排放交易项目的“单向链接”方式，这实际表明欧盟是在没有相应国际多边协定的基础上采取的上述措施，而且从欧盟航空排放交易的内容看，明显有悖于国际气候体制共同但有区别的责任原则，在欧盟所谓的“非歧视”待遇下，发展中国家因此而承担了具体的减排责任。

从欧盟航空排放交易一旦实施可能给发展中国家造成的影响看，鉴于发展中国家与发达国家在航空基础设施、航空技术等方面的差异，即使同等遵循欧盟的要求也将极大地约束和限制航空业正处于成长期的发展中国家的航空业发展。[①]此外，将航空纳入排放交易机制会导致运输成本增加，进而影响到消费者对发展中国家出口产品的需求。有研究表明，贸易对运输成本十分敏感。贸易对运输成本因素的弹性幅度在-1.3至-3.5之间。这种运输成本的增加特别是对于严重依靠进出口的小岛屿国家以及内陆发展中国家影响会更大。[②]

① 刘满平：《我国应对欧洲航空碳税的对策思路》，载《宏观经济管理》2012年第3期。

② Faber, Jasper and Brinke, Linda, The Inclusion of Aviation in the EU Emissions Trading System: An Economic and Environmental Assessment, Trade and Sustainable Energy Series, Issue Paper No. 5, International Centre for Trade and Sustainable Development, 2011.

五、对国际运输减排单边行动的几点评价

第一，在应对国际运输排放的上述两类单边行为中，食物里程是一种自愿性的市场行为，现有国际法律对其约束很少，尽管其仍需遵守相关国际贸易法规则，对此将在下一章做详细分析。实际上这种措施的有效性主要依靠市场来解决。至于欧盟实施的航空排放交易机制，因为其本质上属于具有强制拘束力的法律措施，应该遵守相关国际法的规定。尽管欧洲法院立足于欧盟立法强调将飞抵和飞离欧盟的国际航空纳入排放交易体制具有合法性，但是其管辖范围的确超出了欧盟边界，延伸到了其他国家主权管辖范围和国家主权管辖之外的空域，这是事实。对此欧洲法院的论证并不能完全令人信服。对于全球性环境问题采取单边环境措施解决一直受到大多数国家的批评，其实质是一国将自己的环境标准和理念在没有与其他国家达成协议的情况下适用于其他国家，难免有违反国际法之嫌。

第二，采取强制性单边措施很难收到预期效果。如欧盟所称，它将国际空运排放纳入排放交易机制是为了减少国际航空排放。但是很显然，对于这样一个全球性问题，仅仅欧盟采取措施效果必然有限，而且即使欧盟采取了 2008/101/EC 指令的措施，在实施过程中各国也可以通过选择抵近欧盟的机场进行中转等来规避，从而使得欧盟措施在国际航空减排方面的效果进一步弱化。

第三，如同本章第二节所论及的，对于国际航空减排需要一揽子措施的综合运用，仅冀求通过排放交易机制的引入来获得最佳效果近乎奢望。对此有学者甚至指出：用技术标准、促进技术升级的办法来减少温室气体排放，最直接有效，虚拟资本的方法只是一个补充性的、选择性的手段。[①]

第四，或许从一定意义上讲，欧盟的单边行为的确在某种程度上促进了国际航空减排多边机制的发展，而且这也是欧盟的一个动机，

① 郭丽萍：《欧盟力推航空碳税中航协采取“三不”对策》，载《大经贸》2011 年第 12 期。

例如欧盟 2008/101/EC 指令中明确提出“共同体及其成员国应继续寻求全球协定以减少航空排放。根据任何这种协定，委员会应该考虑是否修改本指令。”也就是说，如果达成多边协定，欧盟可以修改指令，不予实施。但是归根结底，解决全球性问题需要采取多边方式，这一点已经得到国际社会的广泛认同。

第四章

WTO 体制下的气候贸易措施

气候贸易措施大体包括两种类型：一是对贸易有影响的气候措施，诸如碳税、排放交易碳标签等，这类措施本质上属于气候变化应对措施，但其实施会对贸易产生间接的、潜在的影响。二是用于气候目的的贸易措施，诸如边境碳调整、出口关税、出口补贴等。这类措施名义上是为了应对气候变化而采取，但本质上属于贸易措施。发达国家为了应对隐含碳所引发的碳泄漏和竞争力损失问题所主张的措施涵盖上述两种类型，实践中以边境碳调整与碳标签措施最为典型。本章在总结分析 WTO 有关贸易措施基本规则的基础上，重点对边境碳调整和碳标签两种气候贸易措施及其合规性进行分析。

第一节　WTO 关于贸易措施的基本要求

WTO 规则涵盖货物贸易和服务贸易两大领域，鉴于隐含碳问题主要体现在以产品为形态的货物贸易中，我们对 WTO 规则的分析也因而聚焦于其货物规则。WTO 作为以推行贸易自由化为理念的世界贸易组织对各国使用贸易措施制定了比较严格的限制。原则上，WTO 只允许各成员方采用关税这种贸易措施，禁止实施数量限制，并要求各国贸易措施应建立在非歧视的基础之上，当然也规定了包括环境保护在内的例外，以满足各国不同情况的需要，增强多边贸易体制的适应性。就 WTO 的规则体系看，关于货物贸易的规则规定在《1994 年关税与贸易总协定》（GATT1994）以及《农业协定》、《实施卫生与植物卫生措施协定》、《技术性贸易壁垒协定》（TBT 协定）、《补贴与反补贴措施协定》等一系列专项协定之中。其中，GATT1994 规定了货物贸易需要遵守的基本准则，具体包括以下方面：

一、关税约束

对每个 WTO 成员方的进口关税课以约束义务，是 GATT 的基础所在。GATT 第 2 条规定每个缔约方给予其他缔约各方贸易的待遇，不得低于有关国家减让表所提供的待遇。所有国家的减让表附于总协定之后，并成为总协定不可分割的一部分。受到约束的产品可免征普通关税中超过那些被许可的关税约束以外的关税及其他因进口或与进口有关的任何性质的税费。这就意味着一国对他国进口产品征收关税或其他费用时，需遵守国家关税减让表所列关税的约束，不得随意在关税减让表之外对产品征收关税，否则就违反了 GATT 第 2 条义务。当然，该条存在着一些例外情况：一是允许缔约方征收符合 GATT 第 3 条第 2 款规定的与国内税相当的税费，即通常所说的边境税调整；二是允许征收符合 GATT 第 6 条的反倾销、反补贴税；三是允许征收通关服务费。

二、禁止进出口销售的数量限制

GATT 第 11 条禁止缔约方对任何产品的进口、出口或外销施加除关税和其他税费之外的限制，这种限制包括配额、进出口许可证及其他措施。而根据专家组的解释，尽可能低的进口价格和复杂的出口检查都可能构成第 11 条所称的限制。除非符合本条所列举的一些例外，否则，任何对进口、出口及外销所施加的限制措施都可能违反该条义务。

三、非歧视待遇

非歧视是总协定的基本原则，包括最惠国待遇和国内待遇两方面，分别见之于 GATT 第 1 条和 GATT 第 3 条。GATT 第 1 条禁止在原产于或运往任何其他国家（地区）的相同产品之间存在歧视，GATT 第 3 条禁止进口产品与国内相同产品之间的歧视，这种禁止不管是在边境还是在国内征收都适用。其中，最惠国待遇的要求相对清晰。而在国民待遇的要求方面则需要做进一步探讨。

根据 GATT 第 3 条第 1 款的规定，无论是国内税，还是国内法规都不得以为国内生产提供保护的目的而对进口产品或本国产品适用。具体而言如下：

第一，在国内税的国民待遇方面，GATT 第 3 条第 2 款提出了两项要求：一是不得对进口产品征收超过对国内相同产品征收的国内税或其他费用；二是不得以为国内生产提供保护的方式，对进口产品或国内产品适用国内税和其他国内费用。

在第一项要求中存在两方面的问题，一是对于进口产品的征税范围，即可以对进口产品征哪些国内税。二是对“相同产品”概念的理解，因为只有在所进口的产品与国内课税产品被认定为“相同产品”的情况下才适用国民待遇原则。然而 GATT 第 3 条本身并没有对“相同产品”做出说明。实践中对“相同产品”采取了一种从严解释的方法，即以产品的最终性能为判断标准，从产品的用途、消费者偏好和习性、产品的特性和质量等几个方面进行综合认定。①

当然，对于进口产品而言，上述规则只是解决了以什么方式征税的问题，此外还存在一个前提性问题，即 WTO 允许对进口产品征收

① GATT, Report of the Working Party on Border Tax Adjustments, GATT BISD 18S/97, Para. 18.

哪些税？对此需要适用边境税调整规则。1970 年，GATT 边境税调整工作组曾对适用边境税调整的国内税范围做了一个明确的界定，即边境税调整适用于对产品直接课征的税种，如消费税、销售税、增值税等，不是直接针对产品的税种，如社会保障费、工薪税等则不属于边境税的调整范围。[①]

就国民待遇的第二项要求看，也同样存在着“产品”概念的界定问题。这里对享受国民待遇的“进口产品”的理解采取了较第一项“相同产品”更为宽泛的解释，即指与国内产品具有竞争或替代关系的“进口产品”。其中另一个关键问题是如何理解“为国内生产提供了保护”。对此，GATT1947 的争端实践主要是从目的和效果两个方面来判断的。如果通过对各种情况的分析，尤其是通过对缔约方为取得所宣称的国内政策目标而采取的措施进行分析，表明对国内产品的支持不仅仅是因追求合法目标而带来的一种偶然性影响的话，那么这种措施就被说成是具有提供保护的目的；如果这种措施对国内产品提供了较进口产品更具竞争力的机会，那么它就被说成是具有提供保护的效果。[②]然而，WTO 的争端解决实践似乎更强调从措施的客观效果方面进行判断。在 1996 年日本酒类税案中，上诉机构指出，判断有关措施是否为国内生产提供了保护需要进行客观效果上的检验。每一个案件都必须就所有相关事实和环境进行分析，以确定保护性税收的存在，而不必去探究立法者的立法原因和意图。[③]

第二，国民待遇的第二个方面是有关国内法规的国民待遇。根据 GATT 第 3 条第 4 款的规定，在产品的销售、购买、运输、分销或使用等所有相关国内法规方面，进口产品所享受的待遇不得低于国内相同产品所享受的待遇。该条款的适用也遇到了对“相同产品”概念的理解问题。然而，这里对“相同产品”采取的是一种从宽解释的方法，

① GATT, Report of the Panel: United States－Taxes on Petroleum and Certain Imported Substances, 1987, Para.5.2.4.

② GATT, Report of the Panel: United States-Taxes on Automobiles, DS31/R, 1994, Para5.10.

③ WTO, Report of the Appellate Body: Japan - Taxes on Alcoholic Beverages, WT/DS8/AB/R, WT/DS10/AB/R and WT/DS11/AB/R, 1996.

需要从产品之间是否存在竞争关系来理解，具有比前述国内税规定中的“相同产品”更为宽泛的内涵。[①]另一个关键问题是如何理解给予进口产品“不低于”国内产品待遇的含义，是否国内法规表面上对本国产品和国外产品同样适用就满足了“不低于”的要求？尽管 WTO 争端解决实践中没有对此做出解释，但是上诉机构却明确指出对该款的理解需要受第 3 条第 1 款的指导[②]，即对国内法规的适用不能以为国内生产提供保护的方式为之。由此似乎可以得出这样的推论：即使国内法规表面上同样适用于本国产品和外国产品，但只要实质上构成对国内生产的保护，那么也应认定该法规违反了国民待遇的规定。

总之，国民待遇原则的宗旨是在国内、国外相同产品之间创造相同的竞争条件，反对以为国内生产提供保护的方式实施国内税和国内法规。也即是说对 GATT 国民待遇的规定主要应从竞争条件的角度来理解，即使表面上对国内产品和进口产品同样适用的环境措施，如果造成国内产品与进口产品之间的不公平竞争，也有可能违反 GATT 关于国民待遇的规定。

当然，实践中对 GATT 第 3 条国民待遇规则的理解和适用是十分复杂的问题，需要结合具体情况进行判断。正如上诉机构所指出的，WTO 规则是可信赖、可理解和可执行的，面对无限的、多变的现实案件，WTO 规则允许结合具体案件进行合理判断，只有这样才能更好地服务于多边贸易体制，实现 WTO 成员通过建立争端解决体制所追求的多边贸易体制的安全性和预见性目标。[③]

四、GATT 第 20 条的一般例外

当一国为保护环境而采取的贸易措施违反上述规定的义务时，如

① WTO, Report of the Appellate Body: European Communities-Measures Affecting Asbestos and Asbestos-containing Products, WT/DS135/AB/R, 2001, Para.87-Para.99.

② WTO, Report of the Appellate Body: Japan - Taxes on Alcoholic Beverages, WT/DS8/AB/R, WT/DS10/AB/R and WT/DS11/AB/R, 1996.

③ WTO, Report of the Appellate Body: Japan - Taxes on Alcoholic Beverages, WT/DS8/AB/R, WT/DS10/AB/R and WT/DS11/AB/R, 1996.

果符合 GATT 第 20 条一般例外的规定，有关国家也可以此作为抗辩理由。第 20 条相关条款如下：

凡下列措施的实施在条件相同，各国间不会构成任意的或武断的歧视手段，或者不会形成伪装起来的对国际贸易的限制，则不得将本协议说成是妨碍任何缔约方采取或实行如下措施：

（b）为保护人类及动植物的生命或健康所必需者；

（g）关于养护可用竭的自然资源，凡这类措施同限制国内生产与消费一道实施者。

从中我们发现，条文中并未出现环境一词，但是由于保护人类、动植物的生命或健康实际上就是期望通过环境法规所直接或间接达到的目的，因而条款内容尤其是（b）项可以解释为一般环境保护。[①]实践中各国常以 GATT 第 20 条作为采取环境措施的依据。所以，第 20 条的这两个条款又被称为“环境例外”条款。

GATT 第 20 条一般例外条款的设置，实质上是对特定情况下成员方为追求贸易之外的其他政策目标包括环境保护而采取国内措施的一种“免责”，体现出 GATT 在协调主权国家之间权利义务关系方面的灵活性。一定程度上讲，援用第 20 条是无成本的或低成本的，因为即使在 WTO 争端解决机制否认被诉方措施符合第 20 条的情况下，被诉方也无须为此承担责任。[②]然而这并不意味着对第 20 条可以滥用。根据 GATT 第 20 条的规定，为保护国内环境目的而采取贸易措施需受两方面条件的限制：一是（b）项、（g）项具体规定的限制，二是序言规定的限制。

在具体对有关措施进行判定时，分为两步：一是应对措施的具体内容进行分析，看其是否符合（b）项、（g）项的规定；二是要看措施的适用是否符合序言的要求。由于第 20 条的规定极为原则，导致在实践中出现诸多问题。WTO/GATT 争端解决机制处理了多起有关环境问

① Thomas Andersson、Carl Folke、Stefan Nystrom 著，黄晶、周乃君、陆永琪译：《环境与贸易》，清华大学出版社 1998 年 2 月版，第 4 页。

② 曾令良、陈卫东：《WTO 一般例外条款（GATT 第 20 条）与我国应有的对策》，载《法学论坛》2001 年第 4 期。

题的争端，其专家组及上诉机构的判决为我们理解和应用第20条提供了依据。现根据WTO/GATT实践，对第20条的具体含义做简要分析：

第一，关于第20条的（b）项。对（b）项的解读实际上包含了三个步骤的分析：（1）是否是为保护人类、动植物健康所采取的措施；（2）这种措施对保护人类、动植物生命和健康是否是必需的；（3）这种措施是否符合序言的要求，即是否存在武断的或不合理的歧视和伪装起来的贸易限制。其中对“必需”的理解是问题的关键。根据专家组的解释，所谓必需的措施包含两层含义：（1）没有其他符合GATT条款的可替代措施；（2）措施需是最少贸易限制的，即在合理有效的措施中，与GATT其他条款不协调程度最低。在泰国香烟案中，专家组认为，可供泰国选择的既符合GATT的规定，又符合保障国民生命和健康目的的措施很多，如采取严格标记和充分披露卷烟成分的方法可以控制卷烟的质量，而禁止广告、维持烟草专卖或提高卷烟价格目标可以控制销量，因此专家小组认为泰国对美国香烟业加以限制不是必需的，因而不符合第20条的规定。[①]上述对“必需”概念的理解在1991年美国禁止从墨西哥进口金枪鱼一案中再次得到运用，专家组认为美国并没有表明它用尽了合理有效的旨在保护海豚的各项措施，尤其是通过协商达成国际协议等，因而，其对金枪鱼的进口禁令有违其GATT义务。[②]同样在美国汽油标准案中专家组也坚持了上述解释立场。[③]

尽管WTO/GATT实践对“必需”的解释基本保持了一致的观点，但仍有不少学者对上述解释提出质疑[④]，认为：（1）它不符合20条（b）的语法和文法，本条款中的“必需”是保护人类、动植物生命和健康这一目的的一部分，而如果将其解释成“最少贸易限制”，则“必需”便不再与保护人类、动植物这一目的相关，而变成单纯以是否与GATT

① GATT,B.I.S.D,36S/392-393,5.2.6.

② United States-Restrictions on Imports of Tuna, 30 I.L.M 1598,1992, Para.5.28.

③ Report of the Appellate Body -United States-Standards for Reformulated and Conventional Gasoline, Para.24 ,International Legal Materials, Vol.35, 1996.

④ Thomas J. Schoenbaum: International Trade and Protection of the Environment: the Continuing Search for Reconciliation, the American Journal of International Law, Vol.91, 1997.

最低限度相背离来判断。（2）这种解释使20条（b）项和（g）项之间产生不应有的区别，即最小贸易限制只适用于生命、健康的保护，而不适用于可用竭的自然资源的保护，难道自然资源的保护比人类生命的健康更重要吗？（3）对"必需"的这种解释实际上使该条的序言部分即是否构成国家之间武断的和不合理的歧视以及是否构成对贸易的伪装的限制成为不必要，因为"必需"即是"最少贸易限制"，从这个意义上讲，似乎有违条约法的解释规则，根据维也纳条约法，解释必须使条约所有条款有效和有意义，而不应解释为采取条约一部分的含义，而使另一部分条款成为多余。

就实践层面看，对"必需"的上述解释也不无问题。首先，"必需"强调的应是在合理有效的措施中与GATT不协调程度最低的措施，然而何谓合理有效，何谓不协调程度最低，尚存疑义。如果在经济术语中可以讨论一种贸易保护形式有更多的或者更少的贸易限制作用，那么在法律术语中，在"相符"与"不相符"之间有绝对的区别，很难想象其中的"中间状态"。[①]其次，"必需"强调无其他符合GATT之可替代措施。然而严格讲，几乎任何情况下都可以找到一种既与GATT相符又能达到有关目标的替代措施，因为贸易措施本身只是保护环境的次佳选择，采取其他环境措施，如利用生态标签制度，通过消费者选择也可以达到相应的目的，只是在措施的效果和可行性方面存在差别。因此，如果严格适用，几乎没有贸易措施能通过这种必要性审查。值得注意的是，在加拿大诉欧盟石棉案中上诉机构对"必需"的认定标准有了很大变化。在审查法国的石棉禁令是否是保护人类健康所必需的措施时，上诉机构指出，WTO成员有权决定它们认为合适的健康保护水平，法国选择的保护水平是阻止石棉产生的健康风险扩散，石棉禁令是达到这一目的所必需的。而"控制使用石棉"的措施不足以实现法国所确定的健康保护水平，并非是可以合理获得的替代措施。[②]

① 曾令良、陈卫东：《WTO一般例外条款（GATT第20条）与我国应有的对策》，载《法学论坛》2001年第4期。

② Report of the Appellate Body- European Communities Measures Affecting Asbestos and Asbestos Containing Products, WT/DS135/AB/R, Para.172－174.

可见，上诉机构对“必需”的认定更强调了有关措施必须是实现其本身的目标所必需的，并从是否能实现有关健康保护目标角度考察是否存在可合理获得的替代措施，并没有着重考察是否“最低限度”与总协定的规定不一致或“最低贸易限制”，从而为今后适用“必需”提供了一种新的可行性标准，石棉案也因而成为第一个成功援引第 20 条（b）项的案例。

第二、关于第 20 条（g）项。该项主要是允许 WTO 成员国可以采取措施以保护可用竭的自然资源，对此需注意：一是措施必须是与保护可用竭的自然资源有关；二是措施必须是对国内生产和消费的限制相配合；三是符合 20 条序言的要求。其中有几个问题需进一步澄清：

（1）关于可用竭的自然资源。可用竭资源并不是指非常稀少或濒临灭绝的资源，只要其具有潜在的可用竭性即可。自然资源的范围不仅包括矿产、森林等非生物资源，还包括生物资源。这在美国禁止进口海虾案中得到确认。该案提起方马来西亚上诉称“可用竭的自然资源”指的是类似矿产的有限资源，而不是生物或再生的资源。该资源因为供应有限，因消费而枯竭。如果所有的资源都认为是可用竭的，那么可用竭一词即为多余。然而上诉机构则认为有生命和可用竭并不互相排斥，一些有生命的物种，尽管原则上有再生能力，但确实面临着耗尽、用竭的危险。而第 20 条（g）项是 50 多年前起草的，条约解释应根据国际社会对当前环境保护的关注来理解。虽然乌拉圭回合对第 20 条未做修改，但《建立世界贸易组织协定》序言表明各签字方充分意识到了环境保护的重要性。从序言包括的观点看，自然资源一词的内容是动态的，而不是静态的。而且《联合国海洋法公约》、《生物多样化公约》、《21 世纪议程》等国际协定和宣言在提及自然资源时经常既包括有生命的资源，也包括无生命的资源。可见，在对“可用竭的资源”的解释上，上诉机构并未采取传统的时际法[①]解释方法，而是从有关环境公约和宣言的分析入手，指出可用竭资源的内容并不是

---

① （英）詹宁斯・瓦茨修订：《〈奥本海国际法〉第一卷第二分册》，中国大百科全书出版社 1998 年版，第 667 页。

静止的，而是变化的，必须根据现代国际社会对环境资源的保护来加以认识，从而认定可用竭资源包括生物物种。[①]在缺乏任何有关GATT实体规则修改的情况下，上诉机构根据当代环境保护的发展，对可用竭资源做出了有利于环境保护的解释，扩大了（g）项的适用范围和对环境保护措施的包容度。

（2）关于"相关"（related to）的理解。依据（g）项采取措施不像（b）项那样，要求必须是保护人类、动植物生命健康所"必需"，而只要求与保护可用竭资源"相关"即可。在美国汽油标准案中，上诉机构专门对此加以明确，指出应对第20条各条款所用文字上的差异予以重视。第20条列举了WTO各成员的多种政府行为、法律和规章，它们属于贸易自由化领域之外，可以依据不同的合法的国家利益和政策而颁布和实施，在处理它们与所审查的措施之间的关系时，使用了不同的词，反映了对措施要求的程度不同，对（g）项只要求"相关"即可。但何谓"相关"，争端解决机构的认识也经历了一个变化的过程。首先，以对进口采取较少优惠待遇是否服务于保护目的作为判定标准。[②]在美国汽油标准案中，按照专家组的分析，清洁空气是可被消耗的自然资源，减少空气消耗的政策属于（g）项意义上保护可用竭自然资源的政策范畴，进而专家组认为对进口汽油规定较少优惠的基线规则与美国改善空气质量的目标之间没有直接联系，因而较少优惠的基线建立规则并不是主要针对可用竭资源的保护，不属于GATT第20条（g）项规定的例外。然而上诉机构对此予以更正，指出专家组分析中的逻辑推理难以令人理解。较少优惠待遇是一个法律上的结论，不是措施本身。正确的是要看措施本身是否符合第20条（g）项的"与自然资源的保护相关"，而不是去审查给予进口汽油较低待遇是否符合第20条（g）项。其次，将"相关"解释为"主要针对"（primarily aim at）。在1988年加拿大禁止未经加工的鲑鱼和鲱鱼出口案中，专家组指出，第20条序言表明，总协定载入第20条（g）项的目的，不是扩

---

① Report of the Appellate Body -United States-Import Prohibition of Certain Shrimp and Shrimp Products, WT/DS58/AB/R,Para.130-131.

② United States—Taxes on Automobiles, 33 I.L.M 1937, Para.5.57.

大实行贸易限制措施的范围，而仅在于保证总协定下义务不致妨碍缔约方采取旨在维护可用竭自然资源的政策，基于这样的出发点，它将“与保护可用竭资源相关”解释为主要针对可用竭资源的保护，但并不要求此类措施对保护可用竭资源是至关重要的。[①]然而对于“主要针对”的解释也有值得探讨之处，其似乎是对 GATT 第 20 条原文的一个修改。[②]上诉机构在美国汽油标准案的裁决中也指出，“主要针对”本身并不是条约语言，而且并不能以此来简单地验证是否符合 20 条。[③]因而在汽油标准案和海虾案中，上诉机构对“相关”的解释更强调了“实质关系”，认为引起争议的措施与可用竭资源之间只要存在着密切且真实的手段与目的之间的联系，就可以认为“与保护可用竭资源相关”。[④]

（3）关于“同限制国内生产或消费一道实施”。在美国汽油标准案中，上诉机构同样根据条约解释的基本方法进行解释，认为当与某一措施相连时，“生效”（make effect）的通常含义可视为起作用，有效力。“与……一道”（in conjunction with）也可以简单理解为“一起”、“共同”。综合起来，上诉机构认为“与对国内生产和消费的限制一道实施”，是指政府措施如基线规则与国内对自然资源的生产和消费限制一起公布或生效。即应当将“同限制国内生产或消费一道实施”解释为一个要求，有关进口限制的措施不仅应考虑进口汽油而且也应考虑国内汽油。随后上诉机构进一步指出，这里对国内汽油和进口汽油的限制不要求相同，但应该公平（even-handedness）。[⑤]此外，上诉机构还指出，“与对国内生产和消费的限制一道实施”，并不是要进行“效

---

① Canada－Measures Affecting Exports of Unprocessed Salmon and Herring, Para.4.6.

② Thomas J. Schoenbaum, International Trade and Protection of the Environment: the Continuing Search for Reconciliation, the American Journal of International Law, Vol.91, 1997.

③ Report of the Appellate Body -United States-Standards for Reformulated and Conventional Gasoline, Para.19.

④ Report of the Appellate Body- United States-Import Prohibition of Certain Shrimp and Shrimp Products, WT/DS58/AB/R, Para.141; Report of the Appellate Body-United States-Standards for Reformulated and Conventional Gasoline,Para.19.

⑤ Report of the Appellate Body -United States-Standards for Reformulated and Conventional Gasoline, Para.20-21.

果判断”，也不是要求措施产生实际效果，因为无论是国际法还是国内法对因果关系的确定都是相当困难的。本案中，基线设定标准对国产汽油和进口汽油都有影响，可以视为“与对国内生产和消费的限制一道实施”的措施。在海虾和海龟案中，上诉机构沿用了美国汽油标准案的解释方式，指出美国在对进口海虾进行限制的同时，对其国内渔船捕虾也进行管制，对违反者施以一定的制裁，因而有关 609 条款是一个公正的措施，符合第 20 条（g）项“同限制国内生产一道实施”的要求。①

第三，关于序言。尽管 20 条的序言被广泛引用，但其在实践中的作用却很少被重视。然而争端解决机构对美国汽油标准案的裁定使这一状况大为改观，根据美国 1990 年空气清洁法修正案，美国环保局针对汽油的构成和排放效果制定新的汽油规则，在美国国产汽油和进口汽油之间适用了不同的标准。此案上诉机构的报告在 WTO/GATT 争端解决机制 50 年的历史上第一次对 20 条的序言做出了权威性的解释，使得序言的重要作用重新得到确认。

上诉机构认为，序言针对的不是措施或它的某项内容，而是措施实施的方式。序言的目的在于防止对第 20 条例外的滥用。适用第 20 条例外的成员方有义务证明它没有滥用第 20 条例外。

对于适用第 20 条例外的措施，序言包含了三个标准，即要求不得在情况相同的各国之间构成“武断的歧视”和“不合理的歧视”以及对国际贸易形成“伪装的限制”。在对“武断的歧视”、“不合理的歧视”、“伪装的限制”这些术语的理解上，上诉机构强调，应将它们连在一起，相互赋予含义。很明显，伪装的限制包括伪装的歧视，而隐蔽的或未宣布的限制或歧视并不能穷尽“伪装的限制”的含义。“伪装的限制”可以被认为包含了以第 20 条列举的例外形式为伪装的达到武断或不合理的歧视的限制，决定措施的应用是否达到武断的或不合理的歧视

① Report of the Appellate Body-United States-Import Prohibition of Certain Shrimp and Shrimp Products, WT/DS58/AB/R, Para.144-145.

时所考虑的因素，在确定是否存在伪装的限制时也应予以考虑。[①]这就是说某一特定措施即使符合第20条的要求，但如果它构成不合理的或武断的歧视，这种歧视同时也应被视为对贸易的“伪装的限制”。

在美国海虾案中，上诉机构对序言做了进一步的阐释，指出第20条的例外是有限制的、有条件的例外，不仅要符合第20条各项的要求，还要符合序言的要求。事实上第20条序言只是善意原则的一种表述，解释和适用序言的任务在于设置和发现寻求例外的成员方权利和其他成员在关贸总协定下各项实体权利的平衡。这种平衡不是固定不变的，而是随着有关措施种类、形态的变化及案件的不同情况而变化。武断的、不合理的歧视标准的设置实际上就是为了防止对第20条例外的错用、滥用。依措施构成条件相同国家间的武断的或不合理的歧视，需要具备三个条件：一是措施的适用必须导致歧视，而这里对歧视的判断标准不同于根据GATT1994第1条、第3条、或第11条认定产品歧视的标准。二是歧视在性质上必须是武断的或不合理的；三是这种歧视必须发生在条件相同的国家之间。而条件相同的国家不仅指不同的出口国之间，还指进口国与出口国之间的歧视。同时还进一步指出，序言包含了对在WTO成员引用第20条具体例外的权利和其他成员根据总协定的实体权利之间维持平衡的需要的承认。序言的用语非常明确，从（a）项到（j）项，每一措施都是对GATT1994其他条款中所包含的实体义务的有限的和有条件的例外，例外的最终获得应受到符合序言要求的限制。序言的作用在于防止例外权的滥用，序言的标准既包括实体的规定也包括程序上的要求。而这种例外权的错用、滥用，不仅是指措施的具体运用行为是武断的、不合理的，还包括表面上看似公正而实际上却是以武断的、不合理的方式采取的措施。不仅包括实体要求的考察，也包括程序上的考察。[②]

可见，由于上述第20条例外是直接援用GATT1947的原文，如

---

① Report of the Appellate Body in United States-Standards for Reformulated and Conventional Gasoline, Para.25.

② Report of the Appellate Body- United States-Import Prohibition of Certain Shrimp and Shrimp Products, WT/DS58/AB/R,Para.158-160.

何将其适用于环境保护却不甚明确。实践中 WTO 争端解决机构一方面试图通过扩大 20 条（b）项、（g）项的适用范围来适应环境保护的要求，同时通过对序言的灵活掌握来防止环境保护措施对正常贸易的妨碍。

第二节 边境碳调整措施的合规性分析

边境碳调整是发达国家借鉴 WTO 的“边境税调整”而提出的一种贸易措施，而这种贸易措施是否符合 WTO 关于边境税调整的规则，又是否可以基于其用于气候变化之目的而在 WTO 体制内获得正当性则一直存有争议。

一、边境碳调整的提出

“边境碳调整”是指在应对气候变化的国际背景下由欧盟、美国等发达国家提出的一项贸易措施，主要有两种表现形式：一是对来自无实质性温室气体减排义务国家的产品加征进口关税或碳税（又称“边界税调整”）；二是要求这些产品的进口商从国际碳市场或区域性碳市场购买相应的碳排放信用。[①]相比之下，欧盟更倾向于前者，美国则对后者更感兴趣。欧美发达国家提出边境碳调整的主要动机是通过对来自没有采取类似减排措施的国家的进口产品进行边境碳调整，以维护本国企业的竞争力，防止不公平竞争的出现，同时防止本国产业向国外转移而出现碳泄漏现象。此外，通过边境碳调整还可以对其他国家的减排政策施加影响。

理论上讲，边境碳调整包括对出口产品的调整和对进口产品的调整两种。实践中引起其他国家，特别是发展中国家关注的主要是发达

① 冯相昭、田春秀：《高度重视气候变化与国际贸易关系新动向》，载《环境保护》2008 年第 11B 期。

国家对进口产品实施的边境碳调整。尽管边境碳调整措施无论在贸易领域还是环境领域似乎都表现出某种正当性乃至必要性[①]，但是关于该措施的争议则一直没有停止。

作为一项贸易措施，边境碳调整措施应当遵守 WTO 相关规则的规定，并以此作为其正当性的法律依据。本节主要依据 WTO 规则对边境碳调整措施的合规性进行探讨。这种探讨旨在分析边境碳调整措施可能遇到的相关法律问题，而并非简单地评说边境碳调整措施是否违反了 WTO 的相关规定，因为一项政策是否合法必须根据此项政策的设计、适用范围等诸多条件来判定。[②]

二、边境碳调整措施对 WTO 规则的适用

按照 WTO 规则，对于边境碳调整措施的合规性判断大体需要遵循如下几点：首先，回到 WTO 关于边境税调整的基本规则，对于边境碳调整措施的合规性进行分析；其次，分析在不符合 WTO 边境调整规则时可否通过对 GATT 第 20 条一般例外的援引而获得正当性。此外，从发展中国家的视角出发，还需要考虑边境碳调整措施是否需要考虑发展中国家的特殊情况。

（一）对边境税调整规则的适用

欧洲、美国提出的边境碳调整措施都是试图援引 GATT 的边境税调整规则来证明措施的合规性。其遇到的主要法律问题是：对进口产品征收的碳税是否属于 GATT 边境税调整规则的适用范围。

征收碳税是指对产品隐含碳排放，即产品生产过程中的碳排放所征收的税。在 GATT 实践中对于生产过程中的投入品是否可以进行边境税调整需要区分不同的情况。一种是所投入的物质经过生产已经为最终产品所吸收，成为最终产品的内在成分。WTO 允许对这种投入的

① 黄志雄：《国际贸易新课题:边境碳调节措施与中国的对策》，载《中国软科学》2010 年第 1 期。

② 冯相昭、田春秀：《高度重视气候变化与国际贸易关系新动向》，载《环境保护》2008 年第 11B 期。

物质征税，GATT专家组在美国超基金案中对此有详细的分析。[①]另一种是所投放的物质在生产过程中被消耗掉，并没有体现在产品的最终性能之中。对于这种生产过程中所投入的消耗物是否可以征收边境税这一问题，学者通常引述WTO《补贴与反补贴措施协定》的规定作为旁证。根据该《协定》附件一所列出口补贴示例清单的（h）项及其注释以及《协定》附件二"关于生产过程中投入物耗的准则"的注释，允许进行边境税调整的不仅包括对产品征收的累积税，还包括对产品生产过程中消耗的投入物所征收的税，所谓产品生产过程中消耗的投入物是指"生产过程中使用的物理结合的投入物、能源、燃料和油以及在用以获得出口产品过程中所消耗的催化剂"。然而学者在对此条的解读上存在着分歧。有学者认为"碳税"即二氧化碳排放税中的二氧化碳，既不是最终制成品的物质性投入物，也不是最终制成品生产过程中消耗的能源、燃料、生产油类及为获得出口而消费的催化剂等，未被涵盖在边境税调整所能适用的税种范围之内。[②]也有学者分析边境税调整需要遵守GATT第3条第2款的规定，对进口产品征收的税包括对同类本国产品所"直接或间接"征收的税费。而对特定产品在其生产过程中投入的材料征收的税费，可以视为是对该产品"间接"征收的税费。这意味着对产品生产过程中使用的能源或燃料或排放的二氧化碳征收的税费可以适用边境税调整。[③]也有学者认为上述解读尽管貌似合理，但因为涉嫌对产品出口国生产过程环境标准的干涉，而不宜如此解读。[④]可见，在边境碳调整是否适用GATT边境税调整规则方面存在分歧。

同时，需要进一步引起注意的是：边境碳调整适用GATT边境税调整规则的一个前提条件是在国内开征了类似的"碳税"。而对于诸如欧盟采取的强制排放配额交易，尽管有学者认为其性质类似于财政措

---

① GATT, Report of the Panel: United States－Taxes on Petroleum and Certain Imported Substances, 1987, Para.5.2.

② 刘天姿、陈彬：《"碳关税"措施在GATT/WTO体制中的合法性研究》，载《国际经贸探索》2011年第4期。

③ 张昕宇：《"碳关税"的性质界定研究》，载《求索》2010年第9期。

④ 贺小勇：《论世贸组织体制下的环境边境税调整》，载《国际商务》1997年第5期。

施[①]，但是否可以将之作为对进口产品征收碳税的前提条件有待进一步分析。

此外，对于边境碳调整的第二种形式，即要求进口产品购买一定的碳信用，这种措施是否适用GATT边境税调整规则遇到的主要问题是对要求购买排放信用措施的定性。有学者针对欧盟推行的航空排放交易，认为要求非欧盟企业按照欧盟交易规则购买排放权实质上构成了一种边境调节税。[②]也有学者认为可以将欧盟推行航空排放交易视为一种环保税。[③]但是在美国航空运输协会诉英国国务卿一案中，欧洲法院就欧盟2008/101/EC指令所做的合法性裁决包含了对欧盟排放配额交易法律性质的分析，欧洲法院认为，欧盟实施的排放交易不同于根据燃料而征收的环境税。按照欧洲法院的裁决，要求进口产品购买一定的减排信用不适用GATT边境税调整的范畴。但这并不意味着其就可以不遵守WTO规则，例如至少应该遵守WTO关于国内政策的国民待遇原则。

总之，GATT边境税调整规则在WTO规则体系中一直是一个饱受争议、悬而未决的问题。这就使得边境碳调整措施在对该规则的适用上存在诸多不确定性。如何协调环境税措施与国际贸易规则之间的关系，目前仍处于论争之中。[④]

（二）边境碳调整对GATT第20条一般例外的适用

尽管关于边境碳调整措施是否可以适用边境税调整规则存在争议，甚至退一步讲，即使认为边境碳调整不符合GATT边境税调整规则的要求，采取措施的国家也可以援引GATT第20条（b）、（g）项为其措施的正当性进行辩护。从WTO争端解决的实践看，第20条是

① Aaron Cosbey , Trade and Climate Change Linkages, A Scoping Paper produced for the Trade Ministers' Dialogue on Climate Change Issues Held in conjunction with UNFCCC COP 13, Kyoto Protocol MOP 3 Bali, Indonesia, December 8 - 9, 2007, International Institute for Sustainable Development, January 2008.

② 李占五：《我国应对欧盟拟征航空碳税的举措》，载《中外能源》2011年第11期。

③ 陈晖：《欧盟航空碳税及其应对措施》，载《电力与能源》2012第2期。

④ The WTO Secretariat, Taxes for environmental purposes, Trade and Environment at the WTO: Background Document, Http//:www.wto.org.

专家组和上诉机构厘清贸易保护与环境保护二者界限的最佳途径。①

如前述，在适用GATT第20条（b）、（g）项时，先需要判断边境碳调整是否属于（b）、（g）项所指的措施，然后按照该条序言的要求，审查其是否构成武断的、不合理的贸易契税或者伪装的贸易限制。综合学者关于边境碳调整措施对GATT第20条适用情况的分析，主要有以下三种观点：

第一，结果不确定。认为碳关税对（b）、（g）项都可以援引，因为碳关税既可被解释为保护"清洁空气"或"大气"这一可用尽资源，也可声称旨在应对全球气候变暖这一危及人类与自然界生存发展的困境。但相较于（b）项而言，（g）项的适用在技术上难度要小，因为碳关税作为单边国内环境政策中应对气候变化的手段之一，很难被认定为是唯一有效的、必不可少的达成碳减排目标的方法。碳关税更有可能被解释为与一国应对气候变化的环境目标"相关"而非"必需"。当然，还需要对（g）项其他条件的符合性以及序言的条件等逐一进行分析。而判断碳关税是否获得第20条（g）款"保护可用尽的自然资源"的豁免，不可一概而论。这不仅仅是因为至今还未发生真实案例，而且即使将来出现诉讼，争端解决机构也将按照各项条件逐一严格把关。可以预见的是：作为采取边境碳调整措施的被申诉方在援引第20条时要承担更为全面细致的举证责任以建立起表面真实的初步证据。而一旦建立后，需要的是申诉方必须随即提供相应的、足够的反证，否则被申诉方没有进一步举证的必要，而豁免也将被认定为成立。②

第二，边境碳调整可以援引第20条获得正当性。认为争端解决机制对可耗竭资源与贸易争端案例的裁决提供了碳关税合法性分析的理论基础和程序框架。该观点以美国的做法为参照进行分析，认为征收碳关税满足第20条（g）款的条件：一是洁净的空气正被温室气体排放所破坏，而洁净的空气是可用竭的自然资源；二是碳关税通过对进口高排

---

① 何娟：《碳关税：新的绿色贸易壁垒抑或WTO环境保护豁免》，载《世界贸易组织动态与研究》2010年第3期。

② 何娟：《碳关税：新的绿色贸易壁垒抑或WTO环境保护豁免》，载《世界贸易组织动态与研究》2010年第3期。

放产品征税，防止碳泄漏，可减少二氧化碳对洁净空气的耗竭，属于保护可耗竭自然资源的措施；三是碳关税的实施是欧美在国内实施碳税的基础上，对出口国高耗能出口产品征收的边境调节税，具有非歧视性。同时碳关税符合第20条序言的要求：一是依据ISO14067能够避免贸易的歧视，通过出口国提供出口产品碳排放信息，追踪碳排放足迹，可以合理征收碳关税。二是美国针对碳关税积极推动多边协商，这都减少了碳关税征收的国别歧视。而遵循争端解决机制援引GATT第20条(g)款的审核程序分析，可以认为碳关税征收符合GATT豁免条款。[①]

第三，认为边境碳调整不符合GATT第20条的要求，不能依据此条获得正当性。该观点认为边境碳调整虽然符合（g）项的条件，但不符合序言的要求。例如有学者认为：（1）碳关税措施存在武断或不合理之处：以美国为例，美国的碳关税将自己的标准强加于人，并且没有考虑各国的实际情况，对各国采取统一标准征收是不合理的。(2)美国的碳关税措施表面上的目的是为了保护环境，似乎并不是限制国际贸易的措施，但在事实上具有限制其他国家产品出口的贸易保护效果，因而构成国际贸易的变相限制。[②]还有学者认为碳关税保护本国产业竞争力的考量超过了对碳泄露等减排措施有效性问题的关注，碳泄露与征收碳关税之间缺乏直接和内在联系，因而难以摆脱变相限制国际贸易的嫌疑，不符合GATT第20条的例外规定。[③]有学者进一步指出，根据争端解决机制上诉机构的解释，序言是善意原则的体现，为了确保当事方基于善意适用第20条，而不是规避WTO义务，必须检查的是措施的真正目的，而不是宣称的理由。就目前序言已经发展出来的实体检测标准来看，美国碳关税的实行不可能通过这种标准的检查。表面上美国宣称其征收碳关税的目的有两个：一是促进全球应对气候变化的努力；二是防止其他国家温室气体的排放阻碍美国应对气候变化目标的实现。然而，这些理由都因美国拒绝批准《京都议定

① 马翠萍、刘小和：《GATT 第20条争端案例下的碳关税征收合法性分析》，载《国际贸易问题》2012年第3期。

② 佟占军：《WTO 规则视野下的“碳关税”解析》，载《北京农学院学报》2011 年第 1 期。

③ 王祥修：《WTO 机制下的碳关税探析》，载《理论学刊》2011 年第 9 期。

书》而丧失可信度。美国的真实目的只是为了保护美国经济，而非减少温室气体排放。考虑到序言已经确立的实体检测标准，美国碳关税措施不可能通过序言实体标准的检测。①

此外，如同前述有学者提到的，在对边境碳调整进行评估时，仍需要进一步探讨的一个问题，即是边境碳调整的主要目标是什么。尽管国外学者大多认为边境碳调整的功能包括防止碳泄漏和解决竞争力问题两个方面，但是也有学者指出，边境碳调整最为核心的问题是解决竞争力问题，在国际贸易法领域即是“公平竞争”问题。如果这种分析成立的话，那么边境碳调整就会遇到其是否属于应对气候变化的环境措施的质疑。而如果边境碳调整仅仅是作为贸易措施的话，它就无法援引 GATT 第 20 条一般例外而获得正当性。

综上，边境碳调整措施在遵守国际贸易规则方面存在诸多法律问题,而究竟边境碳调整措施是否符合国际贸易规则尚有待于实践检验。

三、关于对发展中国家的特殊待遇

从国家层面看，欧盟等发达国家采取的边境碳调整一旦实施会对发展中国家的进口产品带来很大影响。对此，发展中国家可否援引 WTO 关于发展中国家特殊待遇的规定,要求发达国家在边境碳调整方面给予发展中国家以区别对待呢？

给予发展中国家以特殊待遇是 WTO 非歧视原则的进一步发展，是 WTO 追求成员国之间实质意义上的非歧视的体现。受经济发展阶段、技术和能力等方面的限制，发展中国家在国际竞争中处于劣势地位。如果享有与发达国家相同的待遇对发展中国家而言可能是极不公平的，会在客观上阻碍发展中国家进入国际市场的机会，从而影响到发展中国家的发展进程。因此，WTO 主张对发展中国家给予特殊待遇。相关规定集中体现在 1964 年增补的 GATT 文本第四部分“贸易

① 朱鹏飞:《WTO 视野中美国碳关税制度的违法性分析——以 WTO 一般例外条款为中心》，载《北京工商大学学报（社会科学版）》2011 年第 5 期。

与发展”之中。该部分包括第36条、第37条和第38条三个条文。其中第37条是发达国家给予发展中国家特殊待遇的承诺。根据第37条第1款的规定，发达国家承诺尽最大可能实施下列措施，但因包括法律原因在内的无法控制的原因使其无法做到的除外：第一，优先考虑削减和取消欠发达国家具有特殊出口利益产品的贸易壁垒；第二，对欠发达国家具有特殊出口利益的产品避免采用关税或非关税进口壁垒，或增加关税或非关税进口壁垒的影响范围；第三，避免实施新的财政措施，财政措施的调整应优先考虑削减和取消财政措施。上述规定似乎可以用来作为依据向拟采取边境碳调整措施的国家提出异议。同时该条规定，任何缔约方如认为上述三项承诺没有付诸实施，则可向缔约方全体报告，以求得满意的解决办法。此外，根据第37条第3款的规定，发达国家在考虑诸如边境碳调整措施时，应特别注意欠发达国家的贸易利益，并且如果此类措施会影响欠发达国家基本利益时，应在此类措施之前，探索进行建设性补救的所有可能性。当然，需要指出的是，这些规定主要是发达国家的承诺，并未构成对发达国家具有约束力的法律义务。一方面，发达国家缔约方如果想给予发展中国家缔约方某项优惠，或发展中国家缔约方之间想相互给予某些优惠，都需要按照GATT第25条5款规定的条件，通过解除GATT第1条最惠国待遇义务后才能实施。另一方面，在上述条款的用语上，使用了“尽可能履行”、“积极考虑”等诸如此类的弹性词语，这就意味着发达国家对相关承诺的履行完全按其意愿而定。总之，由于并未解决优惠待遇的法律地位问题，也未规定实施的具体程序和有效的措施，且仅要求发达国家缔约方“尽可能履行”其义务，致使其原应履行的义务未被履行或未被认真履行。[①]因此，尽管理论上，发展中国家，特别是最不发达国家可以依据WTO对发展中国家的特殊待遇在边境碳调整上主张对自己的差别待遇，但由于相关规定本身存在的缺陷很难在实践中得以实施。

---

① 沈木珠、乔生：《论WTO体制关于发展中国家的特殊规定》，载《山东社会科学》2001年第5期。

四、WTO规则与国际气候规则的兼容性

除了上述WTO规则外，在WTO框架下，发展中国家可否运用《气候变化框架公约》的规定来对抗发达国家的边境碳调整措施呢？因为很显然，发达国家在边境碳调整措施上所标榜的对非歧视原则的遵循，不是《气候变化框架公约》共同但有区别责任原则。对于这个问题的回答需要从两个方面入手：一是厘清WTO与《气候变化框架公约》之间的关系；二是探讨WTO争端解决机制在争端解决实践中援引《气候变化框架公约》的可能性。

首先，按照国际法理论，WTO协定与《气候变化框架公约》作为相互独立的国际条约，理当按照各自条约规定的规则和运行机制运行，彼此之间的关系取决于条约本身的规定。就WTO而言，尽管如前述，在《建立世界贸易组织协定》中引入了可持续发展理念，而且在GATT1994以及TBT协定等相关协定中规定了与环境有关的条款，但是这些规定并没有对WTO如何处理与多边环境条约之间的关系做出规定。尽管关于WTO规则与多边环境协定之间的关系问题曾在WTO体制内引起广泛的讨论，但目前WTO仍没有就此达成相关协议。也就是说，按照目前WTO规则，援引《气候变化框架公约》来对抗发达国家的边境碳调整措施缺乏法律依据。

其次，在对WTO相关规则的解释和适用方面，争端解决机制发挥着重要作用。在WTO法律体系中，尽管部长会议和总理事会拥有对WTO规则广泛的解释权，但是由于这种解释需要成员方四分之三的多数通过方能做出，因而实际上以这种形式做出的专门解释并不多。WTO作为一个庞杂的规则体系，如何在实践中得到运用，更多需依赖WTO争端解决机构在实践中结合具体情况，对有关协定条款内容予以澄清。就环境问题而言，由于WTO并无一个专门处理环境问题的协议，现有环境规则又过于原则、分散，因此争端解决机构对环境贸易争端的处理为我们准确理解和适用WTO规则提供了重要途径。其中争端解决上诉机构的报告对有关协议的解释尤其具有指导意义。上诉

机构的判例一定程度上具有英美法先例的效力，而上诉机构对 WTO 规则的解释也具有很强的连续性和前后一致性。

从 WTO 争端解决的实践看，自 WTO 成立以来，争端解决机构已经先后审结了美国汽油标准案、美国禁止进口海虾及其产品案以及欧盟影响石棉及含有石棉产品措施案等一系列与环境有关的案例。争端解决机构在审理上述案件的过程中，通过对环境条约等的援引来对相关问题做出解释。据统计，争端解决机构先后对《生物多样性公约》、《联合国海洋法公约》、《21 世纪议程》、《里约宣言》等 11 项多边环境协定和宣言予以认可。例如在美国禁止进口海虾及其产品一案中，上诉机构就明确指出，《里约宣言》第 12 条原则在解释 WTO 相关法律时尤为相关。[①]有鉴于此，学者提出应当将《联合国气候变化框架公约》的共同但有区别责任作为对碳关税贸易措施的约束。[②]综合上述分析，发展中国家通过争端解决机制援引《气候变化框架公约》共同但有区别责任来对抗发达国家的边境碳调整措施具有一定的可行性。

第三节 碳标签措施及其合规性分析

作为为应对气候变化而推出的碳标签措施会对产品的市场进入和竞争力产生影响。碳标签措施应当遵循 WTO 的相关规则，以与 WTO 规则相一致的方式实施，以避免对贸易产生不必要的阻碍。

一、碳标签的内涵及其气候变化应对功能

碳标签是环境标识的一种。根据国际标准化组织在 ISO14020 标准——《环境标志和声明通用原则》中的定义，环境标志是用来表述

---

① 王燕：《论“共同但有区别的责任”对碳关税贸易措施的约束》，载《国际经贸探索》2012 年第 10 期。

② 王燕：《论“共同但有区别的责任”对碳关税贸易措施的约束》，载《国际经贸探索》2012 年第 10 期。

产品或服务环境因素的声明，其形式可以是张贴在产品或包装物上的标签，或是置于产品文字资料、技术公告、广告或出版物内，与其他信息相伴随的告白、符号或图形。[①]环境标志的总体目标可以表述为，通过不至于误导产品和服务环境影响的可检验的、精确的信息交换，鼓励更有利于环境的产品和服务的需求和供应，刺激市场驱动的环境持续改善的可能。[②]碳标签作为环境标志的一种特殊形式，是在应对全球气候变化的背景之下推出的一种环境标签类型。对于碳标签可以从以下几方面理解：

第一，碳标签是关于产品碳足迹的量化表示或量化标注。[③]产品碳足迹是产品在生产、供给和消耗整个生命周期过程中释放的二氧化碳和其他温室气体的总量。作为一种量化标注，碳标签主要运用生命周期评价来对产品整个生命周期的碳排放进行测算。产品生命周期评价作为客观评价产品整个生命周期环境影响的一种方法，通过识别与量化产品整个生命周期物质和能量的使用以及环境排放，来评价由此造成的环境影响，评估和实施相应的改善产品环境性能的机会。生命周期评价贯穿于产品的整个生命周期，包括原材料提取与加工、产品制造、运输以及销售、产品的使用以及使用后的处理和处置等，即通常所说的产品从摇篮到坟墓的全过程。产品生命周期评价一般包括目标与范围的确定、生命周期清单分析、生命周期影响评价以及生命周期解释等几部分内容。实践中由于对产品全生命周期的碳排放进行系统评价十分复杂，因此除了标识产品全生命周期碳排放的碳标签外，还出现了仅标识生产过程排放，甚至是运输过程排放的碳标签。就目前情况看，国家和国际层面已经或正在开发碳标签的相关标准，这些是碳标签国际化的重要基础。由于不同产品的温室气体排放和测量方法不同，因此产品碳足迹标准通常根据产品分类规则来确定。目前产

---

① 杨永华著：《突破绿色贸易壁垒－ISO14000标准实务》，海天出版社2000年版，第40页。

② WTO, Internationally agreed definition of environmental labeling within ISO and related work, WT/CTE/W/114.

③ 胡莹菲、王润、余运俊：《中国建立碳标签体系的经验借鉴与展望》，载《经济与管理研究》2010年第3期。

品碳足迹标准主要有英国的 PAS2050 和日本的 TSQ0010 标准，以及尚未出台的 ISO14067 标准。[①]

第二，碳标签作为一种环境信息传递工具，对于消费者和生产者具有双向调解功能。一方面通过向消费者展示产品碳排放信息，推动消费者在享有知情权的基础上，从应对气候变化、降低自身碳排放的角度选择低碳排放的产品；另一方面，也促使生产者生产更多低碳产品来满足市场需求，维持和扩大自己的竞争力。碳标签对消费者和生产者的作用通常被视为碳标签的基本功能。学者对此多有论述。如有学者认为产品或服务标识碳标签有两层意义，一方面其标识的碳足迹信息可以为消费者提供绿色消费向导，有利于消费者更快地了解产品的环保性能，引导其选择更低碳排放的商品；另一方面，企业也可经由碳足迹盘查实现碳排放来源的透明化，了解生产过程哪个环节会产生较多碳排放，提出改善措施，从而达到减少温室气体排放的目的。[②]有学者则一方面承认碳标签具有鼓励消费者和生产者支持保护环境和气候的功能，同时也指出碳标签的实施更多地取决于消费者和生产者的社会道德和责任感，同时碳标签需要核定生产过程中导致的温室气体排放量，会给厂商带来额外成本，消费者也要因此承担一部分的加价。[③]

第三，实施碳标签的目标是减缓温室气体排放，但是碳标签发挥的是间接性作用，换句话说，碳标签是应对气候变化的一种间接性调整措施。碳标签的使用会对贸易产生影响，甚至可能会成为一种新的贸易壁垒。首先，碳标签的标准制定往往从本国情况出发，有利于本国生产者。在相关标准制定过程中很少考虑到发展中国家的特殊情况，客观上造成对发展中国家的歧视。特别是碳标签会涉及产品的生产方

---

① 王晨曦：《产品碳足迹——后京都时代的新型贸易壁垒》，载《世界贸易组织动态与研究》2012 年第 4 期。

② 蔡苏文：《日本碳标签制度对山东农产品出口的影响及对策》，载《中国商贸》2010 年第 9 期。

③ 吴洁、蒋琪：《国际贸易中的碳标签》，载《国际经济合作》2009 年第 7 期。

法，容易为本国贸易保护主义所利用。[①]其次，碳标签的认证会给发展中国家的企业带来较大的经济负担。产品生命周期碳排放清单的计算十分复杂，且成本高昂，特别是对于发展中国家而言，由于它们对碳标签认证和相关标准不熟悉，通常需要支付高昂的费用给国外买家指定的外国咨询者和认证机构以便通过认证。此外，为了获得相关测算数据，发展中国家的企业需要做出适应性调整，也会因而增加企业的管理成本。

第四，碳标签作为环境标签的一种有其特定的功能指向和局限性。从环境影响和可持续发展的视角看，温室气体排放仅仅是可持续性的一个因子，除此之外，还有诸多生态安全、资源退化、环境污染等诸多环境因素。通过碳标签提醒消费者关注碳排放，降低自身碳足迹固然重要，但也不能仅仅是关注碳排放问题。否则消费者和生产者可能没有动力来处理其他环境和社会因子，结果碳标签可能会产生不适当的结果。[②]

二、碳标签与国际贸易规则的兼容性分析

作为一种会对贸易产生影响的措施，碳标签也需要遵守相关国际贸易规则。为此，需要区分强制性碳标签和自愿性碳标签两种类型来进行讨论。就目前碳标签的实施情况看，各国通常采取的是自愿性碳标签，但法国根据其2010年通过的一项法案采取的是强制标注的做法。

强制性碳标签作为一种贸易限制措施，原则上需要适用GATT关于国内法规的国民待遇规定和《TBT协定》关于技术法规的规定。而从GATT与《TBT协定》的法律关系看，二者属于一般法和特别法的关系。WTO协定附件对货物贸易多边协定做出了总体性解释说明，当GATT各款与其他货物贸易协定各款有抵触时，以其他协定的条款为

① 曲如晓、马建平:《贸易与气候变化:国际贸易的新热点》，载《国际贸易》2009年第7期。

② Vicki Waye, Carbon Footprints, Food Miles and the Australian Wine Industry, Melbourne Journal of International Law, May, 2008.

准。虽然《TBT 协定》规定的义务在哪些方面与 GATT 的规定存在着不同还需要进一步检验，但 WTO 实践已经认识到，《TBT 协定》作为适用于特定种类措施的一套专门法律体系，对成员施加了似乎不同于 GATT1994 的额外的义务。[①]因而，在适用 WTO 规则时，首先要明确有关措施是否属于《TBT 协定》技术法规的调整范围，只有在不属于《TBT 协定》管辖的情况下，才适用 GATT 的相关规定。

根据《TBT 协定》附件一的规定，所谓技术法规是指规定产品特性或相应加工和生产方法，包括可适用的行政管理规定在内的强制执行文件。按照这样的定义，强制性碳标签属于《TBT 协定》所定义的技术法规，需要遵守《TBT 协定》关于技术法规的规定。《TBT 协定》对技术法规的基本要求包括：（1）遵守非歧视原则。《TBT 协定》第 2 条规定，各成员应确保在技术法规方面对从任何成员的领土进口的产品给予不比其给予国内相同产品和其他任何国家相同产品较为不利的待遇。对于技术法规的合格判定程序也需遵守非歧视原则。（2）防止技术法规造成不必要的贸易阻碍。在判定技术性措施是否构成不必要的贸易障碍方面，《TBT 协定》允许对环境措施从目的的合理性和效果两方面进行综合考虑。它强调各成员方应确保技术法规的制定、采用、实施的目的或效力不得对国际贸易造成不必要的障碍，且对贸易的限制不应超过为实现某一正当目标所必需的程度，并考虑不实现这些正当目标所带来的风险。这些正当的目标是指：国家安全要求；防止欺诈行为；保护人类健康或安全；保护动植物的生命或健康以及保护环境。在评估未能实现上述正当目标所导致的风险时，尤其需要考虑的因素包括可获得的科学和技术信息，有关的工艺技术以及产品的最终用途等。此外，《TBT 协定》还为减少技术性措施的贸易影响提供了一系列“指南（guidelines）”[②]，如技术法规在适当的情况下，应按照产品的性能要求而不是按设计或描述的特性来规范；如果批准某

---

① WTO, Report of the Appellate Body: European Communities-Measures Affecting Asbestos and Asbestos-Containing Products, WT/DS135/AB/R, 2001, Para.80.

② 世界贸易组织秘书处编，索必成、胡盈之译：《乌拉圭回合协议导读》，法律出版社 2000 年版，第 110 页。

项技术法规的环境或者目的已不复存在，或者改变了的环境或目标可以用对贸易有较少限制的方式来处理时，那么该技术法规不得继续维持；与此类似，合格判断程序不能比使进口成员相信产品符合技术法规或标准所必需的限度更严格；各成员要保证尽可能快地进行和完成这一程序，除必需的信息外，不再要求提供更多的信息，而且测试地点要方便，等等。（3）以国际标准作为制定技术法规和合格评定程序的基础。对于因气候、地理或技术上的原因不便使用国际标准或者没有国际标准作为参照的情况下，各国制定的技术法规和合格评定程序应通过相互承认制度进行协调。（4）遵守透明度要求。成员国的技术法规或合格评定程序在未采用国际标准或与国际标准不符时，如果对其他成员的贸易可能产生重大影响，那么该成员则应遵循一定的通知程序。第一，各成员方应适当提前一个阶段，在出版物上刊登拟采用的技术法规和合格评定程序；第二，通过 WTO 秘书处将技术法规和合格评定程序所涉及的产品通知其他成员方，并一并告知拟订中的技术法规和合格评定程序的简要内容和基本理由；第三，在接到请求时，应及时向有关成员提供技术法规和合格评定程序的特定部分或副本，并尽可能指出与国际标准不符的部分；第四，按非歧视原则给予其他成员一段合理时间以便提出书面意见，但紧急情况除外；第五，成员方应确保立即公布已采用的技术法规和合格评定程序，使有关的成员方得悉。另外，《TBT 协定》还要求成员方根据自己的情况设立一个以上的咨询点，负责回答其他有关成员或有关当事人提出的问题，并提供相关文件。可见，《TBT 协定》的规定也是以非歧视原则为基础的，是非歧视原则在技术性措施领域的具体化。除技术法规之外，《TBT 协定》还对合格评定程序以及标准等技术性措施提出了与技术法规类似的要求。

按照这样的要求，强制性碳标签只要遵循上述《TBT 协定》的要求，特别是在符合相关国际标准的情况下，就很难在法律上对其进行挑战。

至于自愿性碳标签，《TBT 协定》也包含了对自愿性环境标志措施的基本要求。该《协定》附件三《标准制定、采用和实施良好行为规范》（以下简称《良好行为规范》）对于自愿性环境标志的制定、采用和实施做出了类似于技术法规的规定，诸如遵守非歧视原则，不得对国际贸易制造不必要的障碍。无疑，自愿性环境标志措施应当遵守这些要求。不过其中存在的问题是：由于环境标志的制定以生命周期评价为基础，常常含有对产品生产方法方面的要求。虽然在环境标志对《TBT 协定》的适用上存在不同的理解[①]，但一般认为与产品无关的生产方法不属于《TBT 协定》“标准”所调整的范围，也就是说，环境标志中涉及的与生产无关的生产方法不受《TBT 协定》的管辖。除《TBT 协定》外，从 GATT 规则看，GATT 的国民待遇等原则适用于国内法规，对于自愿性措施无从适用。由此可以得出结论：环境标志中与产品无关的生产方法要求不受 WTO 规则的约束。这实际上为碳标签在处理产品生产方法问题时提供了契机，即虽然 WTO 禁止对产品生产方法问题进行直接的管制，但是可以通过自愿性环境标志等方式对进口产品的生产方法等提出要求来施加影响。

三、碳标签的未来发展

一方面，从碳标签的发展历程看，发达国家基本上都于 2008 年开始制定碳足迹标准或者试行碳足迹制度，这也是《京都议定书》第一承诺期生效的时间。[②]发达国家正将其作为所采取的应对气候变化的

① 《TBT 协定》对标准定义的英文原文如下：“document approved by a recognized body, that provides for common and repeated use, rules, guidelines or characteristics for products or related process and production methods, with which compliance is not mandatory .it may also include or deal exclusively with terminology, symbols, packaging, marking or labeling requirements as they apply to a product, process or production method.” 定义中对于“标志”的表述体现在第二句话中。与第一句话比较，第二句话在产品和生产过程之间并未包含“related”这个词。一种理解是，附件中的第二句话应与第一句相一致，环境标志应限于对产品特性或与其相关的 PPMs 的要求。另一种观点则认为不能这么说，因为第二句话中有一个“also”，因此第二句话实际上是增加的，而不仅仅是对第一句话的不同描述，基于与产品无关的 PPMs 的环境标志而也应受 TBT 协议的约束。参见：Seung Wha Chang, GATTing a Green Trade Barrier, Journal of World Trade, Vol.31, 1997, No.1.

② 王晨曦：《产品碳足迹——后京都时代的新型贸易壁垒》，载《世界贸易组织动态与研究》2012 年第 4 期。

一项重要措施看待。碳标签的作用不仅在于促进产品和生产工艺效率的改善，还为消费者提供减少他们自身碳足迹的选择权。[①]从宏观意义上看，它能够创造消费者以及其他压力诱使公司对供应商施加供应链要求，刺激中国和美国等这些没有承担《京都议定书》下具体减排义务的国家直接减少排放以及在后京都时代创造可靠的减排义务。[②]与此同时，我国有学者还对碳标签未来的影响表示担忧，碳标签涉及产品分类和对产品碳排放的精确测量，它们担心碳标签赖以实施的碳足迹标准可能成为发达国家征收碳关税的计量工具。[③]从这个意义上讲，碳标签可能成为碳关税的前奏[④]，为下一步发达国家实施边境碳调整完成技术等方面的准备。

另一方面，从国际贸易规则的角度看，碳标签通常被认为与国际贸易规则具有兼容性，相对于边境碳调整措施而言，碳标签对贸易的影响更小，因而也在实践中受到各国的青睐。目前，至少 61 个国家，代表世界 80%的人口至少在一种产品上实施了能效标准或标签，30 多个发展中国家实施了生态标签计划。这些项目提供了积极的产品区分和市场机会。[⑤]欧盟环境总局的研究表明，有 72%的欧盟居民支持碳标签并认为在未来它应当被强制执行。[⑥]2011 年 5 月底，《服装时报》

① Torney, D. and Kamal Gueye M., Climate Change Mitigation Policies in Selected OECD Countries: Trade and Development Implications for Developing Countries, ICTSD Programme on Competitiveness and Sustainable Development, ICTSD Series on Climate Change and Competitiveness, Issue Paper No.8, International Centre for Trade and Sustainable Development, 2009.

② Michael P. Vandenbergh, Climate Change: The China Problem, Southern California Law Review, July, 2008.

③ 王晨曦：《产品碳足迹——后京都时代的新型贸易壁垒》，载《世界贸易组织动态与研究》2012 年第 4 期。

④ 刘爱东、罗文兵：《我国纺织服装行业应对产品碳标签贸易壁垒策略研究》，载《国际经贸探索》2013 年第 1 期。

⑤ Torney, D. and Kamal Gueye M., Climate Change Mitigation Policies in Selected OECD Countries: Trade and Development Implications for Developing Countries, ICTSD Programme on Competitiveness and Sustainable Development, ICTSD Series on Climate Change and Competitiveness, Issue Paper No.8, International Centre for Trade and Sustainable Development, 2009.

⑥ 张斌、何艳、王丹萍：《碳标签食品的消费者行为相关研究：一个文献综述》，载《华东经济管理》2013 年第 4 期。

联合第一纺织网曾就碳标签问题对中国纺织服装企业进行了调查。调查结果显示：28.43%的企业认为贴上“碳标签”会导致成本增加和经济效益下降，15.00%的企业认为能使出口量上升和加大国际市场占有率，24.34%的企业认为能促进产品低碳化和增强国际竞争力，32.23%的企业认为能促进企业更重视国际上的相关信息。从调查结果来看，中国纺织服装企业对于产品碳标签的态度是比较积极的。[①]不仅是企业本身，碳标签还涉及产品整个供应链管理。27.07%的企业认为应该系统地整合上游和下游企业，实现低碳技术改造工作的对接；51.68%的企业表明应执行明确的采购标准，鼓励上游企业提供低碳产品；21.25%的企业认为开展供应链节能管理工作是行之有效的办法。[②]

可以预见，很难受到 WTO 合规性挑战的碳标签在未来将会获得更大的发展，会对发展中国家贸易造成实际的或潜在的影响。道理其实很简单，因为包括中国在内的发展中国家在产品生产阶段的碳排放量很有可能高于发达国家的同类产品。除非有明显的价格优势，否则根据碳标签传达的碳排放量信息，消费者一般不会选择较高碳排放量的欠发达国家的产品，这势必会对发展中国家的贸易利益造成影响。为此发展中国家应对碳标签制度所造成的贸易影响做长期、系统的制度安排和不懈努力。

---

① 刘爱东、罗文兵：《我国纺织服装行业应对产品碳标签贸易壁垒策略研究》，载《国际经贸探索》2013 年第 1 期。

② 刘爱东、罗文兵：《我国纺织服装行业应对产品碳标签贸易壁垒策略研究》，载《国际经贸探索》2013 年第 1 期。

第五章

我国对外贸易隐含碳问题及其法律应对

我国在发展对外贸易的过程中，承担了大量来自发达国家的转移排放。这不仅增加了我国的减排压力，也直接影响到贸易的可持续发展。对此需要从国际和国内两个层面入手探寻我国对外贸易隐含碳问题的应对之道。

第一节 我国对外贸易隐含碳问题

随着隐含碳问题成为贸易与气候变化政策中的热点之一，国内外学者对我国对外贸易中的隐含碳问题给予了极大关注，发表了一系列相关研究成果。利用这些研究成果，我们可以针对我国对外贸易中的隐含碳情况及其生成原因进行总体评估，并在此基础上分析隐含碳问题给我国贸易发展与气候变化应对带来的影响。

一、我国对外贸易隐含碳状况评估

第一，关于我国对外贸易隐含碳的总量。不少研究以某一年度的数据为基础，对我国年度隐含碳排放进行了分析。如有学者采用输出输入模型分析了 2005 年中国进出口中的隐含二氧化碳排放情况：2005 年，中国隐含碳在出口产品中的排放大约为 33.57 亿吨，由于进口而避免的排放为 23.33 亿吨，净出口隐含碳为 10.24 亿吨，占中国生产排放的 18.8%。如果从隐含排放中排除再出口因素，出口隐含排放大约为 44%。[①]还有学者从对外贸易隐含能的角度对 2005 年的贸易数据进行了分析，得出了大体相似的结论：2005 年中国出口商品额达到 7619.5 亿美元，其中所隐含的能源消费达到 4.12 亿吨油当量；进口商品额达到 6599.5 亿美元，其中所隐含的能源消费达到 1.56 亿吨油当量。虽然中国得到了 1000 亿美元左右的贸易顺差，但是为此相当于净出口了 2.56 亿吨油当量。进出口贸易中隐含的能源顺差量相当于 2005 年当年能源消费量（不含居民消费）的 18%。[②]此外，Tyndall 气候变化研究中心也曾对 2004 年中国国际贸易的隐含碳排放进行研究，显示当年中国国际贸易隐含碳排放占中国碳排放总量的 23%。中国出口的隐含碳相当于日本 2004 年的排放总量，超过英国排放量的 2 倍。[③]

相对于年度研究，跨年度的、对比性的研究更能从历史纵向上展示我国隐含碳排放的基本情况和趋势。据统计，1997～2007 年间，我国出口贸易额从 16543.20 亿元增长到 95540.99 亿元，增长了 4.78 倍，进口贸易额从 12759.07 亿元增长到 74020.55 亿元。相应地，我国隐含碳净出口由 1997 年的 3.81 亿吨增长到 2007 年的 13.81 亿吨，而隐含能净出口由 1997 年的 4.81 亿吨标煤增长到 2007 年的 12.31 亿吨标

① Boqiang Lin,Chuanwang Sun, Evaluating Carbon Dioxide Emissions in International Trade of China, Energy Policy, Vol. 38, Issue 1, January 2010.

② 李善同、何建武：《从经济、资源、环境角度评估对外贸易的拉动作用》，载《发展研究》2009年第4期。

③ Tao Wang, Jim Watson, Trade, Climate Change, and Sustainability, State of the World 2009 report：Into a Warming World, World Watch Organization, 2009.

煤[①]，分别增长了约 2.62 倍和 1.56 倍。据清华大学化学工程系生态工业研究中心的测算，我国出口内涵能源从 2003 年的 5918 万吨标准煤增加到 2004 年 7903 万吨、2005 年的 9002 万吨，增长幅度分别高达 33.5%和 13.9%。[②]有研究表明，2000～2006 年间，中国二氧化碳年排放总量的 30%～35%归于为生产满足国际市场消费的产品，扣除进口商品使中国避免在本土排放的二氧化碳，货物进出口贸易使净转移到中国的二氧化碳排放量从 2000 年的 2.3 亿吨增加到 2006 年的 7.2 亿吨，占中国二氧化碳排放总量的比重从 7.3%增加到 12.7%[③]类似的研究也揭示我国隐含碳净出口对 2004～2007 年国内碳排放增长的贡献为 20.29%。[④]随着出口含碳量的持续增加，出口含碳量在全国生产部门碳排放总量中的比重也从 1987 年的 13.99%上升到 2007 年的 32.04%。[⑤]可见，出口已经成为影响中国碳排放的一个不可忽视的因素。

第二，就我国对外贸易隐含碳的部门分布看，学者分析 1997～2007 年的贸易数据，认为我国隐含碳和隐含能出口最多的产业部门是机械设备制造业、金属制造业及化学工业，这三个产业在出口隐含碳方面分别占到 60.60%、10.90%和 8.80%；在出口隐含能方面占到 59.89%、10.54%和 8.94%。我国隐含碳和隐含能出口最为密集的产业是电力、热力和水的生产与供应业以及采矿业，二者在隐含碳出口比例中分别占到 0.18%和 1.15%，在隐含能出口比例中分别占到 0.15%和 1.16%，远远高于其出口贸易额。[⑥]另有学者分析了我国 2002～2007

---

① 许冬兰：《生态环境逆差与绿色贸易转型：基于隐含碳与隐含能估算》，载《中国地质大学学报（社会科学版）》2012 年第 1 期。

② 谢来辉：《欧盟应对气候变化的边境调节税:新的贸易壁垒》，载《国际贸易问题》2008 年第 2 期。

③ 张晓平：《中国对外贸易产生的 CO_2 排放区位转移分析》，载《地理学报》2009 年第 2 期。

④ 刘俊伶、王克、邹骥：《中国贸易隐含碳净出口的流向及原因分析》，载《资源科学》2014 年第 5 期。

⑤ 张友国：《中国贸易含碳量及其影响因素——基于（进口）非竞争型投入产出表的分析》，载《经济学（季刊）》2010 年第 4 期。

⑥ 许冬兰：《生态环境逆差与绿色贸易转型：基于隐含碳与隐含能估算》，载《中国地质大学学报（社会科学版）》2012 年第 1 期。

年的贸易数据，认为整体上看对我国出口贸易隐含能贡献最大的6个工业部门为通信设备、计算机及其他电子设备制造业，化学工业，纺织业，电气、机械及器材制造业，金属冶炼、压延加工业，以及金属制品业。2002、2005及2007年这6个部门对我国出口贸易隐含能的贡献率分别为50.74%、57.93%和61.85%，在我国出口贸易隐含能中占据重要份额并呈现逐年增长的趋势。[①]

第三，关于我国向主要贸易伙伴的隐含碳出口情况。（1）中美贸易中的隐含碳出口。研究表明，1997年与2002年，中国对美贸易载碳量分别高达4010.13万吨与556.21万吨，占中国当年各部门碳排放总量的6.61%与8.33%；而美国对中国贸易载碳量仅分别为290.65万吨与335.61万吨，只占美国当年各部门碳排放总量的0.53%与0.66%。[②]类似的研究显示：2002年与2007年，中美商品贸易的碳排放转移总量分别达4719．60万吨碳与5324．85万吨碳，分别相当于占当年美国部门碳排放总量9.32%与16.32%的碳被泄露到了中国。[③]此外，学者还对比分析了双边贸易中的隐含碳对两国排放的影响。对此，有学者以1997～2003年的数据为基础进行分析，认为如果从中国进口的商品在美国制造，美国二氧化碳的排放将增加3%～6%。另一方面，大约7%～14%的中国碳排放用于制造出口到美国的商品。[④]这意味着中国在为美国市场生产产品比美国自己生产相同产品要排放更多的二氧化碳。（2）中欧贸易中的隐含碳出口。据测算，中国对欧盟出口商品承载的含碳量占中国年排放量的2.99%～8.85%，而中国从欧盟进口商

① 庞军、石媛昌等：《我国出口贸易隐含能及其影响因素的分解分析》，载《经济问题探索》2012年第3期。

② 余慧超、王礼茂：《中美商品贸易的碳排放转移研究》，载《自然资源学报》2009年第10期。

③ 吴先华、郭际、郭雯倩：《基于商品贸易的中美间碳排放转移测算及启示》，载《科学学研究》2011年第9期。

④ Moustapha Kamal Gueye, Trade, climate change and global competitiveness, see: Trade, Climate Change and Global Competitiveness: Competitiveness: Opportunities and Challenges for Sustainable Development in China and Beyond: Selected Issue Briefs No. 3, International Centre for Trade and Sustainable Development, 2008.

品的含碳量只占欧盟年排放量的0.17%～0.73%。[①]（3）中日贸易中的隐含碳出口。据研究，1995年、2000年和2005年日本转移至中国的碳排放量分别为2808.72万吨、2597.57万吨和6548.81万吨，分别占中国当年碳排放总量的3.1%、2.8%和4.3%。[②]从长时段的连续性数据分析看，在中日贸易中，中国隐含碳净出口呈增长趋势，从1995年的2853万吨增长为2009年的8590万吨。[③]

综上所述，我国在对外贸易，特别是与主要发达国家贸易伙伴的贸易中一直是隐含碳的净出口国。从出口规模上看，2004年和2007年中国对发达国家和地区的隐含碳净出口分别为7.17亿吨和8.92亿吨，远高于对发展中国家和地区的净出口规模1.18亿吨和2.43亿吨。可见，受贸易流向的影响，我国的隐含碳净出口也主要去向发达国家。[④]从我国隐含碳出口的影响效果看，需要关注三点：一是增加了我国自身的碳排放总量；二是减少了美欧日等发达国家的碳排放；三是增加了全球总的排放量。对此，有学者通过中英贸易的案例进行了定量分析，即与不进行中英贸易，将从中国进口的相同商品改由英国自己生产相比，2004年中英双边贸易中的隐含碳排放会产生以下效果：一是减少英国消费者排放约11%；二是增加英国消费者的碳足迹约19%，因为中国的工业工艺相对于英国而言碳效率低下；三是增加了全球排放总量的0.4%。另外中英贸易需要从中国运输商品到英国，而运输所导致的碳排放尚未包含在其中。[⑤]有研究显示，仅1997～2003年间，中国贸易导致的全球排放净增值就达到7.2亿吨，比世界第七大排放国加拿大2003年一年的总排放量还要高20%。[⑥]

---

① 闫云风：《中欧贸易碳排放转移研究》，载《中央财经大学学报》2012年第4期。

② 吴献金、李妍芳：《中日贸易对碳排放转移的影响研究》，载《资源科学》2012年第2期。

③ 赵玉焕、王淞：《基于技术异质性的中日贸易隐含碳测算及分析》，载《北京理工大学学报（社会科学版）》2014年第1期。

④ 刘俊伶、王克、邹骥：《中国贸易隐含碳净出口的流向及原因分析》，载《资源科学》2014年第5期。

⑤ You Li, C.N. Hewitt, The Effect of Trade between China and the UK on National and Global Carbon Dioxide Emissions, Energy Policy 36, 2008.

⑥ Bin Shui, Robert C. Harriss, The Role of CO_2 Embodiment in US–China Trade, Energy Policy 34, 2006.

二、我国对外贸易隐含碳净出口的原因分析

从一般意义上讲，我国对外贸易中的隐含碳问题可以借着由贸易对环境的三种影响，即规模效应、结构效应和技术效应去分析。此外，除了贸易和技术因素外，还需要考虑中国特殊的国情，特别是能源结构等的影响。依据这样的思路，归纳影响我国对外贸易隐含碳的因素大体包括以下几种：

第一，从贸易结构上看，我国的出口贸易产品主要来自于“产出相对较高，但高耗能、高排放”的产业，而大多数进口产品却属于科技含量高、能源投入少、高附加值的产品。2007 年，中国最大的 3 个出口行业为机械设备制造业、纺织服装业和化学工业，3 个行业占中国出口额的比例分别为 44.16%、15.97%和 7.42%，其中纺织服装占总出口的比重在 2004～2007 年期间下降了 2.2 个百分点。发达国家对中国出口高度集中于机械设备制造业、运输设备制造业、化学工业和服务业，2007 年欧盟、日本和美国对中国的出口中，这四个行业占比平均为 78.04%。机械设备制造业、纺织服装和化学工业是中国最大的 3 个隐含碳出口行业，2007 年这 3 个部门共计平均占中国出口隐含碳比重的 68.3%。从 2004 年到 2007 年，机械设备制造业出口隐含碳比重上升，从 2004 年的 32.79%增加到 2007 年的 38.91%，纺织服装业比重下降，从 2004 年的 20.91%下降到 2007 年的 16.58%。①

我国的出口贸易结构与我国在国际分工和全球价值链中的地位密切相关。在当前全球生产和贸易垂直专业化分工趋势加强的情况下，我国所处的全球价值链地位不利于减排。自改革开放以来，特别是加入 WTO 以来，我国对外贸易虽然发展很快，但长期以加工贸易为主，处于全球产品价值链的低端。这种加工贸易主要依靠低廉的劳动力、土地、能源等生产要素，附加值偏低，同时加工组装往往比创新、产

① 刘俊伶、王克、邹骥：《中国贸易隐含碳净出口的流向及原因分析》，载《资源科学》2014 年第 5 期。

品设计、软件支持、市场营销、品牌维护等消费更多的能源和更多的碳排放。这就意味着我国在目前的国际分工模式和全球价值链中的地位不利于碳排放的降低。[①]

第二，除了贸易结构外，对外出口单位产品能源消耗和碳排放高也是我国对外贸易隐含碳净出口高居不下的重要原因。国际能源年鉴显示，2006 年中国每百万美元碳排放量是美国的 2.2 倍，是欧洲、日本的 3.2 倍。[②]甚至有研究认为目前中国的二氧化碳排放强度世界最高，是世界平均水平的 3.8 倍、美国的 6.4 倍。[③]导致我国出口产品碳排放强度高的原因有二：一是我国企业技术水平低，低碳技术缺乏。我国出口贸易大省的主要企业多为中小企业，且以制造业为主，如江苏、广东等。这些中小企业在低碳技术引进和研发方面受到人才、资金和研究能力等诸多因素的限制。[④]目前，企业在能源开采、供应与转换、输配技术、工业生产技术和其他能源终端使用技术与发达国家相比均有较大差距。能源密集型产业比如钢铁、造纸、水泥、炼铝业等落后工艺所占比重较高。先进技术的严重缺乏与落后工艺技术的大量并存，使中国企业的能源效率比国际先进水平约低 10 个百分点，高耗能产品单位能耗比国际先进水平高出 40%左右。[⑤]中国对外出口产品隐含碳强度高的另一个原因与中国的能源结构有关。中国的能源以煤炭为主，占到本国能源消耗的近 70%。相比之下，核能、可再生能源等非化石能源比例低。以 2005 年为例，2005 年中国的一次能源生产量为 20.61 亿吨标准煤，其中原煤所占比重高达 76.4%；2005 年中国的一次能源消费量为 22.33 亿吨标准煤，其中煤炭所占的比重为

---

① 王海鹏：《对外贸易与我国碳排放关系的研究》，载《国际贸易问题》2010 年第 7 期。

② 马翠萍、史丹、丛晓男：《产业隐含碳排放与贸易结构匹配下的碳关税研究——以中美贸易为例》，载《上海财经大学学报》2014 年第 2 期。

③ 闫云凤、杨来科：《中美贸易与气候变化——基于投入产出法的分析》，载《世界经济研究》2009 年第 7 期。

④ 陆怡、李磊：《应对低碳壁垒我国对外贸易的政策调整与法制完善》，载《行政与法》2011 年第 1 期。

⑤ 尹忠明、胡剑波：《国际贸易中的新课题：碳标签与中国的对策》，载《经济学家》2011 年第 7 期。

68.9%，石油为21.0%，天然气、水电、核电、风能、太阳能等所占比重为10.1%，而在同年全球一次能源消费构成中，煤炭只占27.8%，石油36.4%，天然气、水电、核电等占35.8%。[①]这种能源结构使得我国因为能源消费而导致的二氧化碳排放偏高，研究显示我国单位能源消费的二氧化碳排放因子比发达国家高30%以上。[②]有人对此做过一个有意思的测算：中国如果与美国的能源结构相同，消耗与当前同样数量的能源，二氧化碳排放量会减少20%。[③]

总之，上述影响我国对外贸易隐含碳的各种因素中，无论是国际产业链的分工，还是我国的能源结构，都很难在短时间内发生根本变化，而技术进步也需要一个比较长期的过程。加之对外贸易的持续增长，可以预见我国对外贸易中隐含碳净出口的状况仍会在一段较长时期内存在。

三、隐含碳排放对我国气候与贸易政策的挑战

尽管有研究认为中国并没有通过国际贸易成为发达国家的“污染产业天堂”，中国也无需为了减少二氧化碳排放而去限制国际贸易等国际经济活动[④]，但是隐含碳在国际贸易中跨国转移是一个事实，我国作为隐含碳净出口国的状况将在一定时期内存在，这无论对我国的应对气候变化政策，还是对外贸易可持续发展都施加了不容忽视的影响。

第一，我国是目前世界上碳排放最高的国家，这样一个事实使得我国在当前国际气候谈判中面临承担进一步减排责任的空前压力。而实际情况是，我国碳排放中除了满足本国消费外，其中很大一部分是

---

① 参见2007年6月国务院印发的、由国家发展和改革委员会组织编制的《中国应对气候变化国家方案》第二部分的内容。

② 顾阿伦、何建坤等：《中国进出口贸易中的内涵能源及转移排放分析》，载《清华大学学报（自然科学版）》2010年第9期。

③ 闫云凤、杨来科：《中美贸易与气候变化——基于投入产出法的分析》，载《世界经济研究》2009年第7期。

④ 李小平、卢现祥：《国际贸易、污染产业转移和中国工业CO_2排放》，载《经济研究》2010年第1期。

为了满足其他国家的消费。忽视这种情况，一味指责我国的高排放对我们而言是不公平的。考虑到我国能源消耗与环境污染和生态破坏所具有的密切关系，我国作为隐含碳大量出口国意味着我国在对外出口产品的同时，也出口了大量能源和净进口了大量的污染排放，增加了国内节能和环境的压力。[①]这是我们在参与国际气候规则谈判和国内气候政策制定过程中所不得不考虑的。

第二，隐含碳排放问题促使我们思考将环境、资源的成本计算在内，对我国外贸产值和利润进行重新认识与评估。按照“比较优势理论”，世界上劳动生产率不同的国家通过国际商品交换，都能给交换的双方在经济上带来利益。即使在各个生产领域生产率都比较低的国家，通过生产和出口那些自己具有相对优势的产品，仍然可以获得利益。但是在缺乏有效的环境管理政策，环境成本未被内化的情况下，国际贸易在带给双方经济利益的同时，也会加剧环境恶化。就我国外贸情况看，外贸的环境成本问题一直未引起足够重视。长期以来，中国在出口产品一直保持高贸易顺差的同时，也独自承担了生产和加工这些贸易出口产品的全部排放成本，包括能源燃料排放成本、加工过程排放成本以及交通运输排放成本。实际上，中国在发展对外贸易的同时，也承担着经济全球化过程中巨大的转移污染排放和直接的环境损害。[②]对此，需要高度重视我国对外贸易的环境成本投入，并进一步完善相关政策。以水泥产业为例，水泥在中国的出口贸易中占据重要地位，2005年出口量为2216万吨，创汇68460万美元，2006年更是达到3613万吨，创汇118062万美元。就水泥生产过程中的能源消耗和排放看，据学者对2006年我国水泥出口贸易中隐含碳的测算，出口水泥在我国境内的二氧化碳排放达到1003.75万吨，其中直接能源消耗生成二氧化碳513.05万吨，工业过程生成二氧化碳490.71万吨。根据欧盟当年二氧化碳交易最新价格和当年外汇中间价折算，水泥出口贸易中的

① 李善同、何建武：《从经济、资源、环境角度评估对外贸易的拉动作用》，载《发展研究》2009年第4期。

② 尹忠明、胡剑波：《国际贸易中的新课题：碳标签与中国的对策》，载《经济学家》2011年第7期。

隐含碳折合1.87亿美元，也就是说进口国从中国获取了其中15.8%的利润率，超过中国水泥出口中平均8%～12%的利润率水平。[①]长期以来，我国一直将对外贸易作为经济增长的发动机，但研究表明，我国出口对于国内能源消费和污染物排放的贡献程度要大于其对我国GDP拉动作用的贡献程度。就2005年而言，出口对于前者的贡献程度要比对后者的贡献高出5～10个百分点。[②]因此我国应对对外出口产品政策做进一步分析，以保障中国的国际经济贸易利益与国内环境利益之间的平衡。[③]具体而言，应以多种方式限制类似水泥等高污染、高排放的产品出口，在保护环境的同时，也为中国在国际事务中赢得更多的主动。[④]

第三，我国因为隐含碳问题正受到来自发达国家贸易伙伴碳关税等方面的威胁。根据上海财经大学刘小川教授的推算，如果美国对从我国进口的产品征收30美元/吨的"碳关税"，将会导致我国出口总额下降0.715%；如果"碳关税"提高1倍达到60美元/吨，出口总额就会下降1.244%。如果美国征收60美元/吨碳的关税，中国对美出口的下降幅度为2.6%，高含碳产业的产出平均降幅为3%～6%。根据世界银行的研究报告，如果碳关税全面实施，在国际市场上，中国制造可能将面临平均26%的关税，出口量因此可能下滑21%。还有学者认为，一旦欧美国家征收碳关税，30美元的碳关税税率将造成我国大约100万工人失业，60美元的碳关税税率将导致我国失业工人数达到200万左右。我国需要7年左右的时间才能逐步消除欧美国家碳关税对我国工业品出口造成的负面冲击，最终使我国工业品出口水平逐步恢复到没有征收碳关税情况下的正常轨迹。[⑤]有学者以2007年的数据为基础，

① 李丁、汪云林、牛文元：《出口贸易中的隐含碳计算——以水泥行业为例》，载《生态经济》2009年第2期。

② 李善同、何建武：《从经济、资源、环境角度评估对外贸易的拉动作用》，载《发展研究》2009年第4期。

③ 张晓平：《中国对外贸易产生的CO_2排放区位转移分析》，载《地理学报》2009年第2期。

④ 李丁、汪云林、牛文元：《出口贸易中的隐含碳计算——以水泥行业为例》，载《生态经济》2009年第2期。

⑤ 陈伟芝：《低碳经济与技术性贸易壁垒》，载《中国商贸》2012年第2期。

计算了欧盟国家征收碳关税对我国产品出口所造成的关税负担比率。即如果欧美等国对进口中国产品采取“一刀切”方式，征收每吨二氧化碳 30～60 美元的边境调节税，按碳排放强度为 2.2 吨 / 万元、2007 年人民币兑美元平均汇率 7.6 计算，每万元出口产品要加征 5 %～10% 的碳关税；如果仅对工业高耗能产品征收碳关税，则每万元产出的隐含碳排放量在 2.5～5 吨，仍旧以每吨碳 30～60 美元（7.6 元人民币 / 美元的汇率换算）测算，相当于每出口万元产值将加征 6%～12%甚至 12%～23%的关税。事实上，目前中国出口美国的农产品、非农产品最惠国平均关税水平为 5.4%和 3.6%。[①]而仅仅是为了应对欧盟航空碳排放交易措施一项，据我国民用航空局节能减排办公室估算，欧盟措施一旦付诸实施，中国民航业在 2012 年至少需交纳 8 亿元人民币购买碳排放配额，2020 年将支付超过 30 亿元人民币，9 年累计支出将达 176 亿元人民币。[②]而且，除了欧盟等发达国家一直要呼吁采取的边境碳调整措施外，碳标签等市场措施也日渐兴起，并对我国对外贸易产生影响。对此，国外学者还提出凭借对华贸易供应链来对我国施加影响，通过碳标签制度以及公司的碳足迹等影响供应链，从而带动中国更为积极地参与到气候减缓行动中来。[③]

第二节　隐含碳问题的多边规则调适与我国的方案选择

如果隐含碳问题需要纳入国际气候变化体制，对现有规则做适当调适，并需要对因隐含碳问题而引发的气候贸易单边措施做出基本判断的话，那么我国在多边规则的调整中如何维护自身利益，选择符合

① 马翠萍、史丹、丛晓男：《产业隐含碳排放与贸易结构匹配下的碳关税研究——以中美贸易为例》，载《上海财经大学学报》2014 年第 2 期。

② 郭丽萍：《欧盟力推航空碳税中航协采取“三不”对策》，载《大经贸》2011 年第 12 期。

③ Michael P. Vandenbergh, Climate Change: The China Problem, Southern California Law Review, July, 2008.

自己利益的方案呢？

一、隐含碳：认识我国国际气候责任的新视角

我国作为世界上排放总量最多的国家，在当前国际气候谈判中正承受着越来越大的压力。特别是在后京都国际气候变化谈判中，要求发展中国家，特别是中国、印度等新兴经济体承担更多气候责任的呼声一直不断。2007 年《气候变化框架公约》缔约方会议第 13 次会议暨《京都议定书》缔约方会议第 3 次会议制定的“巴厘路线图”，已经将发展中国家承担具体减限排义务正式纳入后京都进程。《公约》缔约方会议通过的《巴厘行动计划》明确要求发展中国家“在技术、资金和能力建设的支持下，在可持续发展框架下采取减缓行动，这种行动应该是以可测量、可报告和可核查的方式开展”。尽管《巴厘岛行动计划》并没有为发展中国家减缓行动做出具体要求，诸如减排目标、减排方式以及监督与核查方式等都没有明确，但发展中国家承担减排义务作为一种基本趋势已经确立。其后，2012 年底的多哈会议就《京都议定书》第二承诺期、《气候变化框架公约》下长期合作行动等重要问题达成了一揽子协议，结束了“巴厘路线图”谈判进程。会议通过的第 1/CP.18 号决定再次确认发展中国家应开展“在可持续发展方面可衡量和可报告的适合本国的缓解行动”，并决定在 2015 年的公约缔约方会议上通过一项《公约》之下对所有缔约方适用的议定书、另一法律文书或某种有法律约束力的议定结果，使之自 2020 年起生效并付诸执行。尽管新法律文件正在谈判起草中，但是可以预见，发展中国家会承担更多的减排义务。在这样的背景下，如何认识中国的二氧化碳排放，并按国际气候体制的基本原则来承担气候责任就成为焦点问题之一。

在国家承担国际气候责任方面，我国历来有三点主张：第一，不仅要看当前排放量，还要看历史累积排放量。从历史累积排放来看，从工业革命到 1950 年，发达国家的排放量占全球累计排放量的 95%；

从1950年到2000年，发达国家排放量占全球的77%。[①]相比之下，中国的历史累计排放则很少。根据世界资源研究所的研究结果，1950年中国化石燃料燃烧二氧化碳排放量为7900万吨，仅占当时世界总排放量的1.31%；1950～2002年间中国化石燃料燃烧二氧化碳累计排放量占世界同期的9.33%。[②]第二，不仅要看排放总量，还要看人均排放量。中国人口众多，人均排放一直很低。根据国际能源机构的统计，2004年中国化石燃料燃烧人均二氧化碳排放量为3.65吨，相当于世界平均水平的87%、经济合作与发展组织国家的33%。[③]第三，中国正处于工业化、城镇化过程当中。这个阶段被国际实践证明是排放量较大的阶段，为此，中国在该阶段排放增加符合国际发展规律，或者说是特定发展阶段规律所决定的。综上，对于我国而言，当前的碳排放主要是生存排放和发展排放问题，从历史和发展阶段的角度看，我国排放还将在一定时间内保持增长态势。

然而，当前我国已经成为第二大经济体，且人均排放量不断增长。在新的形势下，上述三点主张，特别是发展阶段论以及人均排放都受到不少的质疑。为此，有学者提出我国要想在国际环境外交及未来气候谈判中不被动并能够获得更大的利益空间，亟须寻求新的科学论据，合理界定我国的责任，履行适当的义务。[④]

隐含碳排放问题无疑为我国在国际气候谈判中维护自身权益提供了一个新的视角。如前所述，作为隐含碳净出口国，我国的排放总量中很大一部分是为其他国家，主要是欧、美、日等发达国家消费而排放的，这可以部分解释我国高排放的成因，同时对该部分排放完全由我国来承担责任对我国而言是不公平的。对此，国家发改委副主任解振华2008年曾指出："从经济全球化中国所处的产业链的位置来看，基本上还是处在低端。中国出口产品由发达国家进行消费、由中国买

---

① 解振华在2008年10月29日国务院新闻办公室举办的关于《中国应对气候变化的政策与行动》情况介绍新闻发布会上的发言，http://gb.cri.cn/18824/2008/10/29/3365s2300039.htm。

② 中国国家发展与改革委员会：《中国应对气候变化国家方案》，2007年6月。

③ 中国国家发展与改革委员会：《中国应对气候变化国家方案》，2007年6月。

④ 李丽平、任勇、田春秀：《国际贸易视角下的中国碳排放责任分析》，载《环境保护》2008年第38期。

单的温室气体排放量，我们算了一下，除去进口产品大体上占中国排放总量的 14.5%～24%左右。也就是说，中国的排放总量当中，大体上有 20%左右是由于出口产品排放的二氧化碳。我们为别人买单的占了将近 20%。”2009 年 9 月 22 日，时任国家主席的胡锦涛在联合国气候变化峰会开幕式上发表题为《携手应对气候变化挑战》的重要讲话，提出发展中国家“在经济全球化进程中处于国际产业链低端，承担着大量转移排放”。呼吁“在应对气候变化过程中，必须充分考虑发展中国家的发展阶段和基本需求”。

尽管我国官方已经意识到并向国际社会提出了我国因为对外贸易所承担的转移排放问题，但是如何将其落实到我国政策和对外谈判策略层面，以便更好地在国际气候谈判中维护我国的合法权益则缺乏系统性阐述。鉴于此，本书随后将分别就我国在隐含碳问题上应持的立场以及具体方案选择做概要分析。

二、我国对隐含碳排放的基本立场

第一，对外贸易的隐含碳排放是我国现阶段所必需的生存与发展排放的组成部分。其一，应对气候变化绝不仅仅是一个环境问题，还是经济与社会发展问题。各国因经济、技术等方面的差异致使各国的减排成本不同。学者研究发现，在多数情景约束下，减缓气候变化行动给发展中国家造成的福利损失远高于发达国家。[①]对于发展中国家而言，在特定发展阶段，总量减排与经济发展之间存在着不可调和的矛盾，从这个意义上讲，二氧化碳排放权就是经济发展权。[②]其二，对外贸易是我国经济发展的重要组成部分，而在对外贸易的发展过程中，如前所述，受对外贸易结构、能源结构以及技术发展阶段等的影响，我国对外贸易高隐含碳排放的状况一时间很难发生根本性转变。

---

① 李向阳：《全球气候变化规则与世界经济的发展趋势》，载《国际经济评论》2010 年第 1 期。

② 纪玉山、赵洪亮：《发展权视角下的中国碳排放责任分析》，载《综合竞争力》2010 年第 4 期。

其三，在国际经济贸易的全球化分工中，我国是全球产业链的一环，而且是产业链低端的一环。这在很大程度上决定了我国出口产品的隐含碳排放偏高的状况。而全球尤其是发达国家对我国生产的日用品和工业制成品需求是刚性的。对此正如学者指出的，只要这部分需求依然存在，中国作为“世界工厂”的碳排放就属于“必须排放”。[①]

第二，作为隐含碳净进口国的发达国家应对中国对外贸易的隐含碳转移排放承担责任。在当今经济全球化不断发展的情况下，发达国家从发展中国家进口大量产品以满足本国需要，并同时也进口了大量的隐含碳。隐含碳的实质在于发达国家在消费进口产品的同时，相当于间接消费了生产这些产品所消耗的能源以及相应排放的温室气体。[②]换句话说，在国际贸易条件下，发达国家的碳足迹具有世界性，不仅包括其主权管辖范围之内的排放，还包括为满足其本国消费而进口其他国家生产的产品所产生的排放。在应对气候变化的过程中，发达国家所承担的减排责任也应该与其国家碳足迹相一致。既然发达国家不能自行生产全部产品，那它就应该对发展中国家为其生产产品而产生的碳排放负责。[③]

第三，发达国家对发展中国家的隐含碳承担责任的方式是促进发展中国家的源头减排，基本方式是通过技术合作与转让、资金资助等方式，帮助发展中国家进行能力建设，提高发展中国家的能源利用效率，降低产品排放强度，从而降低发达国家在贸易中的“碳足迹”。这里需要强调的是，要求发达国家对发展中国家的隐含碳排放负责强调的是发达国家的一种国家责任，而不是发达国家消费者的责任。

第四，一定程度上讲，所谓碳泄漏和竞争力损失问题是在国际气候法律体制共同但有区别责任原则基础上，发达国家率先承担具体量化的有区别的减排责任的附带产物。发达国家承担的强制性减排责任并不是附加给发达国家的不合理的义务，更非是发达国家对发展中国

① 李丽平、任勇、田春秀：《国际贸易视角下的中国碳排放责任分析》，载《环境保护》2008年第38期。

② 曲如晓、马建平：《贸易与气候变化：国际贸易的新热点》，载《国际贸易》2009年第7期。

③ 曲如晓、马建平：《贸易与气候变化：国际贸易的新热点》，载《国际贸易》2009年第7期。

家的怜悯、恩赐、关照，而恰恰是发达国家承担二氧化碳历史排放责任的一种体现。[①]发达国家因实施控制二氧化碳排放的国内气候政策所造成的特定产业的竞争力损失，如果确实存在的话，那也是发达国家在承担二氧化碳历史排放责任时所必须付出的代价，并不是一种不公平的额外成本或负担。特定产业的竞争力损失，恰恰可以视为是发达国家承担共同但有区别责任的体现。[②]因此，对于发达国家主张通过单边进口贸易措施来解决因为隐含碳所导致的碳泄漏和竞争力问题的观点，我们应当坚决反对。因为这种贸易措施不仅不能解决发达国家的责任承担问题，反而是发达国家迫使发展中国家承担实质性隐含碳减排责任的体现。

三、国际气候法律规则调适中的方案选择

如前所述，目前如何将隐含碳问题引入国际气候体制尚处于探讨之中。为此，我国应当从自身情况出发，拟定多项方案以供未来气候谈判时选择使用。总体来看，我国大体上有三种选择方案。

第一，立足于现有国际气候体制，对国家排放计算方法做适当调适。尽管采用消费方法相较于生产方法来计算国家的减排责任理论上可以将隐含碳问题直接纳入国家排放清单之中，但是考虑到目前国际气候体制的路径依赖以及消费计算方法存在的一些难题，从可行性的角度看，立足于现有国际气候体制，对相关规定做适当调适以体现对隐含碳问题的考虑是比较现实的选择。而运用隐含碳问题，要求发达国家强化其对发展中国家的资金和技术转让义务的履行力度，帮助提升中国等发展中国家的气候减缓能力是最具可行性的方案。其中，就我国而言，重点是利用隐含碳问题，促进技术合作开发与转让，不断降低我国出口产品排放强度。这是因为：其一，就我国面临的国际减排形势看，如同有学者分析指出的，未来我国寻求发达国家资金支持

① 张昕宇：《碳关税的基础理论探析》，载《商业时代》2012年第6期。
② 张昕宇：《碳关税的基础理论探析》，载《商业时代》2012年第6期。

的难度较大，相比之下，“通过政府间的框架协议，鼓励开展更广泛的联合研发和企业之间的技术合作”①更为现实。其二，以技术合作与转让为核心，符合我国向国际社会做出的基于排放强度的减排承诺。2009 年我国在哥本哈根会议召开之前提出了到 2020 年单位国内生产总值碳排放强度比 2005 年的水平降低 40%～45%的目标承诺。这种以碳排放强度降低为目标的减排承诺体现了我国承担减缓气候变化责任的决心，同时也符合我国实际，即没有就排放总量和峰值做出承诺。“十二五”期间，我国提出将单位国内生产总值二氧化碳排放降低 17%作为约束性指标。这种碳排放强度降低的目标客观上也有助于我国对外出口隐含碳的平衡。

而国际气候体制，特别是根据《坎昆协定》设立的技术机制及其发展为我国结合本国实际有选择地开展技术合作并要求技术转让提供了制度保障。

根据公约缔约方会议第 1/CP.16 号决定，《公约》缔约方会议决定建立一个登记册，以记录寻求国际资助的适合本国的缓解行动，便利使资金、技术和能力建设资助与这些行动相匹配，并在登记册中单辟一节，以示对发展中国家缔约方适合本国的缓解行动的承认，决定登记册应制订成一个由秘书处的专门小组管理的动态网上平台。这种登记簿制度一方面在于明确发展中国家缔约方的减缓行动，同时登记发展中国家采取适当减缓行动所需资金、技术等方面的需求，以便相关机构进行对接。我国可以在登记簿制度下，将对出口贸易中碳排放强度高的行业技术合作与技术转让作为重点。当然，充分利用登记簿制度的前提是在充分分析本国出口行业技术现状的基础上，明确具体的技术需求，并将其体现在国际技术合作与转让以及国内政策之中。

第二，关于部门减排方案。我国对于部门减排方法一直持谨慎态度，并主要将其限于技术合作与技术转让领域。因为这种部门减排实际上是为发展中国家施加了具体的减排义务，是对现有国际气候体制

---

① 杨丹辉：《全球应对气候变化的新动向与我国气候谈判策略》，载《中国地质大学学报（社会科学版）》2012 年第 4 期。

“共同但有区别责任”做法的改变。然而，在现有国际气候谈判中，部门方法已经被确认作为未来国际社会加强气候减缓行动的选项之一。因此，我国对部门方法应予以高度重视，并提前做好预案。就隐含碳问题解决而言，在国际范围内开展部门减排有利于解决部门碳泄漏和竞争力问题，具有一定的可行性。在部门方法的方案准备中，我国应当坚持以排放强度标准为基础，选取排放强度高的部门参与国际减排。实际上我国碳排放强度高的部门往往同时也是我国对外出口隐含碳排放强度高的部门，如钢铁、水泥等部门。通过参与全球性的部门减排，有助于降低碳排放强度，在促进实现减排承诺的同时，也有利于解决我国对外贸易中的隐含碳失衡问题。目前电力、钢铁、有色等六大工业行业的碳排放仍占我国碳排放总量的50%以上，重点行业减排任务重，潜力大，政策效应明显。[①]对此，我国一方面可以考虑适时参与和推动相关行业减排的国际谈判，以便打破总量减排和排放峰值谈判的僵局。另一方面，以行业减排为契机，带动国内高排放产业的转型升级，进一步淘汰落后产能，谋求主导产业发展的更大空间。[②]当然，需要说明的是部门减排方案只是一种备选方案，首选还是争取发展中国家不承担具体减排责任。而即使这种备选方案也需要体现共同有区别的责任原则，即坚持以排放强度为标准，并应当对发展中国家和发达国家区别对待，在参与方面以发展中国家的自愿参与为原则。此外，我国还可以参考国际部门方法的具体方案，特别是部门信用方法，探讨将其用于国内部门减排的可行性。根据世界资源研究所的研究，部门信用机制在适用于国际部门减排方面是否能够实施是存在疑问的。因为就发达国家寄予希望的减少竞争力损失方面看，实际上总量控制下的生产者成本与“无损失”目标下生产者的成本是不相同的，而且也不清楚发达国家通过该机制在碳交易机制下将大量的净资金转移到其国际贸易部门的竞争者手里是否有政治上的意愿。但这并不意味着

① 杨丹辉:《全球应对气候变化的新动向与我国气候谈判策略》,载《中国地质大学学报(社会科学版)》2012 年第 4 期。

② 杨丹辉:《全球应对气候变化的新动向与我国气候谈判策略》,载《中国地质大学学报(社会科学版)》2012 年第 4 期。

部门信用方法就一无是处。相比之下，部门信用和无损失目标似乎更适于国内导向的电力、建筑业等部门。[①]

第三，关于国际运输减排。对此我国坚持多边解决方案，反对诸如欧盟等采取的单边措施。而在国际气候谈判以及国际民用航空组织和国际海事组织的谈判中，我国应当坚持的基本思路是基于技术、管理的减排手段与市场手段综合利用。其中的市场措施以发展中国家自愿参与为核心，并以为发展中国家提供适当激励为基本范式。这方面，学者提出的“原则性方法”（Principled Approach）可供借鉴。该方法认为应当制定一种遵守可持续发展原则的解决方案，包括转向更具燃油效率的发动机和飞机设计，使用更清洁的燃料、更有效率地使用领空和机场，同时建立国际运输的多边市场机制等。其中多边市场机制的好处一是促进各国采取更有效率和效果的气候变化减缓应对措施；二是防范国家采取单边的过分限制贸易的措施。[②]

四、国际贸易规则方面的应对方案选择

在国际贸易规则方面，主要问题集中在发达国家以公平竞争和防治碳泄漏为名而采取的单边贸易措施是否符合国际贸易规则上，以边境碳调整措施为典型。对此，包括中国在内的发展中国家一直持反对态度。而从完善国际贸易规则，促进国际贸易发展与减缓气候变化的角度看，以下几种方案可供选择：

第一，推动国际气候体制抑或是国际贸易体制就国际贸易和气候变化问题做出专门决定，明确国际贸易和气候变化的关系，反对发达国家采取单边气候贸易措施。

第二，运用 WTO 现有机制，一是积极参与 WTO 贸易与环境委员会（CTE）的讨论，对单边气候贸易措施的有效性及合法性等进行讨

① World Resources Institute, Slicing the Pie:Sector-based Approaches to International Climate Agreements, December 2007.

② Rafael Leal-Arcas, Working Together: How To Make Trade Contribute to Climate Action, International Center for Trade and Sustainable Development, Information note, November 2013.

论，充分阐明我国的立场和观点；二是更好地运用 WTO 争端解决机制，发挥争端解决机制的作用。除了自身提起争端解决程序外，还应积极作为第三方参与 WTO 相关案件的审理，并支持争端解决机制在处理相关案件时，将《国际气候变化框架公约》及其所确立的共同但有区别责任原则作为 WTO 判定案件的国际法依据。

第三，从完善国内碳排放标准和碳标签制度入手，强化产品供应链管理，积极为企业实现低碳发展，促进出口产品的低碳转型创造条件，减缓碳标签等市场措施对我国出口产品的冲击和不利影响。

第三节　我国对外贸易隐含碳问题的国内政策法律因应

面对我国对外贸易隐含碳问题的挑战，除了参与多边机制谈判，争取为我国创造良好的外部环境外，更为关键的是应从自身做起，练好“内功”，具体即调整贸易结构、提高能源利用效率，降低出口产品碳排放强度。为此，我国需要从应对气候变化和促进外贸发展两个方面健全相关政策与法律，并通过两方面政策法律的协同整合，履行气候承诺，促进对外贸易可持续发展。

一、我国减缓气候变化的政策与法律整备

在应对气候变化方面，2007 年国务院印发了《中国应对气候变化国家方案》，并自 2008 年起每年发布《中国应对气候变化政策与行动》白皮书，对我国应对气候变化工作进行总结和公告。2009 年 8 月全国人大常委会通过了《关于积极应对气候变化的决定》，就我国应对气候变化的目标、原则，主要措施、法治建设、社会参与和国际合作等做出了规定。2009 年在哥本哈根会议之前，中国根据自身实际情况提出

了到2020年的气候减缓承诺目标。上述文件和规定勾勒出我国在减缓气候变化方面的主要工作内涵：（1）调整经济结构和产业结构，强化产业政策引导，发展绿色、低碳、循环经济。为此，国务院发布了一系列产业调整政策文件，代表性的如2007年的《关于加快发展服务业的若干意见》以及2010年《关于加快培育和发展战略性新兴产业的决定》等，以此来引导和推动产业结构调整与转型。（2）节约能源，降低碳排放强度。为此，国家出台了一系列政策，仅以“十二五”期间为例，国务院印发了《“十二五”节能减排综合性工作方案》，分解下达“十二五”节能目标，实施地区目标考核与行业目标评价相结合、落实五年目标与完成年度目标相结合、年度目标考核与进度跟踪相结合，并按季度发布各地区节能目标完成情况晴雨表。工业和信息化部发布了《工业节能“十二五”规划》；交通运输部发布了《关于公路水路交通运输行业落实国务院“十二五”节能减排综合性工作方案的实施意见》及部门分工方案，印发了《交通运输行业“十二五”控制温室气体排放工作方案》。（3）积极调整能源结构，降低单位能源二氧化碳排放。2007年国务院及有关部门相继发布了《可再生能源中长期发展规划》、《核电中长期发展规划》、《可再生能源发展“十一五”规划》等。近年来，中国政府有关部门推出了一系列旨在促进可再生能源、核电和天然气发展的财税政策。例如，2006年印发了《可再生能源建筑应用示范专项资金管理暂行办法》，2007年下发了《关于核电行业税收政策有关问题的通知》，2008年出台了《风力发电设备产业化专项资金管理暂行办法》，2009年发布了《金太阳示范工程财政补助资金管理暂行办法》和《关于加快推进太阳能光电建筑应用的实施意见》。（4）采取综合政策和措施，强化对工业生产过程、农业等领域的温室气体排放控制。中国重视对非能源部门及非二氧化碳温室气体排放的控制，通过制定相关排放标准和行业污染防治技术政策，发布冶金、建材、化工等产业政策，发展循环经济以及加强对甲烷和氧化亚氮回收利用和排放治理等措施，有效控制了这些领域的温室气体排放。

为了加强应对气候变化工作的管理与领导，2007年6月我国成立了国家应对气候变化及节能减排工作领导小组，作为国家应对气候变化和节能减排工作的议事协调机构。领导小组具体工作由国家发展与改革委员会承担。发展改革委员会专设应对气候变化司，负责应对气候变化的国内和国际相关工作。相应地，全国各省（自治区、直辖市）均成立了以政府行政首长为组长的应对气候变化领导机构，建立了部门分工协调机制，明确了应对气候变化的职能机构，部分城市也成立了应对气候变化或低碳发展办公室。此外，我国按照《气候变化框架公约》的要求，2004 年向联合国提交了以 1994 年温室气体清单为核心的《中华人民共和国气候变化初始国家信息通报》。其中包括温室气体各种排放源和吸收汇的国家清单，以及中国应对气候变化已经采取及将要采取的政策、措施等多种信息。2012 年我国向联合国提交了《中华人民共和国气候变化第二次国家信息通报》，对中国排放源及减缓与适应气候变化的目标、措施等做出了全面通报，并编制了 2005 年国家温室气体排放清单。

总之，我国在应对气候变化方面已经建立了比较完善的政策体系，明确了减排目标和工作重点。从法律层面看，尽管我国目前《应对气候变化法》尚在制定过程之中，但现有的环境资源与能源法律体系已经为应对气候变化提供了比较好的法律基础。

第一，在能源法方面，我国制定有《节约能源法》、《可再生能源法》、《煤炭法》、《电力法》等。其中，《节约能源法》1997 年通过，2007 年修订。该法规定了一系列节能管理的基本制度，具体包括节能标准和单位产品能耗限额制度、固定资产投资项目节能评估和审查制度、落后用能产品淘汰制度、节能产品认证和能源效率标识管理制度以及能源统计制度等，并分别就工业节能、建筑节能、交通运输节能、公共机构节能和重点用能单位节能做出了具体规定。同时，该法还就促进节能技术进步以及促进节能的各种经济激励措施，如设立节能专项资金、对节能产品、节能技术及其推广使用给予财政补贴、税收优惠等。同时《民用建筑节能条例》、《公共机构节能条例》、《关于加快推进合同能源管理促进节能服务产业发展的意见》等配套法规相继出台。《可再生能源法》2005 年通过，2009 年修订。该法明确了政府、企业和用户在可再生能源开发利用中的责任和义务，规定了可再生能源开发利用总量目标和规划制度、产业发展之道和技术支持制度、发电全额保障性收购制度、发电分类电价与费用补偿制度等，并规定对可再生能源的开发利用通过设立可再生能源发展基金、给予信贷税收优惠等优惠政策予以鼓励。

第二，在清洁生产和循环经济方面，我国制定了《清洁生产促进法》和《循环经济促进法》，在企业层面推行清洁生产，并在企业、产业和全社会各个层面促进循环经济发展。

第三，在环境资源保护方面我国建立起比较完善的法律体系，为应对气候变化提供了重要基础。其中，环境保护方面，制定了《大气污染防治法》、《水污染防治法》、《噪声污染防治法》、《固体废物污染环境防治法》等污染防治立法，并通过了《环境影响评价法》等综合性环境管理立法。在资源保护方面，制定了《森林法》、《草原法》、《水法》、《渔业法》、《矿产资源保护法》以及《野生动物保护法》、《野生植物保护条例》等。

综上，我国已经基本建立起应对气候变化的政策法律体系，并形成了一系列相关制度。从协调气候与贸易政策，解决我国贸易中隐含碳问题的角度看，我国现有气候政策法律重点放在了调整经济、产业和能源结构、提高能效、降低产品单位排放强度等方面，这与应对国际贸易隐含碳的相关措施具有高度契合性。换句话说，我国应对气候变化的措施有助于从根本上缓解对外贸易中的隐含碳不平衡问题。

从政策法律措施的运用上，我国在应对气候变化方面基本形成了多种措施综合运用的模式，其中既包括强制性节能要求，也包括采取经济补贴等方式来促进再生能源利用等。同时我国目前正在积极开展碳排放交易试点。对此，从国际气候变化谈判和我国解决隐含碳问题的角度看，需要加大利用市场机制解决节能减排措施的力度。除了鼓励采用合同能源管理等商业节能模式外，重点是探讨建立全国性的排放交易市场。其中，需要探讨的是以碳排放强度为基准的排放交易，在建立和完善我国对外贸易中具有重要影响的重点行业碳排放强度的核算标准和方法的基础上，逐渐将其纳入排放交易之中。建立统一的以碳排放强度为基准的排放交易机制，符合我国在国际气候谈判中的立场，并可为我国更好地参与国际气候谈判创造有利的市场条件。

二、我国对外贸易的政策与法律整备

2012 年 4 月商务部发布了《对外贸易发展“十二五”规划》，对我国十二五期间的对外贸易发展做出了总体安排。透过对该《规划》的分析研判，可以对我国当前以及未来一段时间的对外贸易政策有一个基本的把握。《规划》提出的我国对外贸易基本思路是以“加快转变外贸发展方式为主线”，以“稳增长、调结构、促平衡”为重点，扩大节能环保产品出口，控制高耗能、高污染和资源性产品出口，同时进一步提高先进技术、关键零部件、国内短缺资源和节能环保产品进口比重，推动进出口的平衡发展。这样看来，我国对外贸易发展已经加入了相关环境因素的考量。同时，为了推进我国对外贸易的平衡发展，我国还制定了一系列促进措施。以进口促进为例，2012 年 4 月，国务院发布《关于加强进口促进对外贸易平衡发展的指导意见》，通过一系列经济政策鼓励进口。具体包括：（1）调整部分商品进口关税。根据国内经济社会发展需要，以暂定税率的方式，降低部分能源原材料的进口关税等。（2）加大进口促进资金投入，除了外经贸发展专项资金外，增加安排进口促进支持资金。（3）加强和改善金融服务，为进口提供多元化融资便利，并完善进口信用保险体系和贸易结算制度等。这些促进政策对于落实我国对外贸易战略，推进对外贸易的协调平衡发展起到了积极作用。

从法律层面考察，1994 年通过，2004 年修订的《对外贸易法》是我国对外贸易的基础性法律，该法对我国对外贸易的经营者、货物与技术进出口、服务贸易、知识产权保护、对外贸易秩序维护、对外贸易调查和救济以及对外贸易促进等做出了全面规定。其中，该法第十六条规定，为保护人的健康或者安全，保护动物、植物的生命或者健康，保护环境以及国内供应短缺或者为有效保护可能用竭的自然资源，需要限制或者禁止出口的，可以依法限制或者禁止有关货物、技术的进口或者出口。该条款实际上赋予了环境保护的例外权，为协调贸易和气候变化关系提供了比较灵活的空间。

三、促进我国气候政策法律与对外贸易政策法律的协同发展

隐含碳问题的应对为我国提供了审视和促进气候政策和对外贸易政策的契机。理论上讲，一方面需要在气候政策中纳入贸易方面的考量，另一方面在对外贸易政策中也应同时纳入应对气候变化的考量，从而使得气候政策与贸易政策相互支持，在解决隐含碳排放问题的基础上，促进我国减缓气候变化与对外贸易协调发展，实现双赢。

目前，我国在气候变化政策中已经考虑到了对外贸易因素，并为进一步采取措施提供了政策空间。以2007年发布的《中国应对气候变化国家方案》为例,《方案》提出我国应对气候变化的原则之一，是“将应对气候变化的政策与其他相关政策有机结合”,“减缓温室气体排放涉及经济社会的许多领域，只有将应对气候变化的政策与其他相关政策有机结合起来，才能使这些政策更加有效”。将气候变化政策与对外贸易政策有机结合应是该原则的应有内涵。具体在提高能源效率与节约能源方面，《方案》提出要“严格执行《产业结构调整指导目录》，控制高耗能、高污染产业规模，降低高耗能、高污染产业比重，鼓励发展高新技术产业”,“制定并完善国内紧缺资源及高耗能产品出口的政策”。在行业减排方面，提出“强化钢材节约，限制钢铁产品出口”,“取消或降低铁合金、生铁、废钢、钢坯（锭）、钢材等钢铁产品的出口退税，限制这些产品的出口”。在对外贸易政策领域，我国也注意到应对气候变化对贸易的影响，以《对外贸易发展十二五规划》为例，一方面《规划》承认我国对外贸易中存在的主要问题之一即是“传统外贸发展方式与资源能源供应和环境承载能力的矛盾比较突出”;另一方面认为“低碳经济带来新贸易机会。各国更加重视低碳环保，为节能环保产品提供广阔市场”，并制定了相应的政策措施。但总的来看，我国对于如何协调气候变化应对与对外贸易的关系缺乏顶层设计，相关法律规定也过于原则，可操作性不强。因此，未来需要进一步加大政策法律的协调力度。对此，可以考虑从以下几方面着手：

第一，协调气候减缓政策与对外贸易政策是我国实现可持续发展战略所必需的。从气候变化政策的角度看，一方面我国为生产出口产品所引起的排放在我国的总排放量中占相当比重，为此，我国气候减缓政策需要将对外贸易产品的生产排放作为减缓政策的重要部分。另一方面，随着我国减缓气候变化措施不断强化，特别是一旦环境税、碳排放交易等全面实施，客观上会增加出口产品的成本，至少在短期内会对我国出口产品竞争力产生影响。因此，在制定相关气候政策时，需要对政策的气候减缓效果及其对包括贸易在内的经济社会影响进行全面评估，综合分析。从对外贸易政策的角度看，则需要考虑贸易对气候政策的影响，一是在对外贸易平衡中，引入隐含碳平衡的概念，建立对外贸易与气候变化应对政策的内在链接；二是调整我国现有的外贸政策，以当今的低碳经济发展为契机，将对外贸易作为我国低碳发展战略的有机组成部分，推进我国对外贸易的绿色、低碳转型。

第二，加大既有利于减缓气候变化，又有利于对外贸易发展的相关政策的实施力度。具体而言，一是做好调整经济和外贸结构、发展可再生能源、调整产业结构等基础工作；二是选择我国对外贸易的重点行业，借鉴国外部门减排经验，通过加强技术合作与交流等多种方式，大力降低重点行业的碳排放强度。三是以出口低碳、节能、环保型产品为核心，制定和完善我国相关产品的能效标准和碳排放标准，实施推行碳标签制度，提高产品在国际市场上的竞争力。

第三，在政策保障措施方面，除了强化国家直接管制措施外，充分利用市场机制，健全市场措施体系是未来发展的重要方向。其中在对相关措施的选取上则需要综合评估气候减缓效果和贸易影响。例如，为了应对发达国家提出的边境碳调整措施，国内学者提出可以根据WTO规则对我国的出口产品征收碳关税。这种建议固然具有很强的针对性和可行性，但是从长期看，究竟是在环境税的框架下，在全国范围内征收碳税，还是仅针对出口产品征收出口碳关税则需要进一步分析。此外，在排放交易机制的建立方面，我们也需要进一步探讨建立何种模式的交易机制更有利于在应对气候变化的同时，促进对外贸易的发展，至少是将对对外贸易的影响降到最低。

第四，完善我国相关法律。一是正在制定的《气候变化应对法》中对对外贸易内容做出相关规定。二是适时修改我国的对外贸易法，增加关于气候变化应对的内容，并健全相关配套法规，为贸易和气候政策的协调发展提供法律保障。

参考文献

中文参考文献

著作类

1. 吕忠梅著：《环境法新视野》，中国政法大学出版社 2000 年版。

2. 林灿铃著：《国际环境法》，人民出版社 2004 年版。

3. 李春林著：《国际环境法中的差别待遇原则》，中国法制出版社 2013 年版。

4.【英】帕特莎·波尼、埃伦·波伊尔著，那力、王彦志、王小刚译：《国际法与环境（第二版）》，高等教育出版社 2007 年版。

5. 世界环境与发展委员会：《我们共同的未来》，世界知识出版社 1989 年版。

6. 世界贸易组织秘书处编，索必成、胡盈之译：《乌拉圭回合协议导读》，法律出版社 2000 年版。

7. Thomas Andersson、Carl Folke、Stefan Nystrom 著，黄晶、周乃君、陆永琪译：《环境与贸易》，清华大学出版社 1998 年版。

8. 王曦编著：《国际环境法》，法律出版社 1998 年版。

9. 杨永华著：《突破绿色贸易壁垒－ISO14000 标准实务》，海天出版社 2000 年版。

10.【法】亚历山大·基斯著，张若思编译：《国际环境法》，法律出版社 2000 年版。

11.【英】詹宁斯·瓦茨修订：《〈奥本海国际法〉第一卷第二分

册》，中国大百科全书出版社 1998 年版。

12. 朱光耀主编：《全球环境基金与中国可持续发展》，中国财政经济出版社 2007 年版。

13. 朱留财、吴恩涛等著：《2012 年后联合国气候变化框架公约履约资金机制初步研究》，经济科学出版社 2009 年版。

论文类

1. 蔡苏文：《日本碳标签制度对山东农产品出口的影响及对策》，载《中国商贸》2010 年第 9 期。

2. 蔡闻佳、王灿、陈吉宁：《国际行业温室气体减排方法最新进展评述》，载《气候变化研究进展》2010 年第 1 期。

3. 成帅华：《贸易，气候变化和中国的选择——联合国气候变化大会贸易部长会议侧记》，载《WTO 经济导刊》2008 年第 1-2 期。

4. 陈晖：《欧盟航空碳税及其应对措施》，载《电力与能源》2012 第 2 期。

5. 陈红敏：《包含工业生产过程碳排放的产业部门隐含碳研究》，载《中国人口·资源与环境》2009 年第 3 期。

6. 陈红敏：《我国对外贸易的能源环境影响——基于隐含流的研究》，复旦大学博士学位论文，2009 年 4 月。

7. 陈伟芝：《低碳经济与技术性贸易壁垒》，载《中国商贸》2012 年第 2 期。

8. 樊纲、苏铭、曹静：《最终消费与碳减排责任的经济学分析》，载《经济研究》2010 年第 1 期。

9. 冯相昭、田春秀：《高度重视气候变化与国际贸易关系新动向》，载《环境保护》2008 年第 11B 期。

10. 龚向前：《解开气候制度之结——“共同但有区别的责任”探微》，载《江西社会科学》2009 年第 11 期。

11. 高翔：《IEA：气候变化政策与能源发展》，载《国际石油经济》2009 年第 2 期。

12. 国家发展改革委外事司：《全球行业减排倡议的发展动向》，载《中国经贸导刊》2008 年第 16 期。

13. 郭丽萍：《欧盟力推航空碳税中航协采取“三不”对策》，载《大经贸》2011 年第 12 期。

14. 顾阿伦、何建坤等：《中国进出口贸易中的内涵能源及转移排放分析》，载《清华大学学报（自然科学版）》2010 年第 9 期。

15. 黄敏、伍世林：《贸易中隐含碳问题溯源及其研究进展》，载《上海商学院学报》2010 年第 2 期。

16. 黄志雄：《国际贸易新课题：边境碳调节措施与中国的对策》，载《中国软科学》2010 年第 1 期。

17. 贺小勇：《论世贸组织体制下的环境边境税调整》，载《国际商务》1997 年第 5 期。

18. 何娟:《碳关税:新的绿色贸易壁垒抑或 WTO 环境保护豁免》，载《世界贸易组织动态与研究》2010 年第 3 期。

19. 胡莹菲、王润、余运俊：《中国建立碳标签体系的经验借鉴与展望》，载《经济与管理研究》2010 年第 3 期。

20. 纪玉山、赵洪亮：《发展权视角下的中国碳排放责任分析》，载《综合竞争力》2010 年第 4 期。

21. 李丁、汪云林、牛文元：《出口贸易中的隐含碳计算——以水泥行业为例》，载《生态经济》2009 年第 2 期。

22. 李小平、卢现祥：《国际贸易、污染产业转移和中国工业 CO_2 排放》，载《经济研究》2010 年第 1 期。

23. 李丽平、任勇、田春秀：《国际贸易视角下的中国碳排放责任分析》，载《环境保护》2008 年第 38 期。

24. 李向阳：《全球气候变化规则与世界经济的发展趋势》，载《国际经济评论》2010 年第 1 期。

25. 李善同、何建武：《从经济、资源、环境角度评估对外贸易的拉动作用》，载《发展研究》2009 年第 4 期。

26. 李占五：《我国应对欧盟拟征航空碳税的举措》，载《中外能源》2011 年第 11 期。

27. 刘明明：《全球气候变化背景下碳排放空间的公平分配——以德班会议〈公平获取可持续发展〉的基本政治立场为分析进路》，载《法学评论》2012年第4期。

28. 刘冰：《气候变化下国际贸易法律问题研究——以碳关税合法性分析为视角》，载《海峡法学》2012年第3期。

29. 刘培林：《全球气候治理政策工具的比较分析——基于国别间关系的考察角度》，载《世界经济与政治》2011年第5期。

30. 刘满平：《我国应对欧洲航空碳税的对策思路》，载《宏观经济管理》2012年第3期。

31. 刘天姿、陈彬：《“碳关税”措施在GATT/WTO体制中的合法性研究》，载《国际经贸探索》2011年第4期。

32. 刘爱东、罗文兵：《我国纺织服装行业应对产品碳标签贸易壁垒策略研究》，载《国际经贸探索》2013年第1期。

33. 刘俊伶、王克、邹骥：《中国贸易隐含碳净出口的流向及原因分析》，载《资源科学》2014年第5期。

34. 陆怡、李磊：《应对低碳壁垒我国对外贸易的政策调整与法制完善》，载《行政与法》2011年第1期。

35. 马建平：《贸易与气候变化的关联机理分析》，载《当代经济管理》2009年第12期。

36. 马忠法：《论应对气候变化的国际技术转让法律制度完善》，载《法学家》2011年第4期。

37. 马翠萍、刘小和：《GATT第20条争端案例下的碳关税征收合法性分析》，载《国际贸易问题》2012年第3期。

38. 马翠萍、史丹、丛晓男：《产业隐含碳排放与贸易结构匹配下的碳关税研究——以中美贸易为例》，载《上海财经大学学报》2014年第2期。

39. 钮松、王九思：《全球气候变化治理组织与中国在气候治理中的角色》，载《中国软科学》2013年第5期。

40. 彭光明：《GATT第20条必要性检验标准与气候贸易措施的探讨》，载《法律适用》2011年第4期。

41. 潘家华、郑艳：《碳排放与发展权益》，载《世界环境》2008年第4期。

42. 潘寻、张雯、朱留财：《中国在气候变化谈判资金机制演变进程中的挑战及应对》，载《中国人口·资源与环境》2013年第10期。

43. 庞军、石媛昌等：《我国出口贸易隐含能及其影响因素的分解分析》，载《经济问题探索》2012年第3期。

44. 曲如晓、马建平：《贸易与气候变化：国际贸易的新热点》，载《国际贸易》2009年第7期。

45. 齐晔、李惠民、徐明：《中国进出口贸易中的隐含碳估算》，载《中国人口·资源与环境》2008年第3期。

46. 桑德琳·马龙-杜波依斯、凡妮莎·理查德：《国际气候变化制度的未来蓝图——从〈哥本哈根协议〉到〈坎昆协议〉》，载《上海大学学报（社会科学版）》2012年第2期。

47. 沈木珠、乔生：《论WTO体制关于发展中国家的特殊规定》，载《山东社会科学》2001年第5期。

48. 帅传敏、吕婕、陈艳：《食物里程和碳标签对世界农产品贸易影响的初探》，载《对外贸易实务》2011年第2期。

49. 佟占军：《WTO规则视野下的“碳关税”解析》，载《北京农学院学报》2011年第1期。

50. 王海鹏：《对外贸易与我国碳排放关系的研究》，载《国际贸易问题》2010年第7期。

51. 王小钢：《“共同但有区别的责任”原则的适用及其限制——〈哥本哈根协议〉和中国气候变化法律与政策》，载《社会科学》2010年第7期。

52. 王祥修：《WTO机制下的碳关税探析》，载《理论学刊》2011年第9期。

53. 王燕：《论“共同但有区别的责任”对碳关税贸易措施的约束》，载《国际经贸探索》2012年第10期。

54. 王晨曦：《产品碳足迹——后京都时代的新型贸易壁垒》，载《世界贸易组织动态与研究》2012年第4期。

55. 王淼侠：《日本应对气候变化的行业减排倡议和行动——以日本钢铁行业为例》，载《中国工业经济》2010 年第 1 期。

56. 温彬、解兴权：《欧盟征收航空碳税的影响及对策》，载《国际金融》2012 年第 2 期。

57. 伍艳：《论联合国气候变化框架公约下的资金机制》，载《国际论坛》2011 年第 1 期。

58. 吴洁、蒋琪：《国际贸易中的碳标签》，载《国际经济合作》2009 年第 7 期。

59. 吴先华、郭际、郭雯倩：《基于商品贸易的中美间碳排放转移测算及启示》，载《科学学研究》2011 年第 9 期。

60. 吴献金、李妍芳：《中日贸易对碳排放转移的影响研究》，载《资源科学》2012 年第 2 期。

61. 许广月、宋德勇：《我国出口贸易、经济增长与碳排放关系的实证研究》，载《国际贸易问题》2010 年第 1 期。

62. 许冬兰：《生态环境逆差与绿色贸易转型：基于隐含碳与隐含能估算》，载《中国地质大学学报（社会科学版）》2012 年第 1 期。

63. 徐长春：《国际气候合作原则及合作前景》，载《国际经济合作》2010 年第 10 期。

64. 徐升权：《气候变化相关的知识产权问题探析》，载《武汉大学学报（哲学社会科学版）》2010 年第 6 期。

65. 徐升权：《适应和应对气候变化相关的知识产权制度问题研究》，载《知识产权》2010 年第 5 期。

66. 谢来辉：《欧盟应对气候变化的边境调节税：新的贸易壁垒》，载《国际贸易问题》2008 年第 2 期。

67. 杨丹辉：《全球应对气候变化的新动向与我国气候谈判策略》，载《中国地质大学学报（社会科学版）》2012 年第 4 期。

68. 闫云凤：《中欧贸易碳排放转移研究》，载《中央财经大学学报》2012 年第 4 期。

69. 闫云凤、杨来科：《中美贸易与气候变化——基于投入产出法的分析》，载《世界经济研究》2009 年第 7 期。

70. 尹忠明、胡剑波：《国际贸易中的新课题：碳标签与中国的对策》，载《经济学家》2011 年第 7 期。

71. 袁宏明：《“共同但有区别的责任”是国际气候合作基石——专访国家发改委国家气候变化对策协调小组公室主任高广生》，载《中国投资》2007 年第 8 期。

72. 于宏源：《试析全球气候变化谈判格局的新变化》，载《现代国际关系》2012 年第 6 期。

73. 余慧超、王礼茂：《中美商品贸易的碳排放转移研究》，载《自然资源学报》2009 年第 10 期。

74. 曾令良、陈卫东：《WTO 一般例外条款（GATT 第 20 条）与我国应有的对策》，载《法学论坛》2001 年第 4 期。

75. 张淑静：《南北气候合作必须坚持“共同但有区别的责任”之基本原则》，载《探索》2010 年第 3 期。

76. 张树伟：《部门减排方法的原理与现状》，载《能源技术经济》2011 年第 2 期。

77. 张婷、曾文革：《实现全球绿色气候的路线图——应对气候变化能力建设法律保障体系的构建与完善》，载《太平洋学报》2012 年第 1 期。

78. 张昕宇：《“碳关税”的性质界定研究》，载《求索》2010 年第 9 期。

79. 张昕宇：《碳关税的基础理论探析》，载《商业时代》2012 年第 6 期。

80. 张斌、何艳、王丹萍：《碳标签食品的消费者行为相关研究：一个文献综述》，载《华东经济管理》2013 年第 4 期。

81. 张晓平：《中国对外贸易产生的 CO_2 排放区位转移分析》，载《地理学报》2009 年第 2 期。

82. 张友国：《中国贸易含碳量及其影响因素——基于（进口）非竞争型投入产出表的分析》，载《经济学（季刊）》2010 年第 4 期。

83. 赵玉焕：《多边贸易体制在应对全球气候变化中的作用》，载《世界贸易组织动态与研究》2009 年第 9 期。

84. 赵玉焕、王淞:《基于技术异质性的中日贸易隐含碳测算及分析》，载《北京理工大学学报（社会科学版）》2014 年第 1 期。

85. 周新:《国际贸易中的隐含碳排放核算及贸易调整后的国家温室气体排放》，载《管理评论》2010 年第 6 期。

86. 周伟，米红:《中国碳排放：国际比较与减排战略》，载《资源科学》2010 年第 8 期。

87. 朱晓勤、温浩鹏:《气候变化领域共同但有区别的责任原则——困境、挑战与发展》，载《山东科技大学学报（社会科学版）》2010 年第 2 期。

88. 朱鹏飞:《WTO 视野中美国碳关税制度的违法性分析——以 WTO 一般例外条款为中心》，载《北京工商大学学报（社会科学版）》2011 年第 5 期。

英文参考文献

1. Aaron Cosbey, Trade and Climate Change: Issues in Perspective, International Institute for Sustainable Development, 2008.

2. Aaron Cosbey , Trade and Climate Change Linkages, A Scoping Paper produced for the Trade Ministers' Dialogue on Climate Change Issues Held in conjunction with UNFCCC COP 13, Kyoto Protocol MOP 3 Bali, Indonesia, December 8-9, 2007, International Institute for Sustainable Development, January 2008.

3. Aaron Cosbey, Achieving Consensus: Multilateral Trade Measures in Post-2012 Scenarios, UNEP, Climate and Trade Policies in a Post-2012 World, 2009.

4. Aaron Cosbey, Trade and Climate Change: Issues in Perspective, Final Report and Synthesis of Discussions Trade and Climate Change Seminar, Copenhagen, International Institute for Sustainable Development, June 18-20, 2008.

5. Aaron Cosbey, Trade and Climate Change: Issues in Perspective,

Final Report and Synthesis of Discussions Trade and Climate Change Seminar, Copenhagen, International Institute for Sustainable Development, June 2008.

6. Abbott, Frederick M, Innovation and Technology Transfer to Address Climate Change:Lessons from the Global Debate on Intellectual Property and Public Health, ICTSD's Programme on IPRs and Sustainable Development, Issue Paper No. 24, International Centre for Trade and Sustainable Development, 2009.

7. AD HOC Working Group Long-term Cooperative Action under the Convention, Report on the Workshop on Equitable Access to Sustainable Development, CCC/AWGLCA/2012/INF.3/Rev.1, August 2012.

8. Anita M. Halvorssen, Common, but Differentiated Commitments in the Future Climate Change Regime—Amending the KYOTO Protocol to Include Annex C and the Annex C Mitigation Fund, Colorado Journal of International Environmental Law and Policy, Spring 2007.

9. Anne Harrison, Vangelis Vitalis and the RH Simon Upton, Sustaining Whose Development? Analysing the International Effect of National Policies, OECD Roundtable on Sustainable Development.

10. Barton, John H, Intellectual Property and Access to Clean Energy Technologies in Developing Countries: An Analysis of Solar Photovoltaic, Biofuels and Wind Technologies.

11. Boqiang Lin,Chuanwang Sun, Evaluating Carbon Dioxide Emissions in International Trade of China, Energy Policy,Vol. 38, January 2010.

12. Bin Shui, Robert C. Harriss, The Role of CO_2 Embodiment in US–China Trade, Energy Policy 34, 2006.

13. Carlos M.Correa, Fostering the Development and Diffusion of Technologies for Climate Change: Lessons from the CGIAR Model, ICTSD Programme on IPRs and Sustainable Development, Policy Brief No.6, International Centre for Trade and Sustainable Development,

December 2009.

14. Center for Clean Air Policy, Global Sectoral Study: Final Report, May 2010.

15. Christian Egenhofer and Noriko Fujiwara, Sectoral Approaches to Address Climate Change: More than Wishful Thinking? European Review of Energy Markets, Vol. 3, issue 2, June 2009.

16. Daniel Bodansky, International Sectoral Agreements in a Post-2012 Climate Frame, Working Paper, the Pew Center on Global Climate Change, May 2007.

17. D. Asher Ghertner,Matthias Fripp, Trading away Damage: Quantifying Environmental Leakage through Consumption-based, Life-cycle Analysis, Ecological Economics 63, 2007.

18. Douglas A. Kysar, Michael P.Vandenbergh, Introduction: Climate Change and Consumption, Environmental Law Reporter News & Analysis, December, 2008.

19. Faber, Jasper and Brinke, Linda, The Inclusion of Aviation in the EU Emissions Trading System: An Economic and Environmental Assessment,Trade and Sustainable Energy Series,Issue Paper No. 5, International Centre for Trade and Sustainable Development,2011.

20. Frank Ackerman, Masanobu Ishikawa, Mikio Suga, The Carbon Content of Japan–US Trade, Energy Policy 35, 2007.

21. Gehl Sampath, Padmashree and Roffe, Pedro, Unpacking the International Technology Transfer Debate: Fifty Years and Beyond; ICTSD Programme on Innovation, Technology and Intellectual Property, Working Paper, International Centre for Trade and Sustainable Development, June 2012.

22. Gehl Sampath, Padmashree, John Mugabe and John Barton, Realizing the Potential of the UNFCCC Technology Mechanism: Perspectives on the Way Forward; ICTSD Programme on Innovation, Technology and Intellectual Property, Issue Paper No. 35, International

Centre for Trade and Sustainable Development, 2012.

23. Gehring, Markus W., Robb, Cairo A. R., Addressing the Aviation and Climate Change Challenge: A Review of Options, ICTSD Programme on Climate Change and Energy, Issue Paper No. 7, International Centre for Trade and Sustainable Development, 2013.

24. Giovani Machado, Roberto Schaeffer, Ernst Worrell, Energy and Carbon Embodied in the International Trade of Brazil: An Input–output Approach, Ecological Economics 39, 2001.

25. Glen P. Peters, Edgar G. Hertwich, Post-Kyoto Greenhouse Gas Inventories: Production versus Consumption, Climatic Change 86, 2008.

26. Glen P. Peters, From Production-based to Consumption-based National Emission Inventories, Ecological Economics 65, 2008.

27. Glen P. Peters, Edgar G. Hertwich,CO_2 Embodied in International Trade with Implications for Global Climate Policy, Environmental Science & Technology, Vol. 42, No. 5, 2008.

28. Hae-Chun Rhee , Hyun-Sik Chung, Change in CO_2 Emission and its Transmissions between Korea and Japan using international input–output analysis, Ecological Economics 58, 2006.

29. Hufbauer, Gary Clyde, Steve Charnovitz, and Jisun Kim, Global Warming and the World Trading System, Peterson Institute for International Economics, 2009.

30. ICAO Secretariat, Climate Change Outlook, Environmental Report 2010: Aviation and Climate Change, the International Civil Aviation Organization, 2010.

31. ICTSD, Views on Options and Ways for Further Increasing the Level of Ambition for COP 17 Decision Regarding the "Establishment of an Ad Hoc Working Group on the Durban Platform for Enhanced Action", ICTSD Trade and Sustainable Energy Series Issue Paper No. 2, International Centre for Trade and Sustainable Development, 2007.

32. ICTSD, Climate Change and Trade on the Road to Copenhagen:

Summary for Policymakers, Produced for the Danish Ministry of Foreign Affairs, May 2008.

33. ICTSD, Technologies for Climate Change and Intellectual Property: Issues for Small Developing Countries, Information Note Number 12, October 2009.

34. IDEA Consult etc, The Development and Diffusion of Environmental Technologies: Technology Transfer, Knowledge Flows and International Cooperation, Final Report, Prepared for: European Commission Directorate-General Environment, Novermber 2012.

35. Intergovernmental Panel on Climate Change, Methodological and Technological Issues in Technology Transfer, 2000.

36. International Maritime Organization, Second IMO GHG Study 2009, April 2009.

37. International Institute for Sustainable Development, Technologies for Climate Change and Intellectual Property: Issues for Small Developing Countries, Information Note No.12, October 2009.

38. International Center for Trade and Sustainable Development, Sectoral Approaches to Climate Change Mitigation: Competitiveness, Trade and Development Issues in Small Developing Countries, Information Note No. 11, October 2009.

39. International Center for Trade and Sustainable Development, International Transport, Climate Change and Trade: What are the Options for Regulating Emissions from Aviation and Shipping and What will be Their Impact on Trade? Background Paper, October 2010.

40. International Center for Trade and Sustainable Development, International Transport, Trade and Climate Change, Information Note No.17, October 2010.

41. International Centre for Trade and Sustainable Development, the Climate Technology Mechanism: Issues and Challenges, Information Note No.18. March 2011.

42. International Centre for Trade and Sustainable Development, Submission about Information and Views Relating to Modalities for the Operationalization of a Work Programme and Possible Forum on Response Measures, April 2011.

43. International Maritime Organization, Main Events in IMO's Work on Limitation and Reduction of Greenhouse Gas Emissions from International Shipping, October 2011.

44. Jesper Munksgaard, Klaus Alsted Pedersen, CO_2 Accounts for Open Economies: Producer or Consumer Responsibility? Energy Policy 29, 2001.

45. Jiun-Jiun Ferng, Allocating the Responsibility of CO_2 Over-emissions from the 45.Perspectives of Benefit Principle and Ecological Deficit, Ecological Economics 46, 2003.

46. John Kornerup Bang, Eivind Hoff and Glen Peters, EU Consumption, Global Pollution, A Report Written by WWF's Trade and Investment Programme and the Industrial Ecology Programme at the Norwegian University of Science and Technology, 2008.

47. John Ashton and Xueman Wang, Equity and Climate: In Principle and Practice, In Beyond Kyoto–Advancing the International Effort against Climate Change, Pew Center on Global Climate Change, December 2003.

48. Jorge E. Vinuales, Balancing Effectiveness and Fairness in the Redesign of the Climate Change Regime, Leiden Journal of International Law, 2011.

49. Julio Sanchez-Choliz, Rosa Duarte, CO_2 Emissions Embodied in International Trade: Evidence for Spain, Energy Policy 32, 2004.

50. Klein, D., N. Helme, H. Ma, and C. Wang, Technology-based Sectoral NAMAs: A Preliminary Case Study of China's Cement and Iron & Steel Sectors, Center for Clean Air Policy, July 2009.

51. Lambert Schneider, Martin Cames, A framework for a Sectoral Crediting Mechanism in a Post-2012 Climate Regime, Report for the

Global Wind Energy Council, May 2009.

52. LDCF/SCCF Council, Status Report on the Least Development Countries Fund and the Special Climate Change Fund, GEF/LDCF.SCCF.10/ Inf. 2. March 2011.

53. Mauricio Tiomno Tolmasquim, Giovani Machado, Energy and Carbon Embodied in the International Trade of Brazil, Mitigation and Adaptation Strategies for Global Change, No. 2, 2003.

54. Maskus, Keith and Okediji, Ruth, Intellectual Property Rights and International Technology Transfer to Address Climate Change: Risks, Opportunities and Policy Options. ICTSD's Programme on IPRs and Sustainable Development, Issue Paper No.32, International Centre for Trade and Sustainable Development, December 2010.

55. Michael P. Vandenbergh, Climate Change: The China Problem, Southern California Law Review, July, 2008.

56. Mongelli, G. Tassielli, B. Notarnicola, Global Warming Agreements, International Trade and Energy/carbon Embodiments: An Input–output Approach to the Italian case, Energy Policy 34 , 2006.

57. Mohamed T. El-Ashry, Framework for a Post-KYOTO Climate Change Agreement, Sustainable Development Law & Policy, Winter, 2008.

58. Monkelbaan, J. , Transport, Trade and Climate Change: Carbon Footprints, Fuel Subsidies and Market-based Measures, ICTSD Global Platform on Climate Change, Trade and Sustainable Energy, International Centre for Trade and Sustainable Development, 2011.

59. Moustapha Kamal Gueye, Trade, climate change and global competitiveness, see: Trade, Climate Change and Global Competitiveness: Competitiveness: Opportunities and Challenges for Sustainable Development in China and Beyond: Selected Issue Briefs No. 3, International Centre for Trade and Sustainable Development, 2008.

60. Muthukumara Mani, The Effects of Climate Change Policies on International Trade and Competitiveness: the China Factor, Trade, Climate

Change and Global Competitiveness, Competitiveness: Opportunities and Challenges for Sustainable Development in China and Beyond: Selected Issue Briefs No. 3, International Centre for Trade and Sustainable Development, 2008.

61. Peter Wooders, Exploding the Myths of Sectoral Approaches, Climate Strategies, February 2011.

62. Rafael Leal-Arcas, Working Together: How To Make Trade Contribute to Climate Action, International Center for Trade and Sustainable Development, Information note, November 2013.

63. Richard Baron,Jane Ellis, Sectoral Crediting Mechanisms for Greenhouse Gas Mitigation: Institutional and Operational Issues, Organisation for Economic Co-operation and Development,May 2006.

64. Samantha Derksen and Ingrid Jegou, The Trade and Climate Change Linkages, ICTSD Global Platform on Climate Change, Trade and Sustainable Energy, May 2011.

65. Stern N., Key Elements of a Global Deal on Climate Change, the London School of Economics and Political Science, April 2008.

66. Tao Wang, Jim Watson, Trade, Climate Change, and Sustainability, State of the World 2009 Report: Into a Warming World, World Watch Organization, 2009.

67. Tao Wang, Jim Watson, Trade, Climate Change, and Sustainability, State of the World 2009 Report, World Watch Organazation, 2009.

68. Teehankee, Manuel, Ingrid Jegou and Rafael Jacques Rodrigues, Multilateral Negotiations at the Intersection of Trade and Climate change - An Overview of Developing Countries’ Priorities in UNCSD, UNFCCC and WTO Processes; Climate Change Architecture Series; Issue Paper No. 2; International Centre for Trade and Sustainable Development, 2012.

69. the Secretariat of UNFCCC, Proposals by India for Inclusion of Additional Agenda items in the Provisional Agenda of the Seventeenth session of the Conference of the Parties, FCCC/CP/2011/INF.2, 21

September 2011.

70. The WTO Secretariat, Taxes for environmental purposes, Trade and Environment at the WTO: Background Document, Http//:www.wto.org.

71. Thomas J. Schoenbaum: International Trade and Protection of the Environment: the Continuing Search for Reconciliation, the American Journal of International Law, Vol.91, 1997.

72. Torney, D. and Kamal Gueye M. , Climate Change Mitigation Policies in Selected OECD Countries: Trade and Development Implications for Developing Countries, ICTSD Programme on Competitiveness and Sustainable Development, ICTSD Series on Climate Change and Competitiveness, Issue Paper No.8, International Centre for Trade and Sustainable Development, 2009.

73. Torney, D. and Kamal Gueye M., Climate Change Mitigation Policies in Selected OECD Countries: Trade and Development Implications for Developing Countries, ICTSD Programme on Competitiveness and Sustainable Development, ICTSD Series on Climate Change and Competitiveness, Issue Paper No.8, International Centre for Trade and Sustainable Development, 2009.

74. Trond Kråkenes and Kalle Keldusild, Market Based Measures Task Force: Overview of Reports from CAEP/8, Environmental Report 2010：Aviation and Climate Change , the International Civil Aviation Organization, 2010.

75. UNEP, Climate and Trade Policies in a Post-2012 World, 2009.

76. United Nations Framework Convention on Climate Change, Investment and Financial Flows to Address Climate Change: An Update, FCCC/TP/2008/7, November 2008.

77. United Nations Framework Convention on Climate Change, The Contribution of the Clean Development Mechanism under the Kyoto Protocol to Technology Transfer, http://cdm.unfccc.int/Reference/Reports/TTreport/TTrep10.pdf.

78. United Nations Environment Programme, Industry Sectoral Approaches and Climate Action: From Global to Local Level in a Post-2012 Climate Framework, a Review of Research, Debates and Positions, 2009.

79. Vicki Waye, Carbon Footprints, Food Miles and the Australian Wine Industry, Melbourne Journal of International Law, May, 2008.

80. World Resources Institute, Slicing the Pie: Sector-based Approaches to International Climate Agreements, December 2007.

81. WTO, Internationally agreed definition of environmental labeling within ISO and related work, WT/CTE/W/114.

82. WTO, Report of the Appellate Body: European Communities-Measures Affecting Asbestos and Asbestos-containing Products, WT/DS135/AB/R, 2001.

83. WTO, Report of the Appellate Body: Japan - Taxes on Alcoholic Beverages, WT/DS8/AB/R, WT/DS10/AB/R and WT/DS11/AB/R,1996.

84. WTO, Report of the Appellate Body-United States-Import Prohibition of Certain Shrimp and Shrimp Products, WT/DS58/AB/R, 1998.

85. WTO,Report of the Appellate Body -United States-Standards for Reformulated and Conventional Gasoline, WT/DS2/9,1996.

86. WTO, The Impact of Trade Opening on Climate Change, http://www.wto.org/english/tratop_e/envir_e/climate_impact_e.htm.

87. WTO, Trade and Climate Change: A report by the United Nations Environment Programme and the World Trade Organization, 2009.

88. You Li, C.N. Hewitt, The Effect of Trade between China and the UK on National and Global Carbon Dioxide Emissions, Energy Policy 36, 2008.

89. ZhongXiang Zhang, Encouraging Developing Country Involvement in a Post-2012 Climate Change Regime: Carrots, Sticks or Both? UNEP, Climate and Trade Policies in a Post-2012 World, 2009.

南开大学出版社网址：http://www.nkup.com.cn

投稿电话及邮箱：　022-23504636　QQ：1760493289
　　　　　　　　　　　　　　　　QQ：2046170045(对外合作)

邮购部：　022-23507092

发行部：　022-23508339　Fax：022-23508542